保育の場で子どもの心を
どのように育むのか

―――「接面」での心の動きをエピソードに綴る―――

鯨岡 峻
[著]

ミネルヴァ書房

保育の場で子どもの心をどのように育むのか
――「接面」での心の動きをエピソードに綴る――

目　次

序　章　子どもの心を育てる保育と「子どもの最善の利益」……… 1

　第1節　「子どもの最善の利益」という文言の意味：「かつて」と「いま」… 2

　　（1）「子どもの最善の利益」の由来　2

　　（2）当時の状況：まずもって生命と健康を守ること　2

　　（3）今日の子どもたちの置かれている状況　4

　第2節　大人の立場からの「子どもの最善の利益」…………………… 12

　　（1）「力をつける」ことが「子どもの最善の利益」なのか　12

　　（2）「発達」の考えのなかに落とし穴がある　15

　　（3）大人の思惑を背負った「子どものため」という対応　17

　第3節　問題点を整理する ……………………………………………… 20

　　（1）「力が先か，心が先か」の議論に見られる混乱　20

　　（2）「心身の発達の保障」の見方に混乱がある　23

　　（3）目に見える面だけを重視するのか，目に見えない面をも重視するのか　24

　　（4）「子どもの立場に立つ」という見方にも混乱がある　26

　第4節　本書で目指されること …………………………………………… 28

　　（1）力を優先することから心を優先することへ　28

　　（2）「接面」で感じ取られる子どもの幸せ　29

　　（3）子どもを育てる営みの基本に立ち返る　31

　　（4）問題意識を具体的なエピソードを通して振り返る　32

第1章　「心を育てる」ことと「養護の働き」 ………………………… 33

　第1節　「養護の働き」……………………………………………………… 34

　　（1）原初の「養護の働き」：幼い未熟な存在を慈しむ心　34

　　（2）「養護の働き」と子どもの心の育ち　40

　　（3）「養護の働き」の世代間循環　47

　第2節　「養護の働き」に通じるこれまでの保育の考え ……………… 53

（1）「子どもに寄り添って」　53
　　（2）「子どものつぶやきに耳を傾けて」　57
　　（3）「子どもの目線になって」　61
　　（4）「子どもの思いを受け止めて」　66
　　（5）「子ども一人ひとりを大切に」　71
　第3節　家庭，保育，学校の場における「育てる」営みと「養護の働き」…73
　　（1）「育てる」営みとは何か　73
　　（2）家庭の場での「養護の働き」はなぜ崩れたのか　76
　　（3）保育の場でなぜ「養護の働き」が弱体化したのか　79
　　（4）学校の場にも必要な「養護の働き」　82
　　（5）子どもが一人前になるまで必要な「養護の働き」　84

第2章　保育の基本は「接面」での営みにある……………87
　第1節　「接面」とは何か………………………87
　　（1）二者間の「あいだ」から「接面」を考える　88
　　（2）「接面」の成り立ち　90
　　（3）「養護の働き」が動くための条件である「接面」　92
　　（4）「接面」で起こっている力動感が対人関係の鍵を握る　93
　　（5）人に関わる実践は「接面」で起こっていることに基づいている　94
　　（6）なぜ現場では「接面」での事象を取り上げないのか　96
　第2節　なぜこれまで「接面」で起こっていることが問題にならなかったのか…97
　　（1）実践に影響を及ぼす学問的パラダイムの問題　98
　　（2）客観科学のパラダイムと接面パラダイムの違い　100
　　（3）客観的な記録で実践を議論する傾向　105
　　（4）「接面」の当事者である実践者が消され，黒衣にされてきた　111
　第3節　子どもの心は「接面」を通してしか把握できない……………114

（1）保育者のこれまでの実践のなかにすでにある「接面」の議論　114
　　（2）間主観的に分かること：「接面」の中核にあるもの　115
　　（3）心を育てる保育のためには「接面」での営みが鍵を握る　118
　　　　エピソード：「叱られる……」　118
　第4節　「接面」で起こっていることは
　　　　　エピソードに書かない限り人に伝えられない……………………123
　　（1）エピソード記述とエピソード記録の違い　124
　　（2）エピソード記述の書き方　126
　　（3）「接面」で起こっていることを読み手に分かってもらうためには　129
　　（4）エピソード記述の全国的な広がり　133

第3章　子どもを育てる営みの基本に立ち返る……………………137
　第1節　保育の営みのなかで交叉している「養護の働き」と「教育の働き」…137
　　（1）二つの働きの問題点　138
　　（2）「養護の働き」と「教育の働き」は交叉している　141
　第2節　心を育てるうえには「教育の働き」も重要である………………145
　　（1）「育てる」営みの両義性　146
　　（2）「叱る」ことの難しさ　147
　　（3）優しい保育者として生き残ること　150
　　　　エピソード：「優しい保育者として生き残る」　151
　　（4）「養護の働き」と結びつくとき「教育の働き」は実効をもつ　155
　第3節　子どもの興味が広がるために必要な「教育の働き」と「養護の働き」…156
　　（1）興味・関心を広げる「教育の働き」と「養護の働き」　157
　　（2）一斉型課題活動に見られた「教育の働き」と「養護の働き」の具体例　160
　　（3）自由遊びを切り上げる際の「教育の働き」と「養護の働き」　164
　　　　エピソード：「Uくんの発見」　164

目　次

第4節　子どもを育てる営みの危機 …………………………………… 172
　（1）主体は二面の心からなる　172
　（2）主体としての心の育ちの危機　177

第4章　これまでの議論をエピソードを通して振り返る………… 185

　エピソード1　「先生，できた！」　186
　エピソード2　「さみしい気持ちになってた……」　191
　エピソード3　「ほんとはさみしいの」　197
　エピソード4　「ごめんはいらん」　203
　エピソード5　「Rくんの思いを受け止める」　209
　エピソード6　「友だちっていいな」　215
　エピソード7　「涙した手紙」　220
　エピソード8　「子どもの遊びがつながるとき」　225
　エピソード9　「明日はできるかな……」　231
　エピソード10　「少しだけでも，2人の時間」　234
　エピソード11　「できない」　239
　エピソード12　「ママとする！」　245
　エピソード13　「ギュー！」　249
　エピソード14　「子どもの気持ちに寄り添って」　253
　エピソード15　「できなかったわけ」　259
　エピソード16　「Yちゃんの大切な花」　263
　エピソード17　「お外が見たかったんだもん」　268
　エピソード18　「初めての発見！」　272
　エピソード19　「カエルさんと一緒に」　275
　エピソード20　「お友だちといっしょがうれしいな，たのしいな」　279
　エピソード21　「まだおんぶする！」　285

●接面でのさまざまな心の動きが保育の中身をなしている　291

終　章　「子どもの最善の利益」を「子どもの幸せ」の観点から捉え直す…293
　　第1節　これまでの議論を振り返る …………………………………… 293
　　第2節　子ども自身が幸せと思えること ……………………………… 294
　　第3節　子どもの心の育ちに必要な大人の働きかけ ………………… 298

あとがき……301

序　章

子どもの心を育てる保育と「子どもの最善の利益」

　本書は，保育者主導の「力をつける保育」から「子ども一人ひとりの心を育てる保育」へと，保育の舵を切りなおすことを目指して編まれたものです。この序章では，子どもの心を育てる保育がどのような意味で「子どもの最善の利益」に繋がるのかを論じながら，本書の輪郭をスケッチしてみたいと思います。

　平成27年度からの子ども・子育て関連3法案の実施に向けて，平成26年4月には幼保連携型認定こども園を設置するための教育・保育要領が告示され，行政の動きも急ピッチになってきました。この子ども・子育て関連3法案が国会を通過するにあたり，行政側からは審議経過を示す一連の文書が一般向けにも公開されましたが，その文書の冒頭には，決まって「子どもの最善の利益のために」という文言がはめ込まれていました。このたびの子ども・子育てに関わる3法案が何よりも「子どもの最善の利益のため」なのだという主旨を謳いたかったからでしょう。

　しかしながら，「子どもの最善の利益」という文言は，さまざまな文書の冒頭に出てくるにもかかわらず，法改正による新しい施策がどのような意味で「子どもの最善の利益」に繋がるのかの説明はどこにもありません。この文言を行政文書の飾り文句に終わらせないためにも，「子どもの最善の利益」をいかに子どもの心の育ちと結びつけて考えるべきかを，まずこの序章で，そして本書全体を通して明らかにできればと思います。

第 1 節　「子どもの最善の利益」という文言の意味：「かつて」と「いま」

（1）「子どもの最善の利益」の由来

　いうまでもなく、「子どもの最善の利益」という文言は、25年前の1989年に国連で採択された「子どもの権利条約」に盛り込まれた文言です。この「子どもの権利条約」は、それに先立つ30年前、すなわち1959年に国連で採択された「世界児童権利宣言」を受けて、18歳未満の子どもが有する主体としての権利を包括的に述べたものですが、そこに含まれる「子どもの最善の利益」という文言の主旨は、**子どもの立場に立って、将来的な長期的展望の下で、子どものもつさまざまな権利が最大限に尊重され、保障されるべきこと**を謳うものです。この権利条約を我が国はなぜかなかなか批准しませんでしたが、国連での採択から5年を経た1994年にこれを批准しました。ですから、2014年の今年はそれから20年目の節目の年に当たります。ちょうどその節目に合わせるかのように、教育・保育要領が告示され、しかもそれが「子どもの最善の利益のため」と謳われていることには、何かしら因縁めいたものを感じないわけにはいきません。

　というのも、この文言の本来の主旨と、新法案の審議過程の文書の冒頭にまるで飾り文句のように置かれているこの文言の意味とは、20年の歳月を経て、私の目にはかなりずれてしまっている、いや、本来の主旨と逆行するとさえ見えるからです。つまり、「**子どもの立場に立って、子どもの権利を最大限に尊重する**」というこの文言の本来の精神が背景に押しやられ、「**大人の都合から見た子どものための最善の利益**」へとその主旨がいつの間にかスライドさせられているように私には見えるのです。この点をここで少し掘り下げてみたいと思います。

（2）　当時の状況：まずもって生命と健康を守ること

　この文言の大本になった世界児童権利宣言が出された当時の時代状況は、今日の時代状況と大きく異なります。当時は、多数の子どもたちが大人たちの対

序　章　子どもの心を育てる保育と「子どもの最善の利益」

立抗争（戦争）に巻き込まれて命を危うくされ，貧困な生活を強いられて健康を阻害され，心身の発達が保障されないままに劣悪な環境下に置かれているという不幸な時代でした。ですから，まずもって**子どもの生きる権利を守らなければ**という発想が「子どもの最善の利益」という文言の土台にあったのは確かです。幼い子どもに関していえば，何よりも子どもの生命と安全を守り，健康を維持し，心身の発達を保障する必要があるという当時の大人たちの切なる思いが「子どもの最善の利益」という文言に結実したのだと思います。それは，保育所保育指針に謳われている精神，つまり1951年に発布された我が国の児童憲章の精神と同根のものだといってよいでしょう。

　実際，戦乱の渦中に巻き込まれて命を落とす子ども，傷つく子ども，飢餓のなかで痩せさらばえ，ハエにたかられて死を迎えるばかりの子ども，親もなく住むところもないストリートチルドレン，学びたいのに労働を強いられる子ども，等々，こうした悲惨な子どもの姿は，世界児童権利宣言が掲げられた当時は世界中いたるところで見られました。世界中を見渡せば，残念ながら今日でも，依然としてこのような子どもたちが数多くいることは否定できません。

　我が国の場合も，戦後の混乱期にはそのようにして命を脅かされる悲惨な子どもたちが多数いたことを思い出さないわけにはいきません。私の幼い頃に観た映画「ヒロシマ」で，ストリートチルドレン化した子どもたちが，外国人兵士を前に「パパ，ママ，ピカドンでハングリー，ハングリー」とチョコレートをせびる姿が，ほぼ同世代の私の目には焼きついて離れません。頭の虱（しらみ）を退治するために米軍から支給されたDDTを頭から振りかけられて真っ白になる経験を私と同世代の人はみなもっているはずです。いまなら毒性の強いDDTを頭から振りかけるなど，信じられないような話ですが，しかしそれが当時は「子どもの最善の利益」と考えられていたのです。つまり，我が国においても当時は食糧の確保（生命の保持）と健康の維持・増進，遊び場や遊具や絵本の確保が「子どもの最善の利益」の主旨だったのです。そしてその観点からさまざまな福祉の取り組みが生まれてきたのでした。

　我が国の戦後の福祉政策を振り返ってみれば，母子保健の観点に立った各種

の健診や予防接種，生活保護，保護者の就労などによって「家庭での保育に欠ける子ども」に対する保育所設置，保護者の心身上の問題から養育困難になった子どもへの児童養護施設の設置など，まさに「子どもの最善の利益」に資するための福祉施策が次々に繰り出され，その実を着実に上げてきた70年近い歴史だったといえなくはありません。

　子どもたちの生命や健康を守るという「生きる権利」の最低保障がそのまま「子どもの最善の利益」と考えられた当時は，大人の生活そのものも貧しかったのです。「してやりたくてもしてやれない」保護者，あるいは不在の保護者に代わって，子どもの生きる権利の最低限の保障が福祉施策に求められたのだといっても過言ではありません。実際，当時は食事にありつけるだけで「幸せ」を感じる子どもが私を含めてたくさんいました。物質的なニーズの充足がそのまま心的な充足になるほど，生活環境が当時は厳しかったのです。

　悲惨な生活状況に置かれた子どもたちを念頭に置きながら，子どもたちの生きる権利を最大限保障しようとして導かれたこの文言は，裏返せば，大人が子どもにしてやるべき最低限のことを謳ったものだったといえます。当時の子どもたちからすれば，それはまさに大人に訴えたいことだったに違いありません。ですから，「子どもの立場に立って」と書かれていることに関して，当時の大人の「してやりたい」思いと，子どもの「してほしい」思いとは重なっていました。つまり，当時の時代状況に鑑みれば，**「いま，ここで子どもが幸せを感じて生きることができるための最低限の権利の保障」**がこの文言の主旨であったし，またその主旨にそって福祉施策が推し進められてきたのだといえます。

（3）　今日の子どもたちの置かれている状況

　子どもや大人を悲惨な生活に追いやった第2次世界大戦から70年を経て，いまや時代は大きく変わりました。我が国はもちろん，かつて発展途上国と呼ばれた国々も目覚ましい経済発展を遂げ，人々の物質面での生活は大きく向上しました。

　確かに，キリスト教文化とイスラム教文化の対立がかつてないほどに激化し，

そこに民族問題も絡んで世界各地で紛争が絶えず，それに子どもが巻き込まれて悲惨な目に遭わされている状況は，紛争の当事国においては70年前と大きく変わっていません。また，我が国を含め，経済的に発展をみた国々においても貧富の格差は著しく，数は少なくなったとはいえ，極貧からくる劣悪な生活環境とそこから導かれる子どもの不幸な状況は，25年前に「子どもの最善の利益」が語られた当時と大差がないのではないかとさえ思わされます。こうした状況の下に生きる子どもにとっては，いまだに生命を守り，健康を守るという「生きるための最低限の権利保障」が何よりも優先されなければならないものとしてあります。

　世界児童権利宣言が出された当時，大人も子どもも，生活が豊かになればそれに比例して幸せに生きられるはずだと信じていました。そして我が国を含め多くの国では確かに経済的に豊かになりました。では，その豊かさに比例して子どもたちが幸せになったかといえば，そうではありません。そのことは現在の我が国の子どもたちを見れば明らかでしょう。我が国の子どもたちを前に「いま幸せ？」と問うとき，元気いっぱいに「幸せ！」と答えることのできる子どもがどれほどいるでしょうか。豊かさの裏で子どもたちの心の育ちに深刻な問題が現れ，しかもそれが一部の子どものみに現れているのではなく，むしろ多くの子どもに現れてきているのです。そのことを念頭に置くとき，現在の我が国の子どもたちにとって「子どもの最善の利益」とは何かを改めて考えてみなければなりません。

1）福祉施策の拡充の必要性

　戦後の「子どもの最善の利益」を目指すための福祉の取り組みは，まずもって，「いま，ここ」での生命の保持と健康の維持・増進，そして健やかな心身の発達の保障を目指してなされたものでした。健診や予防接種など，すべての子どもに該当する福祉施策もあれば，生活保護のように最低限の生活を保障するための特定世帯に向けた福祉施策もありました。保育もまた，「家庭での保護・養育に欠ける子ども」の「最善の利益」に資するための福祉施策として生

まれたものでした。そのような福祉施策は生活が豊かになったといわれる今日においても必要がなくなったわけではありません。

経済的に豊かになったといわれながら、貧富の格差が拡大する一方で、現在でも一日の家族の食費が千円を切るという、信じられないような極貧の生活を強いられている子どもが少なからずいます。保育所の給食を待ちきれずに、それこそ飢えた状態でがつがつ食べるその子どもの姿を目の当たりにするとき、「生きるための最低限の権利保障」がもっと拡充されなければならないことは明らかです。

あるいは家庭内で保護者の暴力に傷つく子ども、ネグレクト状態で保護者の愛情に飢えた子どもなど、「虐待」という範疇に括られる子どもの数は増加の一途で、これらの子どもたちにとっては、「生きるための最低限の権利保障」は今日でもなお必要です。

他方で、経済復興がまだ道半ばの頃に定められた保育士１人当たりの子どもの担当人数は、これほど豊かになった経済状況の下でもほとんど変わっていません。０歳児の３人に対し、保育者が１人という基準はともかく、１歳児の６人に１人という現在の保育所認可基準は、現場の現状に即してみれば明らかに無理があります。本当に子どものニーズに丁寧に応えることが「子どもの最善の利益」だというのであれば、１歳児４人に保育士１人という基準に変更するぐらいの改善があってしかるべきではないかというのが現場の偽らざる声でしょう。

同じことは児童養護施設の人的基準についてもいえます。これほど虐待が増え、その緊急避難場所としての児童養護施設において職員が懸命になって働いている状況があるにもかかわらず、その人数比の基準は何ら変わらず、また保育者の処遇は改善されないままです。「いま、ここ」の緊急のニーズを抱えた子どもの「最善の利益」を考えるなら、従来の福祉の枠組みの下でもなお、その内容の改善が求められることはいうまでもありません。さらに、病児保育も、夜間保育も、あるいは学童保育も、子どもの「いま、ここ」のギリギリのニーズに応える観点から、もっと福祉の中身が拡充されなければなりません。

2）深刻な子どもの心の育ちの問題

　生活困難がもたらす子どもの不幸はどの時代にもあったものです。間引き（子返し）もあれば身売りもあり，虐待もあれば非行もありました。それらのほとんどは生活困難によってもたらされるものでした。ですから，経済的に豊かになれば，それらの不幸は減るはずと思われるところです。そして現在でも，上に見たように生活苦からもたらされる虐待や非行は相変わらずあります。しかしながら，生活困難にはない家庭状況にあるにもかかわらず，子どもの心の育ちの面にかつてないほどの深刻な問題が広範に立ち現れてきています。

　その一つは，大人の身体的暴力はもちろん，ネグレクトや罵倒などの精神的暴力による子どもの虐待が広範囲に広がっている事実です。夫婦間の家庭内暴力（いわゆるDV）の広がりも，子どもの心を深く傷つけるという点では子どもの虐待の範疇に含めて考えてもよいものかもしれません。こうした広い意味での子どもの虐待は想像以上に広がっていて，メディアで報道されたり，数字で取り上げられたりする数は，むしろその氷山の一角に過ぎません。こうした子どもたちのいわば「目に見える」不幸はいうまでもないことです。しかしそれは昔からあった虐待とも異なり，また保護者の生活が極貧の状況にあるためにもたらされるそれとも異なり，現代文化の病理としかいいようのないような重さを抱えているように見えます。要するに大人が「子どもが大事」と思わない状況が広範囲に広がっているのです。これは「子どもの最善の利益」が考えられた当時の大人の思いとは対極にある状況といわなければなりません。

　そればかりではありません。大人の意向（願いや期待）に振り回されて，自分らしく主体として生きることを阻害され，結果として心を痛めて幸せに生きられなくなっている子どもたちが多数見られるようになったことも大きな社会問題です。実際，大人の強い願いや期待を満たすことに汲々となり，それを満たせないことから心が傷つく子ども，主体としての尊厳を認められないまま，その不安や憤懣を他の子どもへの暴力のかたちで発散する子ども，放任のなかで主体として育つうえに必要なしつけをほんとんど受けられずに，自分勝手に気ままに振る舞うかに見える子どもなど，総じて心に不安や不信や不満を抱え

た子どもが想像以上に増え，そういう気になる子どもはいまや見方によっては半数を超えるまでに広がっています。

　それらの子どもは目に見える振る舞いに問題があるから気になるというより，総じて目に見えない心に問題があるから気になるのです。そしてそういう心の傷ついた子どもたちが増えてくると，集団生活のなかで通常はごく平凡に生きてきた子どもたちの心の育ちにまで悪影響が及ぶようになり，これが学級崩壊や小1プロブレムという状況を作り出す一因となっていることは周知の事実です。

　一昔前の物質面の充足がただちに心の満足であった時代とは異なり，いまや物質面ではかなりの程度満たされるようになりました。それなのになぜ子どもはいまを幸せに生きられないかといえば，子どもにとって心に満たされないものがあるからです。それが心の傷つきや心の育ちの問題に繋がり，それが結果として，他の子どもへの暴力，暴言，非行，あるいはさまざまな不適応行動やひきこもりをもたらし，しかもそれがかつてないほど広範な子どもに起こっているのです。

　満たされない何かとは，いうまでもなく大人（保護者や保育者や教師）からの「愛」です。経済的に困窮しているわけではないのに非行に走る子どもたちは，みな「温かい家庭」を口にし，「愛の渇望」を語ります。「愛」という言葉が嫌ならば，親の「子どもを大事に思う気持ち」と言い換えても構いません。非行に走る子どもをはじめ，心を痛める多くの子どもが本当に求めているのは，「あなたは大事」という大人の思いなのです。

　子どもは生命の保持と健康の維持・増進という最低限の生きる権利保障が得られれば，次には自分の存在を無条件で認めてほしいという，根源的な存在承認欲求を大人に向けてきます（この根源的な存在承認欲求というのは，私の関係発達論からいえば，もっと幼いときの繫合希求欲求が大人によって満たされ，それを満たしてくれる大人に信頼を寄せるようになったことと，生まれたときからもっている自己充実欲求とが結びついて派生する根源的欲求のことです）。要するに，子どもは自分にとって大事な大人から，「あなたは大事，あなたのことを愛し

ている」というかたちで，自分の存在を認めてほしいという根源的な欲望をもっているということです。

　前著『子どもの心の育ちをエピソードで描く』（ミネルヴァ書房，2013年）では，子どもは存在承認欲求を満たしてくれる大人に信頼を向け，その大人の「あなたは大事」という思いが子どもの内部で反転して「私は大事」と思えるようになることが子どもの自己肯定感の成り立ちであると述べました。つまり，子どもの信頼感も自己肯定感も，自分の存在承認欲求を周りの大人から満たしてもらうことによって成り立つということです。

　ところが大人は近年，子どもの求める無条件の存在承認欲求を逆手にとって，子どもに振り向ける愛（あなたは大事）を子どもを操作するための手段として用いるようになりました。つまり，「〇〇をしたら，愛してあげる」というかたちで，子どもに本来向けるべき無条件の愛を，自分の言うことを聞いたときにだけ与える条件つきの愛に置き換え，それによって子どもを操作するようになったのです。

　一例を挙げれば，我が子をプロの選手にしたいからと，幼少の頃からプロ傘下のクラブチームに所属させ，ひたすら頑張ることを求め，頑張ったら褒め，生活をそれ一色に塗り固めて，というかたちで子どもに関わる保護者が多数現れてきました。なかには，そこからプロの選手に育っていく子どもも確かにいますが，そうした子どもの大半は，その育成の過程で頑張っても結果が出ないからとふるい落とされ，それによって保護者の失望を買い，その裏で「ダメな子」という保護者の思いを感じて傷つきます。そのなかには青年期に至って立ち上がれないほどにプライドが傷つけられて，その後の人生に禍根を残す子どもも増えてきました。

　同じことは高学歴志向の親の下で，偏差値に一喜一憂しなければならない子どもたちにもいえるでしょう。優越感と劣等感のるつぼのなかで，よい点数を取ることがまるでそれだけでよい子になれるかのような錯覚を生み，一人の主体として生きるうえに必要な対人関係のもち方やお互い様の感覚を身につけることを顧みないままに成長を遂げて，ふと気づくと，人との付き合い方がまる

で分からないという状況に置かれているというありさまです。
　いま取り上げたのはほんの一例ですが，早く力のついた者が勝ちという過剰な競争原理の下で，親の条件つきの愛に振り回されて心が充実しない子ども，自己肯定感が立ち上がってこない子ども，それゆえに幸せを感じられない子どもが想像以上に増えてきています。そしてモヤモヤした気持ちを発散させようとして，子どものすることとは思えないような乱暴を働く子どもや人が傷つくようなことをわざと言う子どももいます。あるいは，子どもらしい意欲や元気さが感じられない子，友だちと仲良く遊べない子，友だちを作れない子など，子どもらしいエネルギーを感じさせない子どもも多数いて，要するに大人にとって気がかりな子どもたちはいまや目白押しです。それらの子どもたちはみな，物質的な欲求は満たされても，本当の意味の大人からの愛，つまり自分の存在を認めてほしいという根源的な存在承認欲求を大人から満たしてもらいたいと思いながら，満たしてもらえずに何かしら心にモヤモヤを抱えている子どもたちです。それらの子どもたちにとって，「子どもの最善の利益」とは何でしょうか。
　大人たちは条件つきの愛をちらつかせて子どもを自分の願いに引き込もうとするばかりで，しかもそれは「子どものため」と思い込んでいます。放任に逃げ込む親は論外として，子どもに入れ込み，一見子どもを大事に思っているかに見える親でさえ，自分の願いを実現させようとするあまり，「いま，ここ」の子どもの存在承認欲求をしっかり満たそうという姿勢にはありません。大人は子どもの「これから」を展望して，「力を，力を」と大人の願ったかたちで力がつくことが子どものためになると考え，その力をつけるためであれば条件つきの愛を用いて子どもを操作しても構わないと思っているかのように見えます。
　そのために，子どもの心の面の満足はかえって昔よりも得られにくくなり，生命が脅かされる不安とは異質の，自分にもその出処が分からない不安や不満が心に充満して，そこから自己否定感や自己不全感，さらには意欲の欠如といった「心の問題」を抱えた子どもたち，つまり，「最低限の生きる権利」のう

えに積み上げられるはずの**「幸せに生きる権利」**が奪われている子どもたちが，大量に生み出されるようになりました。

　まとめると，一方では，大人の生活の困窮が子どもの不幸を招くという面がいまだにあります（これにも，薬物やギャンブルなどによって親の生活が乱れているためという場合から，親が経済的に困窮しているためという場合までの，幅広いスペクトラムを視野に入れなければなりません）。これは子どもの置かれている状況から見れば，一昔前と大きく変わらない，子どもの「最低限の生きる権利」が脅かされた状況といってもよいかもしれませんし，これらの子どもたちのためには従来型の福祉施策の拡充が依然として求められます。

　しかし他方では，経済的には普通に生活できるはずなのに，子どもが幸せになれない場合が広範に生まれています。そこにも，親が自分中心の生活に流れて子育てを顧みずに放任に堕している場合から，それとは逆に大人が子どもの幸せのためにと考えて，過剰に子どもに入れ込むために，かえって子どもが幸せになれない場合までの幅広いスペクトラムが考えられなければなりません。前者の放任の場合，大人は放任と厳罰のあいだを行き来しながら子どもに関わるので，子どもは本当の意味で愛されることもしつけを受けることも知らずに育ちます。その結果，大人への信頼も自己肯定感も育たないまま，怒りと不満を外側に発散しようとして，手がつけられないほどの乱暴な振る舞いにおよび，それにもかかわらず親は自分の態度を崩さず，子どもの乱暴も収まらないという状況が生まれます。後者の過干渉的対応の場合，大人は子どもに過度な期待を寄せ，そこから厳しい評価を子どもに振り向けるために，子どもは大人の顔色をうかがうようになり，条件つきの愛によって，大人を前に不安と不信が芽生え，その結果，子どもの心に大きな負担がかかり，そのために日々の生活で幸せを感じることのできない子どもが生み出されてしまいます。

　いずれの場合も，子どもは自分の存在を肯定してもらえないところから，心の育ちの中心にくるべき信頼感と自己肯定感を育むことが難しく，乱暴に振る舞う子どもはもちろん，表面的には「よい子」のように振る舞う子どもの場合も，心のなかは不安と不満がいっぱいという事態に陥ります。このような子ど

もたちは将来大人になってからの「子育て不適応予備群」をかたちづくっているように見えます。というのも、自分が放任や条件つきの愛によって育てられると、自分が親になったときにも、同じように放任や条件つきの愛によって子どもを育てることになりやすいからです。これはまさに不幸な世代間循環といわなければなりません。そうした親に育てられるとき、いまを幸せに思えない子どもがさらにまた大量に生み出されることが予想されます。

　特に大人の過剰期待からくる子どもの支配は、大人には「子どものため」と思われているので、そこに問題があるとは気づかれにくい状況にあります。「子どもの最善の利益」という文言が大人の都合に合わせて意味をすり替えられてしまうのは、そのような事情があるからでしょう。

第2節　大人の立場からの「子どもの最善の利益」

　いま、「子どもの最善の利益」の文言の前に置かれた「子どもの立場に立って」という精神が忘れられたかのように、大人の立場や都合が前面に出た「子どもの最善の利益」の議論が横行しています。今般の新法案に絡む「子どもの最善の利益」の文言もその一端かもしれません。世界児童権利宣言が出された当時は、子どもの願いと大人の子どもへの思いのあいだに大きな乖離はありませんでしたが、いまや「最善の利益」を巡って、子どもの立場と大人の立場の乖離という新たな局面が現れているように見えます。では、なぜその乖離は生まれたのでしょうか。

（1）「力をつける」ことが「子どもの最善の利益」なのか

　「子どもの最善の利益」には「子どもの心身の発達の保障」という考えが織り込まれています。そこから、子どもの発達の可能性を最大限に引き出すことがこの文言の主旨に適うことだと考え、結局はたくさん力をつけることが子どもの将来の幸せに繋がる、ひいては「子どもの最善の利益」に繋がると考える人たちが多数現れてきました。幼いときから発達を急がせ、そのためにあれを

させる，これをさせると，大人が主導してさまざまな課題を与え，ひたすら力をつけることを追い求め，力がつけば褒め，つかなければ叱咤激励するか蔑んだ目で見るという態度で子どもに臨む大人たちが続々と輩出されてきました。競争に勝ち残ることが「子どもの将来のため」であり，それが「子どもの最善の利益」だというわけです。大人たちのよかれと思うその「善意」に覆い隠されて，そうした対応のなかに子どもにとっての棘や毒が含まれていることはなかなか気づかれません。それが小学校へのスムーズな移行のための力の育成という考えや，「学びの連続性」を保障するための就学前の教育の主張に繋がり，さらには漢字や英語の早期教育や英才教育の主張，ひいては5歳児の義務教育化の議論さえ湧き起こっています。

　しかし，子どもに次々に何かをさせるという，力をつけるための大人の対応は，本当に子どもが望んでいるものなのかどうか，子どもが幸せと感じているものなのかどうかと問えばどうでしょうか。

　将来を考えて力がつくことを子ども自身が求め，それが子ども自身の喜びになり，そのための努力を子ども自身が惜しまないという場合には，大人の願いと子どもの思いとのあいだに大きな乖離はなく，それゆえ，そのような大人の対応は子どもの立場から見ても「子どもの最善の利益」に通じるといってよいものでしょう。けれども，そのような大人の対応が子どもにとっては強い圧力に感じられる場合はどうでしょうか。大人の願い通りにできなかったときの大人の冷たいまなざしに凍りつく思いをたびたび経験し，それゆえに子どもが安心や幸せを感じられないまま日々を過ごすことになって，次第に心が重くなり，生きる意欲を失う結果になった，ということはないでしょうか。

　こうした大人の思惑に端を発し，子どもの思いを半ば無視したかたちの「子どもの最善の利益」の考えが横行することは，この文言の本来の精神にもとるものだと私は考えます。それにもかかわらず，そこに「子どもの将来のため」や「子どもの最善の利益」という文言を持ち込んでその大人の都合や思惑を正当化しようとしているように見えます。

　実際，大人が子どものためによかれと思って振り向けるさまざまな働きかけ

のなかに，子どもから見て，重苦しいもの，歓迎できないもの，願わしいとは思えないものが多数含まれています。現代の大人が，「子どものためによかれと思って」することが，本当に子どもの思いを代弁する中身になっているようにはとても見えません。いや，むしろそこに子どもの思いとの乖離が生まれ，子どもの立場はいつのまにか見失われてしまい，それによって子どもが苦しむ結果になっているように見えるのです。

それでもなお，そうすることが「子どもの最善の利益」だというのであれば，当初この「子どもの最善の利益」という文言に込められていた意味，つまり，**子どもが「いま，ここ」で幸せを感じて生きることができるための権利の保障**という意味は，違う意味に変質してしまっているといわなければなりません。ここに，「子どもの最善の利益」という文言の意味を，いまの時代状況を踏まえ，しかも子どもの観点に立って再確認する必要があるという理由があります。

ところが，この私の主張に対して，それは子どもを甘やかすことだ，子どもをわがまま勝手にすることだという反論をぶつけ，子どもに強く働きかけて力をつけることが子どもの将来のためであり，それが「子どもの最善の利益」なのだと強弁する人たちがいます。しかし私の主張は，何でも子どもの思い通りにさせればよいというような放任主義の立場とはまったく違います。子どもがいけないことをしたときそれを叱る必要があるのは当然で，子どもが羽目を外したときに禁止や制止の規範を大人が示すのは，どの時代にもあった当然の大人の子育てのかたちです。

ですから，いま子どもの立場を踏まえてというのは，子どものしたいようにさせるという意味ではなく，あくまでも子どもを一個の主体として尊重しながら，子どもが一個の主体として周囲の人と共に生きていくうえで必要な心は何かを考えるということなのです。子どもが主体として生きていくうえに欠かせないのは，あれこれの力である前に，主体としての心であると私は考えます。それが「力が先」ではなく，「心が先」だという私の主張に通じています。その主体としての心を育てるために大人の育てる営みに欠かせないものは何かを考えたときに，まずは子どもの存在を認めること，存在を喜ぶこと，つまり無

条件に子どもを愛する気持ちが，力の育成や強い規範を示す前に必要ではないかと言っているのです。

　現代の大人は，どうやら子どもを大事に思う前に，子どもに多くの力をつけたいと思い込んでいるかのようですが，その思いの裏側には，大人自身，自分を大事に思いたいという事情もありそうです。つまり，大人自身，自分を大事に思いたいけれども思えないというように，自己肯定感を抱けないまま大人になり，そのようにして大人になった自分が子育てをする側に回ったときに，子どもを大事に思うよりも前に，まずは自分を大事に思いたい（けれども思えない）という大人の心の問題が浮上してきて，それが回りまわって過剰な大人主導の関わりを生んでいるということなのかもしれません。それはまた親になった大人自身が幼少の頃から条件つきの愛に振り回されて自己形成したために，我が子に対しても条件つきの愛で臨むのが当然と思うように世代間循環が負のかたちで働いた結果なのかもしれません。

（2）「発達」の考えのなかに落とし穴がある
1）心身の発達の保障は「将来のために力をつけること」か

　それにしても，なぜ「力をつけること」が「子どもの最善の利益」と考えられるようになってしまったのでしょうか。多くの子どもの心が傷つき，声にならない悲鳴が聞こえてきそうな状況が多々あるにもかかわらず，なぜ，この考えが「疑う余地のない正しい考え」として多くの人に信じられてきたのでしょうか。その理由の一端として，我が国の戦後復興の過程で，高度経済成長が人に幸せをもたらしたという，「成長による成功物語」があったことは否めません。しかしその理由の主要な部分は，私の見るところ，「発達」という考えが人々のあいだに浸透し，そのことによって子育てのあり方や子どもへの接し方が大きく変わったからではないかと思います。

　従来の「発達」という考えは，時間とともにできることが増えていって能力的に完成された大人になるという，できることの集積のうえに組み立てられた成長物語です。「子どもの最善の利益」として考えられているもののなかに，

生命の保持と健康の維持・増進に加えて，「心身の発達の保障」という考えがあったことが，子どもの発達の可能性を最大限に引き出すことが「子どもの最善の利益」という発想に繋がった可能性があります。ただし，「心身の発達の保障」といっても，この「子どもの最善の利益」の文言が語られる基盤となった世界児童権利宣言が出された当時の時代背景を考えると，学校も遊び場もないといった環境の下で，子どもは大人の労働を手助けする存在として扱われていた状況を念頭に置く必要があります。その状況を何とか覆そうとして，「心身の発達の保障」が語られたのです。ですから，子どもにどんどん力をつけることが「心身の発達の保障」の主旨であったとはとうてい思われません。

にもかかわらず，そのような大人の「善意」に発する力をつけるための（発達を引き出すための）過剰な働きかけは，なぜか「子どものため」や「子どもの最善の利益」と考えられるようになりました。発達を促すことがすなわち子どもの幸せに繋がると多くの大人が信じ込んだのです。しかしながら，その過剰な働きかけは，その際の条件つきの愛の示し方と相俟って，その裏側で子どもの心に負担をかけ，子どもの自己不全感を助長し，周囲との比較のなかで過剰な劣等感や嫉妬心を搔き立て，子どもにとっては「幸せとは思えない」状況を広範に生み出してきました。ここに，「発達」の考えと，「子どもの最善の利益」の考えが奇妙なかたちで結びつけられてしまったことの不幸が立ち現れています。これまでの私の著書で繰り返し述べてきたように，従来の能力面に定位した発達の見方は，大人にとってはきわめて分かりやすい考え方でした。しかし果たして子育てや保育や教育にその発達の考えを取り込んだことが子どもの幸せに繋がったかといえば，必ずしもそうではなかったのではないでしょうか。

2）従来の発達の考えには含まれていない心の面

従来の発達の考え方の問題の一つは，心身の発達といいながら，そこには子どもの能力面（目に見える面）の成長しか視野に入らず，心の面（目に見えない面）に大人の目が向けられていなかったということがあります。というよりも，

発達の見方が世のなかに浸透するのに比例して、大人の目は子どもの「できる、できない」に向かい、子どもの心に向かわなくなったといった方がよいかもしれません。力を考えるということは、子どもの「できる、できない」を見るということです。大人の目が目に見える「できる、できない」に向かえば、当然のことのように、目に見えない「心の面」に大人の目が向かわなくなります。その結果、力をつけようと努める大人の働きかけのなかで、子どもの心がどれほど悲鳴を上げていても、そのことに大人は気づかなくなってしまいました。私が最近、**「発達とは子どもの身・知・心の面に表れる時間軸に沿った変容を捉える試みである」** と述べて、子どもの発達を見る見方のなかに心の面を含めるように強く主張するようになったのも、子どもの心の面が忘れられると、大人の「善意」から導かれる働きかけに子どもの負担になるものが入り込んでいても、そのことに大人が気づかなくなってしまうからです。

　逆に子どもの発達に「心の面」を含めて考えてみると、将来のために力をつけることが「子どもの最善の利益」であると考えることが決して自明なものではなくなることに気がつくはずです。しかしいま、保育者や教師ばかりでなく、保護者のなかにも従来の発達の考えが深く沁み込み、力をつけることは善であること、それが将来子どものためになること、だから親は頑張って子どもにあれこれのことをさせてと考え、力をつけることに資することであれば、何でもするという状況が生まれてしまいました。それが子どもの心の面の育ちを大きく阻害するようになっていったように私には思われます。

（3） 大人の思惑を背負った「子どものため」という対応

　「子どもの最善の利益」はあくまでも「子どもの立場に立って」考えられたものでした。しかし、生活が豊かになるとともに、大人の関心は「いま、ここ」を通り越して、子どもの将来の幸せのためにいまやるべきことは何かと発想するようになり、いつの間にか大人の思惑が前面に出るようになりました。そしてその思惑は「子どものため」という善意に覆い隠されて、そのまま無条件で容認されるという流れが生まれてきました。それが発達の考えと呼応して、

「力を，力を」と考えるのが当然という状況を生み出したのだと思います。

　しかしながら，「力を，力を」という発想は，本当に子どもの将来を見据えた考えだったのか，私には疑問に思われます。もしもこの子が将来一人前の大人になったときに何が必要だろうかということを本当に考えていたなら，あれこれの能力の定着だけでは一人前の大人としては不十分であり，主体として生きるための心の育ちが欠かせないという考えに思い至ったはずだからです。その一人前の大人になるうえに欠かせない心とは，まずもって人を信頼し（信頼感），自分を肯定する心（自己肯定感）です。そしてその二つの心の周辺に，自分らしく生きながら同時に周囲とともに生きることに必要な心が寄り集まってこなければなりません。自由と権利を主張する心も必要ですが，同時に義務と責任を果たす心も必要です。そのために大人は何を育てるべきかと発想していれば，いまのような「力を，力を」の大合唱にはならなかったでしょうし，いまの子どもたちの心の不幸はなかったかもしれません。というのも，ひたすら力をつける，ひたすら集団に合わせるというように，子ども一人ひとりの意欲や満足や喜びを度外視して，子どもに働きかけることはなかったはずですから。

　しかし，実際には大人の思惑を前面に押し出した子どもへの対応を，願わしい子育てのかたちと錯覚することに多くの大人が陥りました。お受験も，幼児塾による早期教育も，あるいは高価な幼児教育教材に基づく知的な発達促進も，さらには「プロを目指すクラブチームへの参加」も，みな「子どものため」だといわれます。けれども，その「子どものため」は本当に子どものためのもの，子どもによって確かめられた「子どものため」のものだったでしょうか。いやむしろ，それらは大人の不安解消のためのもの，大人の自己満足のためや大人のプライドを満たすためのもの，等々，子どものため以外の「大人のため」や「大人の都合のため」のものという面が強かったように思います。

　自分の果たせなかった夢を子どもに託すというのは，どの時代にもあったものでしょうが，それが過剰になって，子どもを苦しめるほどの過剰な期待を子どもに寄せてもなお，それは「子どものため」だといえるのでしょうか。

　一昔前に比べれば明らかに物質的に豊かな生活を送ることができるようにな

ったのに，大人自身はそのことに幸せを実感できず，また日々の生活のなかで自己肯定感が立ち上がる経験をなかなかもてません。そこから生まれる自己の不全感を，自分の個人的な快楽に逃げ込むか，子どもに過剰に関わるなかで発散させようとしているだけに過ぎないようにも見えます。そうした大人の不全感から生まれるさまざまな働きかけを，「子どものため」と思い込んで，自身の不全感を隠蔽しているようにさえ見えます。子育てが放任に流れてもそれを「子どもの自立のため」といいくるめ，過干渉や過剰期待になっていてもそれは「子どもの将来のため」と自己弁護してそのことを顧みようとしません。それを考えるとき，大人の都合や身勝手な思いに発する「子どものため」をただ隠蔽するための隠れ蓑として「子どもの最善の利益」という文言が飾り文句として持ち出されているのではないかとさえ思われるのです。

　先にも少し触れたように，そこには，大人自身の心の育ちの不十分さ，つまり，大人自身がその発達の過程でひたすら力をつけることを周りから求められ，そうした周りの大人の思惑に振り回され，そのなかで真の幸せとは何か，真の自己肯定感とは何かが分からないまま成長を遂げざるを得なかったこと，つまり，**大人自身が主体としての心を十分に育んでこなかったこと**が隠されているように思います。大人自身が条件つきの愛情しか与えてもらえなかったことが，結局は自分が親になったときに子どもに条件つきの愛情しか与えられないという負の世代間循環に繋がっているように見えます。私がいま本書で「子どもの心の育ち」を問題にするのも，目先のこととしてではなく，30年後を見据え，いまの子どもたちが〈育てる者〉になったときに，いま現在あるような不幸な世代間循環をそのときに繰り返さないことを強く願うからです。

　大人の「子どものため」が多分に大人の思い込みになっていて，しかもそれが大人の一方的な思い込みであることに気づかないという構図があり，それに気づくのを巧みに隠蔽するために「子どもの最善の利益」が暗黙裡に持ち出されているのだとすれば，この事態はどのようにして乗り越えることができるのでしょうか。本書で詳しく見るように，いま子どもを育てる側に回った大人の主体としての心の育ちに深刻な問題が孕まれています。だからこそ次世代の

「子どもの心の育ち」を真剣に考えなければならないのです。

第3節　問題点を整理する

　ここでこれまで述べてきたことを再度整理してみたいと思います。というのも，養育，保育，教育に関わって，「子どもの最善の利益」を考えようとするときに，そこにはいくつかの対立する視点が含まれていて，そのために議論が錯綜していると思われるからです。

（1）「力が先か，心が先か」の議論に見られる混乱
　前著『子どもの心の育ちをエピソードで描く』の冒頭で，この「力が先か，心が先か」の議論をしていますが，ここで，以下の3）の前まで，その内容を少し圧縮するかたちで再掲してみましょう（一部文章表現を変えています）。

　「子どもに力がつくように保育すること，子どもの心が育つように保育すること，この二つはどちらも必要な保育の視点です。ですから，本来，力なのか，心なのか，という対立軸があるわけではありません。しかしながら，まずは力をつけることを重視して心を育てることが後回しになる保育と，まずは心を育てることを重視して力はその後からついてくると考える保育というように，保育に臨む姿勢を考えてみると，現在の保育界には「力が先か，心が先か」という，明らかに対立する考え方があるのが分かるはずです」。

1）力をつけることが先と考える保育のあり方
　前者の力を育むことが先だと考える保育のあり方は，子どもが少々嫌がっても，保育者が主導して次々に課題を与え，結果として力が身につけば，それがその子の将来に役に立つという考えに繋がります。こうした保育の動向は，早い発達を願う保護者の意向にも適い，また昨今の保幼小連携の議論や「小学校に上がるためにどのような力をつけておくべきか」という，年長担任の保育者

にとっての気がかりに応える保育のかたちでもありますから，大方の保護者や保育者の支持を得ています。

　実際，スパルタ保育には疑問を感じる保育者たちでさえ，力をつけることが優先することにはほとんど疑問をもたず，頑張れと励まし，頑張りを褒めれば，子どもは保育の流れについてくるし力もつくはずで，それが子どものためになると考える保育者は少なくありません。こうして，多くの保育者にとっては，力をつけることに主眼を置いた保育者主導の保育動向は，何ら疑問の余地のない正しい保育のあり方だと思われてきたのでした。

　要するに，保育者主導で子どもたちに力をつけるための「させる」保育，その際の保育者の願いに沿ったときにだけ褒める「頑張らせて褒める」保育，そして力のついたところを保護者に見せてその歓心を買うための「保護者に見せる」保育は，多くの保育者にとっては分かりやすい，また当然の保育のかたちであり，それがまた保護者からも評価されると考えられてきたのでした。

　しかしながら，負の行動を抑える力を身につけ，願わしい個々の力を寄せ集めれば，本当に願わしい子どもの姿になるのでしょうか。このような保育動向は，確かに保護者の期待に沿い，保護者の不安を鎮め，小学校からの要求に応え，保育者の気がかりを解消するには都合のよい保育のかたちかもしれません。しかし，それは本当に「子ども自身が幸せに思える」保育のかたちなのでしょうか。

２）心に目を向けることに主眼を置いた保育のあり方
　いま，保育現場を振り返ると，乱暴な子ども，聞き分けが難しい子どもなど，気になる子どもが多数目につきます。それだけでなく，一見，聞き分けがよく，集団の流れにも乗ることができ，保育者に「問題として取り上げる必要のない子ども」と見える子どもたちのなかに，本当は保育の場で充実感や満足感を十分に得られずに，何かしら冴えない顔つきの子どもたちが大勢います。行動だけ見れば問題なさそうですが，心に目を向けてみれば，心が満たされ，心が輝き，充実していまを生き生きと過ごしているようにはとても見えません。つま

り，その子たちからは自信，意欲，充実感，自己肯定感といったものを感じ取ることができません。

　友だちに乱暴な振る舞いが多く，集団の流れにもなかなか乗れない子どもは，保育者主導の保育のなかでは，いつも保育者から注意を受け，否定的に見られる子どもですが，しかし，その心に目を向けてみると，その子の心の悲鳴が聞こえてこないでしょうか。乱暴な行動は，その子のもって生まれた個性や特性から導かれたものではありません。むしろその子の心が負のかたちでしか動かないために，結果としてそのような負の行動が導かれてしまっているのです。

　子ども一人ひとりの心に目を向けてみれば，本当はどの子どもも心のなかで「先生，来て」「先生，見て」と保育者に一対一の対応を求めていることに気がつくはずです。気になる子どもへの対応が手厚くなるのは当然だとしても，実はどの子どもも先生に一対一で対応してほしいと思っており，自分の存在を認めてほしいと思っています。そして先生に自分の存在を認めてもらえれば，やはり嬉しく瞳が輝きます。それはまさに自己肯定感が立ち上がる瞬間です。それが子どもを成長することへと一歩前に押し出すのです。

　このように子ども一人ひとりの心に目を向けてみると，やはり保育は保育者と子どもの心と心の繋がりが中心にくるべきだという保育の見方が自然に生まれます。そのなかで心の土台が育てば，子どもは必ず自分からいまを乗り越えようと試みるようになり，それが子どもの力に転化していくのです。

3）「子どもの最善の利益」の観点からこの議論を振り返る

　さて，「子どもの最善の利益」という観点からこの「力が先か，心が先か」の議論を振り返ると，双方とも，それが「子どもの最善の利益」だと考えていることが分かります。同じように「子どものため」を考えながら，しかし両者は逆向きの保育姿勢として相容れない面をもっています。力を中心に「子どもの最善の利益」を考える立場は，大人の目から見た，子どもの将来に役立つという観点からの「子どものため」であるのに対し，心を中心に「子どもの最善の利益」を考える立場は，子どもの心に寄り添って，子どもの立場に立ち，子

どもの「いま，ここ」の心の充実（幸せ）を見据える観点からの「子どものため」です。それはまた，前者が条件つきの愛を盾に子どもを操作する姿勢をもつのに対して，後者は無条件の愛を子どもに振り向け，子どもの存在を肯定する姿勢を堅持する立場でもあります。このように，両者はものの考え方が真っ向から対立しているのに，両者とも「子どものため」を語り，「子どもの最善の利益」を語るので，両者の議論は錯綜し収拾がつきません。

　ですから，その混乱を免れるためには，まずもってこの対立をはっきりと自覚し，自分がどの立場から議論しようとしているかを明らかにする必要があります。

（２）「心身の発達の保障」の見方に混乱がある

　もう一つ，「心身の発達の保障」が「子どもの最善の利益」であるという考えにも混乱があります。それがまた（１）と深く結びついています。

　前節でも触れたように，心身の発達の保障を，子どもの最善の利益と結びつけて考えるとき，子どもの発達の可能性を最大限伸ばしてやることがそれだと考え，そこから「力を，力を」と考えるのはきわめて自然のように見えます。ただし問題は従来の発達の見方が能力面に偏っていて，しかもそれは右肩上がりという進歩向上の発想を含むこともあり，「いま，ここ」の心の面を視野に含んでいないことです。たくさん力をつければつけるほど，その子の将来には幸せが待っているという考えは，たとえその考えに沿った大人の働きかけが子どもの心に大きな負担をかけ，子どもの心の輝きを奪っていても，子どもの心の面に目を向けない大人はそのことに気づくことができません。こうして，子どもに将来に役立つ力をつけることがそのまま「子どもの最善の利益」になると考えられてきたのでした。つまり，「いま，ここ」での「発達を保障する」という世界児童権利宣言が出された当時の考えが，将来のために「力をつける」という発想に置き換えられ，それが「子どもの最善に利益」という考えに接続されているのです。

　しかし，子どもの心の育ちに目を向けると，それとはまったく逆の見方がで

きるようになります。「力を，力を」という大人の強い働きかけに疲弊し，心が折れ，心が傷つく子どもたちを見据える立場からすれば，どうしてそれが「子どもの最善の利益」になるのかと疑問に思われてきます。この立場からすれば，子ども一人ひとりの「いま，ここ」での心の充実こそ，その子の幸せではないか，それこそが明日を力強く生きる意欲の源泉になり，それが「子どもの最善の利益」ではないかと思われるからです。そしてそこから，従来の能力面に関心を限局した発達の考えを見直して，子ども一人ひとりの心の育ちに目を向けなければ，真の意味で子どもの幸せを考えることができないということに気づくはずです。

　こうした発達の見方に関わる議論は（1）の議論とまったく重なることが分かります。というのも，力を重視するのか，心を重視するのかの問題は，「できる，できない」の能力面にのみ視点を置いた発達の見方と，心の育ちにも視点を置いた発達の見方の違いでもあるからです。

　私はこれまで，心を重視する立場を提唱し，発達を能力面ばかりでなく心の面も含めて考える立場を主張してきましたが，権利条約批准から20年目の節目を迎える今年，そのような自説を「子どもの最善の利益」と結びつけて考えてみると，手前味噌ながら，自説を主張してきた意味が改めて見えてくる気がしています。心の面の育ちを見ないままに能力面だけを最大限伸ばすという発想が，本当に子どもを幸せにするのかどうか，まさにそこが子どもにとっての問題なのです。

（3）　目に見える面だけを重視するのか，目に見えない面をも重視するのか

　これまでの福祉の観点から見た「子どもの最善の利益」は，物質面での豊かさを追い求めることに重点が置かれていたといえます。保育環境を振り返ってみても，冷暖房の完備した明るい園舎，クラスの部屋とは別仕立てのランチルーム，冬でもお湯の出るシャワー室や衛生的なトイレの設置，外国製の高価な固定遊具など，いまや一昔前には考えられないほど物質面は充実しています。食事も栄養士が考えた栄養バランスのとれた内容になり，アレルギー食，宗教

食など，一人ひとりのニーズに応えるように配慮が行き届くようになりました。外国籍の保護者から「日本ほど保育への配慮の行き届いた国は知らない」という発言さえ耳に届くほどです。しかし，そのような目に見える物質面にお金をつぎ込むことが「子どもの最善の利益」に繋がるのでしょうか。

　目に見える面といえば，物質面ばかりでなく，「力を，力を」と，力の定着を目指す保育も目に見えます。「できた」ことへの賞賛は確かに子どもを喜ばせます。それが自信や意欲に繋がる場合もあるでしょう。それゆえに保護者からの評価も得られやすいでしょうし，保育する側も保育者主導で事を運べます。効率のよい保育を考える立場からすれば，そのように保育を展開することが待機児童解消のためにも，税金の効率よい使い方のためにも必要なことだと考えられ，それが今般の子ども・子育て関連3法に結びつくことになったのだと思います。しかし，そうした目に見える面の充実は，子ども一人ひとりが本当に幸せと思えることに繋がっているのでしょうか。

　実際，物質面をどれほど豊かに改善しても，子ども一人ひとりの心は輝きません。新しい遊具は一時子どもの関心を惹きますが，じきにその気持ちは醒め，やはり，水，砂，泥，紙という，遊びの基本に舞い戻ります。そして子どもの心が輝き子どもの気持ちが前を向くのは，何よりも周りの大人に自分の存在が肯定されたと思えたとき，そしていまの思いを受け止めてもらえ，分かってもらえたときです。それを抜きにすれば，どれほど物質面が豊かになっても，それが子どもの幸せに繋がるとは思われません。「褒めて育てよ」とはよくいわれることですが，そこで大事なのは目に見える賞賛を与える面ではなく，「褒める」行為の裏側で働く目に見えない**子どもの存在を肯定する大人の心の動き**なのです。

　子どもの安心感，信頼感，自己肯定感など，目に見えない心の面の育ちは，褒められることによってではなく，「あなたが大事」と大人に存在を肯定されたときであることは，保育の場で子どもを丁寧に見てみればすぐに気づくことです。それにもかかわらず，世の中は目に見えるところで物事が動き，目に見えない心は視野から外されてしまっているように見えます。

そこには学知のあり方も絡んでいます。目に見えるところで捉えられるものだけが実証データであるという客観科学の立場の影響は福祉行政にも保育現場にも及び，福祉施策の効果を目に見える数値で表すことを現場に求め，保育の成果を発達の尺度上での伸びで示すことを求めるのは，目に見える面を重視し，目に見えない心の面を軽視する昨今の風潮をさらに助長するものでしょう。そのような考えを保育の現場に引き寄せて考えれば，目に見えるところで子どもを見て，目に見えない心の面を捨象してかかる保育に通じています。ですから，目に見えない心の面を重視する保育は，この風潮に逆らい，学問のエヴィデンス主義の流れに逆らう意味をもちます。それが困難であることもまた，「力を，力を」の流れに加担し，目に見えるところに視点を絞ることを当然とみなし，物質面に重点を置く考え方に傾く理由なのでしょう。

（4）「子どもの立場に立つ」という見方にも混乱がある

　さて，第2節では，「子どもの最善の利益」の主旨が時代とともに変質した部分があるのではないかという議論をしました。子どもの立場に立った「子どものため」が忘れられ，大人の立場からの「子どものため」がいつしか「子どもの最善の利益」とみなされるようになったという経緯です。

　大人の立場からの「子どものため」は，しかし大人には大人の立場からというふうには必ずしも意識されていません。むしろ，それが子どもの立場だと誤認されているところがまさに問題なのだともいえます。これは，支援する側の「善意」を謳う福祉の発想にはしばしばつきまとう考え方です。たとえば，障碍者本人の自立を促すためだと称して，支援者主導で社会的スキルを身につけさせる強い支援を行い，それに障碍者本人が苦痛を覚えていても，それは「本人のため」だとされて，疑問に思われることがないという現実があります。「本人のため」と謳えば，どのような支援もそのまま肯定されるかのようですが，それは力をつけることが子どものためだという発想と同根のものです。

　あるいは，発達促進のための教師の強い働きかけに障碍のある子どもが悲鳴を上げていても，それは「将来あなたのために必要になることだから」といわ

れて，その悲鳴が聞き届けられない事情とも重なります。さらに，子どもの多様なニーズに応えるという理念を掲げて誕生したはずの特別支援教育が，いつのまにか子ども本人のニーズには目をつぶったまま，**「保護者や教師の目から見た子どもの将来のための教育的ニーズ」**に置き換えられてしまっているというのも，それと根は同じでしょう。さらにまた，看護の世界の「患者にとってのQOL」の問題が，患者本人のニーズが考えられるよりも先に，**「医療側から見た患者のためのQOL」**の議論に置き換えられ，患者本人から見たQOLがいつも後回しになったり，忘れられたりするというのも事情は同じです。

　要するに，そういう事態に陥るのは，いつも大人の側，支援する側からものが考えられているのに，それを子どもの立場や本人の立場を尊重していると思い込んでしまい，結果として子どもの観点や本人の観点がいつのまにか見失われてしまっているからです。

　その点から考えると，「子どもの最善の利益」を巡る議論においても，「力をつけることが子どもの将来のためになる」と考えるところがポイントです。あくまでも本人の立場を尊重する観点からこの力の問題を考えるのか，それとも子どものためにという大人の思惑を前面に押し出したところでこの力の問題を考えるのかは，まさにこの「子どもの最善の利益」という文言の理解を左右するところだからです。そしてそれはまた，子どもの立場の尊重を，子どもの心に照らして考えるのか，身についた行動に照らして考えるのかの違いにも関わります。そして，子どもに寄り添って子どもの立場を真に尊重しようとする立場は，子どもの心に目を向ける立場とぴったり重なることが分かるはずです。というのも，子どもの心に目を向けない限り，子ども自身がいまを幸せだと感じているかどうかは分からないはずだからです。逆に，子ども自身がいま幸せであるかどうかを考えようとすれば，必ず子どもの立場を尊重する必要が生まれ，子どもの目から問題を見る必要が生まれてきます。そしてそのとき，大人の目から見た「子どものため」や「子どものためによかれと思って」という議論が容易には受け入れられないということも分かるはずです。

第4節　本書で目指されること

　前節までの議論を踏まえ，これから本書で目指されることに少し踏み込むことができます。子どもの「いま，ここ」での心の充実を「子どもの最善の利益」と考えれば，子どもの心を育てることが養育や保育や学校教育の基本的な目的になると考えることができます。逆に心を育てることに保育の舵を切りなおすことができれば，子どもの心の充実が子どもの幸せであることが保育者の目にも保護者の目にも見えてくるはずです。

（1）　力を優先することから心を優先することへ

　心の充実に視点を置いて「子どもの最善の利益」を考えようとすると，保育の中身そのものにも見方の変更が求められます。保護者ニーズがあるからと，ひたすら子どもに力をつけることに主眼を置いた保育者主導の保育を追求するのではなく，心の育ちを優先させ，力は心の土台が育ったうえに組み立てられてくるという考えに基づく保育への視点変更です。しかし，その視点変更は現実を踏まえればそれほど容易なことではありません。というのも，力を育てることが優先すると考えて，英語を教えます，漢字を教えますと早期教育を目指し，それによって力がつくことを「子どもの最善の利益」と考える立場が現に幅を利かせているからです。しかもそれを保護者ニーズが後押ししています。

　ですから，そのような我が国の現行の保育動向の下で，あえて心の育ちが優先すると考えて，その観点から「子どもの最善の利益」を考えようとするのは，我が国全体を覆っている「力を，力を」の大きな流れに逆らうことを意味します。しかしそれでも，子どもが生きるための最低限の権利保障という当初の観点を超えて，子ども一人ひとりが**幸せに生きるための権利保障**という観点に立って「子どもの最善の利益」を考えるなら，力が優先ではなく，心が優先と考える保育に舵を切り替えなければなりません。

　そのとき，保育に臨む大人の姿勢も変更を迫られます。保育者主導で，次々

に何かをさせようと子どもに指示を出し，保育者の願いに沿った行動だけを褒めるという姿勢から，まずは子どもの思いを受け止め，存在を認め，存在を喜び，子どもを優しく包むように接し，その後に保育者の願いを伝えるという保育姿勢に切り替える必要があります。そのような保育者の姿勢や対応を通して，子どもは本当の意味で保育者を信頼し，保育者に認められていることから自己肯定感が立ち上がるようになります。そして保育者を信頼するようになれば，信頼する保育者に喜んでもらえるように保育者のいうことを聞き分ける態度も次第に身についてきます。そのように子どもの心が育つことが，子どもがいまを幸せと思えるための条件であり，それがひいては「子どもの最善の利益」だと思うのです。

　このように，心を育てるという立場に立てば，保育者の「養護の働き」がその鍵を握ることが分かります。「養護の働き」については本書で詳しく述べますが，保育の世界ではこれまで，私が「養護の働き」と呼ぶものにほぼ対応するいくつかの概念を紡ぎ出してきていました。「子どもに寄り添って」や「子どもの目線になって」などがそうです。ただし，それらの考えがどのような意味で子どもの心の育ちに繋がるかについて，保育者のなかで自覚的に実践されてきたわけではありませんでした。そのことに言及しながら，「養護の働き」が決して目新しい概念ではなく，むしろ保育者がそれとして意識しないままに使ってきた概念であることに触れてみたいと思います。これが第1章を構成しています。

（2）「接面」で感じ取られる子どもの幸せ

　子どもの心が充実し，輝き，幸せな気持ちが充溢するところは，行動ではないので目に見えません。もちろん表情や態度には反映されるでしょうが，心の動きは第三者には見えず，基本的には関わっている大人が感じるしかないものです。保育者が長いあいだ，子どもの言ったこと，したことなど，客観的に押さえることができることだけを取り上げて記録に残そうとしてきたのは，心の動きは目に見えないために客観的には取り上げられないと思い込んできたから

です。

　しかし，子どもの心に保育者が自分の心を寄り添わせ，子どもとのあいだに「接面」を創ることができれば，保育者は子どもの心の動きを敏感にキャッチすることができます。ですから，子どもが「いま，幸せ」と言わなくても，その幸せな心の動きは「接面」において十分に保育者に伝わってくるはずです。子どもの心の動きをそのように捉えられることが保育者自身にも嬉しく，それが子どもへの肯定的な映し返しに繋がり，こうして両者のあいだには，心の繋がりが生まれ，相互の信頼関係，つまり相手への信頼感と自分への自己肯定感が立ち上がってきます。それが保育の基本です。「子どもの最善の利益」が子どもの心の充実にあるということは，まさに「接面」において保育者が子どもから実感できるはずのことなのです。

　そのように考えると，子どもの心を育てることを目指す保育にとって，子どもと保育者の「接面」がキーワードになることが分かりますが，そこでまず「接面」とは何か，どのようにして「接面」が築かれるのかなど，「接面」について詳しく論じる必要があります。「接面」が理解されなければ，子どもの心を育てることがどのようにして可能になるのかという問いにしっかりと答えることができません。その意味で，「接面」をいろいろな角度から詳しく考察してみたいと思いますが，これが第2章の中心的な問題です。

　いま，子どもの嬉しい気持ち，幸せな気持ち，あるいは不安な気持ちやいらいらした気持ちは，「接面」の当事者である保育者にしか分からないと述べました。保育者がそこで感じ取った子どもの正負の心の動き，あるいはそのときの保育者自身の心の動きは，そのまま放置すれば，過去へと流れ去って，保育者の記憶からも消え去ってしまいます。ですから，子どもの心の動きを保育者が捉えることができたとしても，それを他者に分かってもらうためには，それをエピソードに書いて伝えるしかありません。さもなければ，そのような心の動きがあったということ自体が第三者には分からないのです。

　そこにいま，目に見えない子どもの心の動きを，「接面」でそれを感じ取った保育者がエピソードに書いて他の人に伝えるという動きが生まれる理由があ

ります。保育現場の実相を子どもの目に見えない心の動きを含めて第三者に伝えようと思えば，そして子どもの心に焦点を当てて「子どもの最善の利益」を考えようと思えば，それはエピソードを通して表現するしかないということです。これが第2章で取り上げられる内容です。

（3） 子どもを育てる営みの基本に立ち返る

　私は，太古の昔から続いてきた大人の子どもを育てる営みを想像のなかで振り返ってみて，それが「養護の働き」と「教育の働き」の二面からなるというふうに主張してきました。第4節の（1）や（2）で子どもの心の育ちの鍵を握るのが「養護の働き」であると述べてきましたが，もちろん「教育の働き」もそこでは重要な役目を担っています。両者は相補って働くものだからです。ただし，私のこれまでの著書では，この二つの面の関係の記述がやや平板で，その両者の両義的で捻じれた関係を十分に論じることができていませんでした。それは，教え込むかたちの教育を批判することに急なあまり，本来のあるべき「教育の働き」を十分に取り上げてきていなかったためでもあります。その反省に立って，育てる営みを構成するこの二面の働きを詳述し，なぜいま子育て，保育，学校教育など，総じて子どもを育てる営みがかくも難しくなっているのかに触れながら，この二つの働きの意義とその絡み合いを深く考察してみたいと思います。これも心の面に定位して「子どもの最善の利益」を考えることに大きく寄与するはずです。そして特に「叱る」という問題を取り上げて，そこにこの二つの働きがどのように複雑に絡み合い，子どもの心の育ちに結びつくかを論じてみます。これが第3章を構成しています。

　以上，本節の（1）〜（3）が理論編にあたる各章を構成し，それらを通して，心を育てる保育が「子どもの最善の利益」に繋がることを示してみたいと思います。

（4） 問題意識を具体的なエピソードを通して振り返る

　最後の第4章では，第1章，第2章，第3章で取り上げる「養護の働き」や「教育の働き」や「接面」の概念がより具体的に理解できるように，21編のエピソード記述を取り上げてそれにコメントを加え，これらの概念を再度振り返りながら，心を育てる保育を具体的に論じてみたいと思います。その際，「養護の働き」に包摂される一連の保育概念，「子どもに寄り添って」「子どもの目線になって」等々の概念についても，取り上げたエピソードに即して触れてみたいと思います。

　どのエピソードもみな子どもの心の育ちを描いたものですが，それらを通して，心の充実が「子どもの最善の利益」になることについて読者のみなさんとともに考えることができたらと思います。

＊＊＊

　「子どもの最善の利益」を目指すはずの大人の働きかけがなぜこうも子どもを不幸に陥れるのかという逆説を真剣に考え，その逆説を解く道は「心の育ち」を見直す以外にないという考えが，本書全体を一貫して流れる通奏低音になっています。それが読者に届き，子育ての現状に対して，保育の現状に対して，学校教育の現状に対して，何らかの異議申し立ての機運がいささかでも湧き起こることに寄与できるなら，著者にとってはこのうえない喜びです。

第1章
「心を育てる」ことと「養護の働き」

　子どもの心を育てるというとき，それに携わる大人はそのために何をすべきか，というように，これまでは育てる側である大人の「行為」を考えようとしてきたように見えます。たとえば，自分とのあいだで子どもに信頼感を育てるためには（従来はこれを，「信頼関係を育てるには」と言ってきたと思います），一緒に遊ぶ，スキンシップを図る（抱っこする），一緒に添い寝をする，等々，してやるべき行為をあげつらって，それを実践すればよいという具合です。保育者養成のテキストはそのような観点から書かれていることが多いでしょう。確かに，これから子育てに向かう若い保護者や，これから保育の現場に向かう若い保育者にとって，自分のなすべき行為を示してもらうことは，一種のマニュアルになるので分かりやすいというのはその通りです。
　しかし，**子どもの心を育てるのは，育てる側の目に見えない心の働きだ**という議論はこれまで自覚的になされてこなかったのではないでしょうか。養成校で学生を指導する場合でも，あるいは家庭の若い保護者向けに何かを伝える場合にも，心を育てるというときに目に見える行為を取り上げて説明するのは容易です。しかしながら，心という目に見えないものを育てるには，育てる側の目に見えない心の働き，あるいは心の動きが鍵を握るのです。この章で育てる側の「養護の働き」を取り上げるのはその観点からです。目に見えないけれども，人が人と関係を取り結び，その関係を動かしていこうとする際に，いつのまにか動かしている心，それをここでは「養護の働き」と呼んでいます。行為ではなく心の動きだという点を強調しておきたいと思います。

第1節 「養護の働き」

本節では「養護の働き」の原初のかたちをまず取り上げ，それがどのようにして生まれてくるかを考えてみます。

（1） 原初の「養護の働き」：幼い未熟な存在を慈しむ心

人間の赤ちゃんは，自分では生きていけない未熟な存在として生まれてきます。生まれたばかりの子猫でも必死に顔を動かして母猫の乳首を自分で探り，それを探り当てると吸いついてお乳を飲むというように，生きるための能動性を身につけて誕生するのに，人間の赤ちゃんは大人に世話をしてもらわなければ生きていくことができないか弱い存在，未熟な存在として誕生してきます。その未熟な存在を前にするとき，育てる者である大人は，慈しみたい，守ってあげたい，よい具合にしてあげたいという気持ちが自然に起こります。それは，か弱き存在を「大事に思う」「愛する」気持ちに端を発していますが，これらは総じて**「未熟な者への大人の根源的な慈しむ心」**とまとめることができます。

いま，子どもを育てる大人は未熟な子どもを前にしたとき慈しむ心が「自然に起こる」と言いましたが，この文章にはいくつか注釈が必要です。というのも，この大人の心の動きは，本能なのか，それとも社会的に構成されたものかという議論がいろいろな文脈で繰り返しなされ，また子どもを育てる大人はいつもそういう気持ちにならなければならないのか，そういう気持ちになれない大人は育てる者として失格なのかという議論も繰り返しなされてきたからです。

本能だというとき，では生まれたばかりの子どもを前にして，そういう慈しむ気持ちになれない大人がたくさんいるという事実をどのように説明すればよいでしょうか。実際，ブログなどに「赤ちゃんが可愛い？　何でそんなことが言える？　ぎゃあぎゃあ泣いて，私をちっとも寝かせてくれなくて，疲労困憊させて，それでも可愛い気持ちになれる？　可愛いと思わなければならないの？　あー，やだやだ，誰か子育て代わってよ！」と叫ぶ母親の記事が載り，

それに共感する書き込みが多数見られる昨今です。それらの母親は本能が壊れているると考えなければならないのかというわけです。こうした事実は,「自然に起こる」とされていることがすべて本能に起因すると考えることには無理があることを示唆しています。

では,「慈しむ心」はすべて社会的に構成されたものと考えるべきなのでしょうか。確かに,慈しむ心は,子どもを前に自分の心の内側から自然に湧き起こるかのようでいて,世間のみんながそうしているから自分もそうしなければと,社会通念的に考えられている面があります。だからその社会通念から自分だけ外れるわけにはゆかないというような,外側から押しつけられた一面があることも否定できません。つまり,いつも心の底から慈しむ心が湧き起こるというわけではなく,そういうときもあるけれど,そうしなければならないという気持ちで子どもに向き合うときもあるということです。

子どもの急な泣きに接するとき,何か切迫した子どもの様子を放っておくことができるでしょうか。誰かがそれに応じるとき,応じる人の中に内側から湧き起こる慈しむ心と,対応せずにはいられない,対応しなければならないという外部からの声が混然一体となって,その大人を突き動かすのだと思います。しかし多くの場面では外部からの声が抑えられ,内部から湧き起こる心が前景に出るので,「自然に起こる」という言い方になるのでしょう。そして外部を抑え,内部を前に出すところに,みんなもそうするという社会通念としての力が働いているといえるかもしれません。そうするのが自然という空気を社会通念が作り出し,その空気を吸う人にそれが自然と思わせ,それによって社会通念がさらに強固になるという循環が巡っているということもあるでしょう。

ですから,「養護の働き」を説明する際にその端緒に「慈しむ心」を持ち出すからといって,荒っぽいジェンダー論の立場がいうように,それは本能を強調する立場であって,女性に子育てを押しつけ,男性を子育てから遠ざける言説だということにはなりません。一方では「自然に起こる」面があるのですが,その裏側では「そうしなければならない」という面も作動しているのです。ですから,いったん状況が厳しくなると,前者が抑えられて後者が前景に出てく

る場合があり得ます。しかし，子どもを前にした状況において大人の心に余裕があれば，後者が抑えられて前者が前景に出るというのが一般的でしょう。それゆえ置かれた状況次第では先のブログの記事のようなことも起こり得るのです。

　これまで「母」という言葉に被せられてきたさまざまな意味（優しさ，包容力，無辜の愛，等々）のなかには，世間の常識として社会的に構成された面もあったでしょう。そしてそれが女性である母親に押しつけられ，そのように振る舞うことを社会的に求められて，母となった女性を苦しめた一面がなかったとは言えません。しかし，では「母」という言葉が担ってきたそれらの意味をすべて幻想であるとして振り捨ててしまってよいのでしょうか。生まれた子どもへの慈しむ心は，もちろん，母親だけのものではありません。子どもを目の前にすれば，父親にも祖父母にも，そして保育者にも慈しむ心は「自然に起こる」面があります。ですから，誕生直後，身二つになったばかりの母親に，生の側に到来した我が子を慈しむ心が自然に湧くということを否定しなければならない理由はどこにもありません。

　ここでは，未熟な子どもを前に自然に生まれる「慈しむ心」を本能に還元するのでも，社会的に構成されたものに還元するのでもなく，共に生活するという枠組みのなかで，か弱い者，未熟な者を前にすると，おのずから慈しむ心が喚起され，またそうでなければ幼い子どもの命は守ることができないということを言いたいのです。

1）「慈しむ心」の出処はどこにあるか

　本能かどうか，社会的に構成されたものかどうかはさておき，誕生したばかりの未熟な存在を前にして慈しむ心が引き起こされることについて，これまでの私の著書のなかでは，出産という生死を分けるドラマのなかから，無事，生の側にやってきたことへの喜びと，神への感謝の気持ちからきているのではないかという仮説を述べました。つまり，今日のような医療が発展する前までの時代にあっては，出産は喜びのなかで迎えられる面と，恐れのなかで迎えられ

る面の二面があり，それは出産が生死を分ける出来事だったからだと考えました。とりわけ産む性である女性にとって，出産は，母親になる自分自身も生まれてくる赤ちゃんも，共に生死を分ける関門を潜り抜けなければならない事態であり，その関門を潜り抜けて生の側へと自分が還帰したことと，赤ちゃんが生の側へ到来したことは，神への感謝の気持ちと混じり合った，有難いこと，嬉しいこととしてあったはずです。そのようにして神の思し召しによって授けられた子どもを守り育てるのが，親になった者の役目であるといった気持ちが一昔前の母親たちには共有されていたのではないでしょうか。だから大事にしよう，守ろう，可愛がろうという慈しむ心が生まれたのではないかと思うのです。

　生死を分ける出来事としての出産，無事を感謝する心，有難いと思う心，これらは，現代の合理的なものの考え方に慣れ，出産を計画や人為によるものと考える立場からすれば，時代錯誤的な考えに思われるかもしれません。医療が完備した現代にあって，出産が生死を分ける事態だというのは大げさに聞こえるでしょう。しかし，長時間の苦しみの極みのなかで迎える出産は，現代においても生死を分けるというに匹敵するものです。多くの産婦は無事の出産を感謝の気持ちと喜びの入り混じった気持ちで迎え，自分の産んだ子どもを大事な子ども，守らなければならない子どもと受け止め，そのいたいけな子どもを前に，「まあ可愛い」と慈しむ心が立ち上がると考えることに，それほど無理があるとは思われません。

　助産学においても，医療側の力に全面的に依存して受動的，機械的に産ませてもらうのではなく，助産師と共に自らが母になる心の準備を重ねながら臨む助産院出産は，自らの力で産もうと努める結果，母になる気持ちがより早くかつ強く身につくと言われています。助産院出産がいつの場合もよくて，病院出産がいつの場合も悪いというわけではないでしょうが，母親になる人がどのような心構えで出産を迎え，子どもの誕生を迎えるかは，生まれてきた子どもを慈しむ心がどのように湧き出るかと無関係ではなさそうです。そしてブラゼルトン方式（出産直後に赤ちゃんを母親の胸に抱かせる方式）がいつの場合にもよ

いとは言えないにせよ，それが内外で一定の評価を得るのも，その方式は誕生した赤ちゃんは自分が産んだのだという実感を母親自身に与え，それが母親になる気構えを強めることに繋がると考えれば納得できることでしょう。また，父親になる人の分娩立ち合いが早く父親らしくなることに寄与すると言われているのも，妻の苦しみを共に分かちあうことが，無事に生まれてきた赤ちゃんへの感謝の気持ち，産んでくれた妻への感謝の気持ちを引き起こし，赤ちゃんを慈しみ，妻をいたわる気持ちを引き出すからに違いありません。

2）慈しむ心，大事に思う心から，愛する心に至るまで

これまで誕生直後の赤ちゃんを前にしたときに，大人に引き起こされる慈しむ心の出処を見てきましたが，子どもが成長するにつれて，子どもに向けられる大人の心は，次第に屈折してきます。子どもがいろいろな要求を出してくるようになり，育てる大人自身，自分も生活のなかでいろいろな必要に迫られるようになると，常に子どもを慈しむ，大事に思うというわけにいかなくなってきます。新生児の頃はともかく，2カ月目に入ると，子育てに向かう大人は赤ちゃんの要求に振り回され，疲弊し，可愛いと思う局面よりも，つらいと思う局面が増えてきます。そんな折には，冒頭のブログの母親の記事に近い状態になったりすることもあるでしょう。ところが，3カ月になって，睡眠のリズムが整い，赤ちゃんの側に満面の笑顔が出てくるようになると，それまでとは違って赤ちゃんがぐっと可愛くなります。しかしながら，これから先，この赤ちゃんから離れて生活はできなくなるのだ，もう私にはかつてのような自由な時間がなくなるのだ，という思いも生まれてきます。つまり，可愛い赤ちゃんと一緒が幸せという肯定的な思いと，だから自分の自由がなくなるという否定的な思いとが背中合わせになり，その両方が折に触れてオセロのコマのように白黒が反転しながら，しかし，徐々に子どもの存在を喜び，子どものいまの想いを受け止めて，それを叶えてあげようという気持ちになっていきます。私の見方では，多くの場合，誕生から18カ月までは，（頻繁な夜泣きを別にすれば）子どもと育てる大人のあいだに深刻な対立は生まれず，大人が自分の思いを譲れ

第1章 「心を育てる」ことと「養護の働き」

ば大概のことは納まるので，とにかく可愛いという思いで子どもに関わることできるはずです。

　しかし，18カ月を過ぎて幼児期前期になると，子どもは身についてきた力を行使していろいろなことをしようとし，育てる大人の側は，それが願っていた子どもの姿でありながら，乳児期のようにそれをそのまま受け入れることはできず，制止したり，叱ったりと子どもから見れば負の対応をせざるを得なくなってきます。つまり，思いを受け止めることはできても，行為は受け入れられなかったり，喜べなくなったりし，制止や禁止の際に強く規範を示すことになって，それまで築いてきた良好な関係をそのまま維持できないという思いに駆られるようになってきます。育てる側と育てられる側が対立し葛藤する事態になりやすいということですが，ここに子どもを大事に思う，子どもを愛するという大人の包容力が試される事態が生まれます。

　要するに，いけない行為は叱るけれども，子どもの存在は否定するのではなく以前どおりに肯定するという二面の態度が大人には必要だということです。大人のその二面の態度によって，叱られることと愛されることは矛盾しないということに子どもが気づくようになれば，たとえ叱られても，子どもの「自分は大事，自分は愛されるに足る」という乳児期に培った自己肯定感は生き残ることができるはずです。しかし，その対応が実に難しいのです。

　この先，幼児期後期を経て義務教育年限に至り中学を卒業するまでの十余年のあいだ，子どもにとって育てる大人の愛情は持続的に必要不可欠なものとしてあります。確かにそれは乳児期の「慈しむ心」とは違ってきます。中学生ともなれば，もう小さな子どもではなく，上背は母を超えるほどになるでしょうから。

　しかしながら，たとえ思春期を迎えた子どもが親からの自立を目指そうとして背伸びをするようになっても，育てる大人が懐深く構えて子どもの背伸びする思いを無言で分かってあげること，頑張ることを求めすぎないこと，そしてその存在をしっかり認めてやることは必要です。さもなければ，子どもの心は何かの折に不安定になり，そのときには，その不安を解消しようとして，周り

の友だちや自分の親への暴力がエスカレートする場合さえあることをわきまえておかなければなりません。

(2) 「養護の働き」と子どもの心の育ち

　これまで育てる側の子どもを慈しむ心，大事に思う心，愛する気持ちを重視してきたのは，それが子どもの心に流れ込んで，子どもの心に成り変わるからです。つまり，子どもの心の中核にある信頼感や自己肯定感は，大人が何かを教え込んで身につけさせるものではなく，大人のそうした「養護の働き」がまず先行し，そのときの大人の思いが子どもの心に流れ込んで，反転するかたちで子どもの心に定着するものだと考えるからです。これまで自己肯定感を取り上げた際にも（『子どもの心の育ちをエピソードで描く』を参照のこと），子どもの自己肯定感は，周りの大人の「あなたが大事」という思いが子どもの内部に取り込まれて，「私は大事」に反転するかたちで心に定着すると述べてきました。

　子どもの心の成り立ちは，いま見たように，大人が日頃その子どもに対して思っている心の動きが子どもに流れ込むかたちでというのが最も太いパイプだと言えますが，そればかりではありません。子どもが外界のヒト（友だち），モノ（玩具や絵本や遊具），コト（遊びや食事など）に関わって，そこで正負両面の経験をするとき，プラスの出来事に対しては大人はたいてい驚いたり，喜んだり，褒めたりと，大人がそれを肯定的に見ていることを子どもに映し返します。それが子どもにさらに嬉しい気持ちを掻き立てて，そこでの自分の肯定的な経験をそれ以上に光り輝く経験として自分の内部に溜め込み，それによって自信（自己効力感）が生まれたり，さらにはそのように肯定的に映し返してくれる大人をさらに好きになったりと，自分だけの経験をさらに拡充した経験にしていくことができます。

　逆に，それらのヒト，モノ，コトに関わって失敗したときなど，放っておけば子どもが自信喪失や劣等感を抱くことに繋がりかねないところで，もしも，育てる大人が一緒に残念がってくれたり，慰めてくれたり，励ましてくれたりすれば，子どもはそれが嬉しく，そこからそれまでに育んだ自己肯定感が再び

立ち上がってもう一度やってみようと思えたり，もっと頑張ろうと思えたり，その失敗を単なる失敗に終わらせずに次からの糧にすることができます。つまり，子どもの正負の経験を大人がどのように映し返すのかも，子どもの心の育ちに大きく影響を及ぼすということですが，その映し返しの背後で働いているのは，やはり子どもを大事に思う気持ち，子どもを優しく包もうという気持ち，子どもの気持ちをなんとか慰撫したいという気持ちなど，育てる大人が子どもに対して持ち出す心の動きです。

そうした大人の慈しむ心，大事に思う心，優しく包む心，愛する気持ち，慰める気持ち，励ます気持ち，などを総称して，私はそれらを**「養護の働き」**と呼びたいと主張してきました。この「養護の働き」を繰り返し受け，それを振り向けてくれる大人を好きになり，その大人に信頼を寄せるようになり，その大人と一緒にいると安心することができるようになり……というかたちで，子どもの心の中核が育つのだといってもよいでしょう。その意味で，子どもの心を育てるうえに，大人の「養護の働き」はまさに欠かせないものです。

逆にこの「養護の働き」が十分でなければ，子どもは育てる大人を好きになれないでしょうし，したがってその大人に信頼を向けることもできないでしょうし，ひいては信頼感と背中合わせになって成り立っている自己肯定感が立ち上がってくることもないでしょう。「あなたは大事」と思ってもらえなければ，「自分が大事」とは思えない道理だからです。ですから，育てる大人の「養護の働き」のありよう如何で，子どもはその大人に対するしっかりした安心感や信頼感を宿すのか，あるいは不安感や不信感を宿すのか，さらにその裏面で自分にしっかりした自己肯定感を抱くのか，自己否定感や自己不全感を抱くのかが決まります。私が「子どもの心を育てる保育に舵を切り直す」と主張して保育改革を目指すとき，第一に考えなければならないのが保育者の「養護の働き」だというのは，それが子どもの心の中核を育むことに大きく寄与するからです。

もちろん，子どもの心を育てるうえで，「養護の働き」の内容だけでなく，後に見るように「教育の働き」，つまり大人の願いを伝える働きも当然重要に

なり，さらに両者のバランスと両者の嚙み合わせ具合が大事になってきますが，それはまた第3章で詳しく議論したいと思います。

1）「養護」と「養護の働き」との違い

　これまで「養護の働き」という言葉を説明してきましたが，読者のみなさんの多くは，この言葉を聞いて，保育所保育指針にある「養護」という言葉を思い浮かべたことでしょう。同じ漢字が使われているのでそう思われるのは仕方ありません。しかし，これまで加えてきた説明から，両者の違いがお分かりいただけたでしょうか。本来なら，同じ漢字を使わなければ，誤解も招かないと思うのですが，よい言葉が思いつきませんでした。

　もちろん両者には重なるところもありますが，一番の違いは，「養護の働き」は育てる大人の**心の動かし方**を問題にしているのに対して，「養護」は育てる大人の**なすべき行為**を問題にしているところにあります。保育所保育指針の保育内容の「養護」は，「生命の保持」と「情緒の安定」という二つの領域からなり，その領域のテーマを実現するためのさまざまな行為が指針や解説書に詳しく書かれています。たとえば，O157に罹らないための衛生面の配慮，アレルギーへの対応，食事の介助などの対応の仕方は「生命の保持」に含まれる行為でしょう。また別れ際に母がいいと泣く子に対しては，抱っこする，眠れない子には背中をとんとんするなど，情緒が安定するような働きかけ（行為）をするのが「養護」だと考えられてきました。「養護」として括られる一連の子どもを育てる行為は，目に見えるものなので養成校の学生にも説明がしやすく，学生も分かりやすいはずです。ある意味でそれは育児マニュアルと呼んでもよいかもしれません。

　しかし問題は，果たしてその行為が子どもの求めているものに本当に応えているかどうかです。たとえば，ママがいいと言って泣く子を抱っこしてあやして慰めるというのは情緒の安定のために必要な行為ですが，そこに本当に必要なのは，単に抱くという行為ではなく，子どもの悲しい気持ちに共感する大人の心の動きです。さらには「大丈夫よ，ママきっと急いでお迎えに来るから一

緒に待っていようね」という優しく包む心の動きです。抱くという行為の裏でそうした大人の心が動いてこそ，それが子どもの心に届き，心を慰撫し，心が安定して，気持ちを切り替えられるようになるのです。そうならずに，抱っこはしているものの，育てる大人の内部で苛々して，「いい加減に泣き止んでくれないと困る」という思いで抱っこを続けていたら，子どもは安心できないのでさらに泣き続け，それに保育者がしびれを切らして「もう知らない」と抱っこからおろしてしまったのでは，ちっとも慰めたことにはならないでしょう。

　午睡時の「背中とんとん」もそうです。いまの眠れない気持ちを「眠れないねー」としっかり受け止めながら，「大丈夫よ，先生がとんとんしてあげるからね」と，ここでもそういう言葉をかけるかどうかではなく，そういう優しく包む気持ちを伝えながらとんとんすることが大事で，決して物理的に背中をとんとんしたりさすったりすることが問題ではないのです。ですから，とんとんしてやってはいるものの，「いい加減寝てよ」というように苛々した気持ちでそれをしていたら，子どもにはその苛々した気持ちが確実に伝わります。

　たいていの場合，養護の行為には暗黙の裡に「養護の働き」が伴われていて，実際の保育としてはそれでうまくいっていることが多いと思います。しかし，「養護の働き」を伴わないままに，するべき行為をしているのだから「養護」をちゃんとやっている，自分の保育はこれで十分と思い込んでいる場合も結構あるのです。

　同じことは乳児の離乳食を食べさせたり身辺の介助をしたりするいわゆる「育児行為」にも言えます。いつも決まった人が決まったパターンで関わることが，子どもに安心感を与え，子どもに見通しをもたせ，早くその関わりに慣れるために必要だというのが，育児行為の説明です。それがまた若い保育者にはとても分かりやすい関わり方のマニュアルになっています。しかし，それがマニュアル化されて分かりやすくなればなるほど，子ども一人ひとりの食べる気持ちを見定める部分（育てる大人が子どもの気持ちを感じる部分）がおろそかになりやすく，いつのまにか保育者のペースで事を運ぶことを助長してしまう傾向もあるように思われます。

そのような思い込みや錯覚が生まれ，保育者主導が助長されてしまうのは，「行為」という目に見える部分で議論を進めるからです。そうするといつのまにか行為に心が伴わなくなっても気がつかないという事態が生まれるようになります。保育の現場を丁寧に見ればそういうところがしばしば目につきます。こうして結局は子どもの存在を認める，存在を喜ぶ，子どもの思いを受け止める，優しく包むという大人の「養護の働き」の大切さが見失われやすくなります。行為に心が伴って初めて，それは子どもに必要な行為になるのです。

　これに類することは，過去にもたくさんありました。たとえばスキンシップが大事という議論もそうです。第2次世界大戦の最中に，父親のフロイトと共に英国に亡命した娘のアンナ・フロイトは，両親をなくして施設で育てられる子どもの不安を鎮めるうえで，職員は愛情をもって接することが大事であるということを観察結果から明らかにしました。栄養面や衛生面が整っていても，子どもへの愛情がなければ，子どもは元気に育たないというのです。ところが，「愛情」というような目に見えない心の問題を取り上げることは，行動科学のお膝元の米国にはなかなか馴染みません。そこで，愛情という言葉をスキンシップという言葉に置き換え，「愛情が必要である」という文言を「スキンシップを図る必要がある」という文言に置き換えました。それが我が国に輸入されて，施設児保育においてはもちろん，通常保育においても，ひところ盛んにスキンシップが大事という議論が横行しました。要するにスキンシップとは抱っこしたり，頬ずりしたり，背中を撫でたりといった，皮膚接触を伴うあやす行為が大事ということですが，それも本当は愛情という目に見えない心を伴っていなければ意味をなさないはずです。こうした言葉の置き換えの裏には，心という目に見えないあやふやなものを扱うより，目に見えるもの，誰にも分かる確実なものをという客観主義の立場が色濃く表れています。

　周りを見渡せば，みな目に見える行為や行動を問題にし，それゆえマニュアル化を求めるという風潮です。そのことが結局は子どもの心にも自分の心にも目を向けない要因となっていったのではないでしょうか。そしてそれが「心を育てる」という課題から遠ざかっていった理由だったと思います。

これに対して、先ほどまでの説明から分かるように、育てる側の心の動かし方を強調するのが「養護の働き」です。まずは慈しむ心、温かく包む心、その時々の思いを丁寧に受け止めてそれに応えようとする心、さらには子どもの心に寄り添って、慰めたり、励ましたり、あるいは肯定的に映し返したりする心の動きがいま問題にしたいことです。

2）なぜ「養護の働き」は弱くなったのか

さて、子どもの心を育てるには「養護の働き」が欠かせないと述べてきましたが、いま、我が国の保育の現状を振り返ると、序章でも見たように、心の育ちに問題を抱えた子どもが急増しつつある危機的状況にあります。それにもかかわらず、世の中では「力を、力を」という声ばかりが聞こえてきて、心の育ちの深刻さにはなかなか目が向けられません。それは子どもの心が周りの人には見えにくいからでもあるでしょう。いずれにしても、育てる大人の「養護の働き」がかつてないほど弱体化していることは疑いを入れません。

ここで、なぜそれが弱くなったのかと問いを立ててみると、いくつかの答えが思い浮かびます。一つは序章で見たように、発達の考えが世の中に浸透し、子どもを「できる、できない」で見ることに慣れてしまい、それに反比例して大人の目が子どもの心に向かわなくなったという事情です。「力を、力を」と目に見えるところばかりに気を取られていると、いつのまにか子どもを外側から見るようになり、そうなると子どもの気持ちは育てる大人の側に響いてきません。そして力をつけることが育てることだと考えられるようになり、その結果、ますます子どもの心から目が離れ、心を育てるという考え自体が大事な問題だと思われなくなってきたのでしょう。要するに、子どもの心に大人の目が届かなくなったことと、「養護の働き」が弱くなったこととは深く関係しているということです。この点については第2章で「接面」という概念を取り上げる際に、さらには第3章で「養護の働き」と「教育の働き」の両義的な関係を取り上げる際に、もう一度議論してみたいと思います。

もう一つは、先のスキンシップの例に見られるように、目に見えない心の問

題を目に見える行動で置き換えて物事を考える傾向が強まったことです。これについては，先ほど，養護と「養護の働き」のところで具体例をあげて説明しました。それには行動科学の影響も一役買っていると思いますが，いずれにしても，目に見える行動で議論することは学生にも教えやすく，現場にも理解しやすいということがあるのに対して，目に見えない心はそれをどう把握し，どう人に分かってもらうかという問題も絡んでくるので，なかなか手が出せないということも理由の一端でしょう。心を頻度や程度で測ろうとし，それで心を捉えたと錯覚するのも同じ流れです。悲しみの程度を7段階で評定させたり，苦しみの程度を5段階で評定させたりといった，行動科学のものの考え方が歓迎されるのに反比例して，人の悲しむ気持ちに寄り添おうとしたり，苦しむ人の思いに共感したりすることが薄らいできました。こうした傾向が心に目を向けない態度に繋がるのだと思います。

　いま一つ考えておきたいことがあります。「養護の働き」は本節の冒頭に見たように，弱い者，未熟な者，弱者を思いやるという，ある意味での利他的あるいは愛他的な構えの下に立ち現れてくる心の動きです。それが自己中心的，自己愛的な現代人の生きる姿勢とは逆の姿勢や構えを必要とするものだということも，「養護の働き」が弱体化した一因でしょう。現代人は，相手に何をしてもらうかを考えることには長けていても，相手のことを思いやって，相手に何かをしてあげたいとか，相手がそれで喜んでくれたら自分も嬉しいとか，人を愛することに伴われるさまざまな心的経験を十分に経ないままに大人になってきた人が多いように見えます。若いときの恋愛経験がそのような深い愛他的経験にまで深められないまま大人になっている人が多いということなのかもしれません。子どもを育てる側に回っても，子どもが自分の願いに応えてくれることばかり求めて，親である自分の方は子どもの思いを受け止めてあげられないという人が増えていることも，この「養護の働き」が弱くなった理由の一つでしょう。要するに自己本位の生き方が当然と思う世間の空気を吸い，それが「主体としての自分のあるべき生きるかたちだろうか」という重い問いを自分自身に突きつけないままに自己形成した大人たちが増えてきたということが，

もう一つの要因だったと思います。これは同じ空気を吸って生きる同世代の保育者にも言えることでしょう。

（3）「養護の働き」の世代間循環

　慈しむ心は本能かという疑問を本節の冒頭で取り上げましたが，そう思われない理由，また単に社会的に構成されたものとも言えない理由の一つに，この働きが世代間で循環するという意味，つまり，自分が親の世代にしてもらったこと，あるいは親の世代に心をかけてもらえたことが，次世代を育てる際におのずから顔を出してくるという一面を考慮しないわけにはいかないということがあります。虐待の世代間循環に関しては，それを肯定する議論と否定する議論の両方がありますが，必ずそうなるといえるほど虐待の世代間循環が強いとはいえないまでも，虐待にそのような傾向がまったくないとまで言い切れるかというと，それも難しいようです。

　ともあれ，自分が周りからしてもらってきたことは，自分のなかに確実に沈殿します。そしてそれが常に意識されているわけではないにせよ，自分が子どもを育てる段になると，まるで世代間循環の引き金が引かれたかのように，それが再現する方向に動くというのは，私自身の体験を踏まえてもなかなか否定しがたいところがあります。この世代間循環がよい方にも，悪い方にも動く可能性があることが，人間が幸せにも不幸にもなり得ることに通じています。ただし，過去の不幸がそのまま半ば自動的に再現されるかたちで世代間循環が起こるなどとは到底思われません。過去を不幸だと認識している人は，何とかその再現を免れようとするはずだからです。しかし，本人が意識しないうちに，その再現に向かって引き寄せられてしまうというのも，多くの事例を見れば簡単に否定できないところでしょう。必ずこうなると未来を予言されれば，かえってそれに逆らいたいのが人間です。そしてそうならないように用心して，その予言を覆したと思い始めた矢先に，気づかないあいだに負の世代間循環に巻き込まれているのに気づいて唖然とするというのが，この世代間循環の怖いところです。宿命論的に，それゆえ，機械的に予言通りになるというのではなく，

それを警戒し，用心し，何とかその宿命を乗り越えられたと安心する心の隙につけ入るかのように，その予言に向かって人は引き込まれるのです。

「親になる」ということは，「前の世代の親のようになる」ということを暗黙の裡に含み込んでいます。そこに，よい意味でも悪い意味でも世代間循環が入り込んでくると考えざるを得ません。愛し合って一緒になったカップルが子育てを通して次第に葛藤を抱えるようになり，厳しい関係に立ち至ることがあるのは，お互いが自分の両親に対して父親イメージと母親イメージをもつだけでなく，理想の父親像，母親像をもち，それらがパートナーの現実の姿とパートナーに期待したい理想の姿とに重ね合わされるために，しばしば強烈な摩擦を引き起こすからでしょう。世代間循環というと，一挙に大きく世代と世代の循環と言いたくなりますが，ミクロに見れば実際には自分の親のすることを取り込むことで実現されるものです。しかし，それが自分だけに起こることではなく，パートナーにはもちろん，同世代の親になった人にも同じように起こるのです。そこにこの世代間循環にも「社会的に構成されたもの」という考えが忍び込む理由があるのでしょう。

こうして，本来は世代間の望ましい循環としてあった「養護の働き」が，何かの文化的衝撃（たとえば敗戦などによる価値観の転換）を機に，一気に負の世代間循環に陥る可能性が十分にあり，現に我が国に起こっている「養護の働き」の負の循環は，後者の意味だと言わなければならない面を抱えているように見えます。いまの若い親の世代は，高度経済成長の枠のなかで，子どもの頃，自分の思いを受け止めてもらう前に（「養護の働き」を十分に振り向けてもらえずに），親の意向に沿って頑張ることを求められ，結果を出すように求められた世代です。自分が育てられたように育てるのが子育ての世代間循環だとすると，まさに「養護の働き」は自分の親の世代から十分に振り向けられなかったがゆえに，親になったいま，それを我が子にも十分に振り向けることができないというかたちで，世代間循環が負のスパイラルのなかに巻き込まれるようになったと考えることができます。

この負のスパイラルを断ち切るためにも，いま幼い子どもを育てる段階で，

周りの大人がいかに十分な「養護の働き」を子どもに振り向けることができるか，それが負の世代間循環を打破できるかどうかの鍵を握っているように思われます。

1）「養護の働き」の世代間循環を阻むもの

まず取り上げるべきは文化の大きな変化です。生死を分ける誕生という状況が世代間で共有されていた時代には，誕生した子どもの生の側への到来を，世代を超えて喜ぶことができたはずです。つまり，親になった人の喜びや感謝の気持ちだけでなく，祖父母になった人も自分が親になったときに経験したのと同じ喜びや感謝の気持ちを感じ，また親になったばかりの自分の子どもが自分と同じ気持ちになっているのを感じることができるでしょう。そして誕生した子どもに幼い兄姉がいれば，その子どもも親や祖父母のそのような様子から何かを感じ取るに違いありません。それが世代間循環を導く下準備をします。

しかし，医療が進み，命の心配がなくなったいまの文化では，かつてのように，出産を喜びだけでなく，死の恐怖と背中合わせで迎えるなどということは考えられなくなりました。命はいまや授かるものではなくなって，合理的に考えて計画して作るものという営みに変貌してしまいました。それが世代間で順繰りに起こってくることとして誕生を迎えられなくなった大きな理由でしょう。

文化の大きな変動は核家族化という問題にも繋がりました。太古の昔から，異世代が共に生活し，そのなかでさまざまな生活の知恵の世代間循環が保障されていたものが，経済構造の大きな変化によって核家族化が進み，世代間循環が難しい状況をもたらしました。というのも，世代間循環は基本的には「まねぶ」（見て取り込む）かたちで進むものだからです。核家族化によって，異世代間の交わる頻度が減れば，それだけ世代間循環が難しくなるのは当然です。それが子育ての世代間循環を難しくし，ひいては「養護の働き」の世代間循環を難しくしたといえます。つまり，前の世代から引き継がれる子育ては，単に行為を「まねぶ」にとどまらず，その行為に伴われていた心の動きも同時に「まねぶ」ものだったはずなのに，それが難しくなったのです。

実際，自分の子どもをもつまで，幼い子どもに触れる機会さえない人が（現代は，中学や高校で「体験学習」というかたちで保育園などにおいて子どもに触れる経験を用意しているようですが），急に育てる側に回るのですから，世代間循環が難しいのは当然と言えば当然です。

　しかし他方で，前の世代の子育てに伴われていた「養護の働き」は子どもである自分のなかに沈殿し，自分の心のなかに息づいているはずです。優しかった母，怖かった父という親のイメージは，自分が親になって自分の子どもを前にしたときに必ず想起されて自分の子育てに影響を及ぼすでしょう。ですから，マクロレベルの世代間循環の困難と，ミクロレベルの世代間循環の巡り方とは少し次元の違う問題なのかもしれません。

　いま，文化の違いに触れましたが，それはまた，見て取り込む，体で感じるというかたちであった世代間循環が，つまり，身近な手元で生じるものを取り込むかたちであったものを，読んで分かる知識に還元して伝えるかたちに変化したということでもあったでしょう。知識の伝達になれば，誰にも同じ知識をもたらすという点では効率のよさが得られますが，効率の悪い「手元性」がなくなる分，目に見えない面，つまり心の面が伝えられなくなるのは当然だったといえます。いまの若い親たちが育児書から知識を引き出すかたちで子育てを考えようとするところに，世代間循環が巡らなくなった現実が如実に現れています。知識を伝えることは容易になっても，体験を伝えることは難しいからです。「養護の働き」をいくら知識で「こういうもの」だと示しても，実際に幼い子どもを目の前にして，どのように心が動くかまで，知識に還元して伝えることは難しいと思います。逆にだからこそ，実際に自分が経験してみれば，「案ずるより産むがやすし」という面もあるのだと思います。

　いずれにしてもマクロに見れば文化の世代間循環が難しくなったところに，「養護の働き」が減弱する大きな理由があったことは確かです。

　最後に，いま子どもを育てる側に回った大人自身が，主体としての心（「私は私」と言える心と，「私は私たちの一人」と言える心の二面の心）を十分に育んでこなかったこと，というよりもその二面のバランスを著しく欠き，自分本位，

自己中心的なものの考え方や生き方をして、急に子どもに向き合わなければならなくなることが、「養護の働き」を難しくしているようにも見えます。泣いている子どもの思いを受け止める前に、早く泣き止ませたいという自分の気持ちが優ったり、泣いている理由を突き止めようとする気持ちが優ったりすると、当然ながら「養護の働き」は弱くなります。泣きやその他の負の事態を前にしたときに、その子どもの姿を不憫だ、可愛そうだと思うよりも、その事態を早く解決したいという合理的思考が先に働き、対処法を求める気持ちが優るというのも、同じことでしょう。いわゆる「問題解決」の発想は現状の変更を求める強い発想であり、それは自分で何事も対処して解決するというよく言えば積極的な発想ですが、それはいまの子どもの存在を認めよう、子どもの思いを受け止めようという受動性（我が身に引き受ける姿勢）を内に秘めた「養護の働き」となかなか相容れません。「養護の働き」は現状を変えようとする前に、いまの状態をすっぽり包もう、受け止めよう、我が身に引き受けようという、子どもという存在を前にしたときの「根源的な受動性」をその内部に抱え込んでいるからです。

2）「養護の働き」を復活させるには

このように、「養護の働き」が弱くなった理由は多面的にあげつらうことができます。しかし、序章で見たように、いま我が国の保育現場で見られる子どもの心の育ちの不十分さを何とかしようと思えば、まずは子どもに関わる大人の心の動きとして「養護の働き」の大切さを見直さなければなりません。保育の現場に引き寄せて言えば、どうすればすぐに若い保育者に「養護の働き」をしっかり身につけさせることができるのかという問いが生まれます。これに対して、「こうすれば」と言えるほど問題は簡単ではありません。これまで述べてきたこと全体をひっくり返さなければならないからです。それでも、いくつかの点は指摘することができるでしょう。

まず、子どもを前にしたときに、何かをしてやらなければならない、何かをさせなければならないと身構えていると（我が身に引き受けるのとは逆の姿勢）、

なかなか「養護の働き」が湧き起こってこないことは指摘できます。ですから，発達の目安に沿って，これをさせる，あれをさせると，力をつけることに気持ちが向かっているあいだは，子どもの気持ちがほとんどつかめないので，「養護の働き」も起こってきません。こうして，行動を見ることから心に目を向けることへの切り替えが求められるのですが，それは口で言うほど簡単なことではありません。

　それにもかかわらず，保育の場では子どもが必死に保育者との気持ちの繋がりを求めている場面が無数にあります。たとえば，午睡の場面で，目の前の子の背中をとんとんしてやっていて，ふと少し離れたところにいる一人の子と目が合うと，その子は「先生，来て，私にもとんとんして」と言葉に出しては言わないけれども，そのまなざしはそれを訴えているのに気づくというような場面がしばしばあります。それは単にそばに来てとんとんしてほしいということではありません。むしろ，先生と一緒にいたい，先生と一対一の関係でいたいというその子の気持ちの表れでもあるでしょう。それに気づけば，保育者から，「わかったよ，いまとんとんしている子が寝たら，行ってあげるからね，まっていてね」という思いをその子に届けるように，まなざしに力を込めることもできるでしょう。それが「養護の働き」です。ですから振りかぶって「養護の働き」は何かを学び，どうすればそのように心が動くかと発想するのではなく，目の前の子どもの心の動きに寄り添おうとしてみれば，おのずから子どもの心が沁み込んできて，そうすれば自然に「養護の働き」を紡ぎ出すことができます。それに気づいて，「養護の働き」を紡ぎ出せたとき，子どもと気持ちが繋がる瞬間が分かり，その子の喜びが伝わるとともに，保育する側の自分もまた，気持ちが繋がれた喜びを経験することができるはずです。そしてその喜びを同僚と分かち合いたい気分になったとき，それをエピソードに描き出すというエピソード記述への流れが生まれるのです。

　手前味噌になりますが，そのようにして「養護の働き」の大切さに気づいた保育者のエピソード記述を保育者仲間で読み合わせれば，子どもの心の育ちと保育者の「養護の働き」との繋がりがよりはっきりしてくるでしょう。いま全

国各地で行われているエピソード記述の勉強会の意味は，まさにそこにあります。これについては本書の第4章で紹介する多数のエピソード記述をご覧いただきたいと思います。

第2節 「養護の働き」に通じるこれまでの保育の考え

　前節では子どもの心を育てるうえに欠かせない大人の「養護の働き」を概観しました。その際，大人が子どものためにする行為に力点を置くのではなく，むしろその時の大人の心の動きに焦点を当てて議論しました。本章の冒頭で，**子どもの心を育てるための鍵を握るのは大人の心の動かし方だと述べたのはそのことを指しています**。前節では「養護の働き」を構成する大人の心の動きとして，慈しむ心，優しく包む心，存在を認め喜ぶ心，慰撫する心などを取り上げましたが，それらは決して目新しいものではありません。それらは古くから育てる営みのなかに埋め込まれてきたものです。ですから，これまでの保育でも，心ある保育者はそうした心の動きの大切さに気づき，子ども一人ひとりを大切にする保育をしてきていたはずです。現にそれに触れた言葉や心構えはたくさんあります。それなのになぜ，それらのことが十分に理解されないまま，「力を，力を」の大合唱に流されてきてしまったのでしょうか。本節ではそうした言葉や心構えを取り上げながら，それらが「養護の働き」と重なるものであることを再度確認していきたいと思います。

（1）「子どもに寄り添って」

　「子どもに寄り添って」という言葉は，保育の世界ではしばしば耳にする言葉です。しかし，どうすることが寄り添うことなのか，と問われると，ベテランの人でもなかなか応えられないことが多いように思います。若い保育者は，「寄り添う」という言葉を字義通りにとって，抱っこや添い寝や頬ずりなど，身体接触をすることだと理解したり，あるいは一対一で関わることだと理解したりしている場合がかなりあるようです。

私は講演などのなかでは，身体に寄り添うことも大事だけれども，むしろそれ以上に子どもの心に寄り添うこと，つまり保育者が自分の心を子どもの心に寄り添わせることが大事だと説明してきました。この説明で分かる人には分かるのですが，「自分の心を子どもに寄り添わせるということがどういうことなのか分からない」という人も少なくありません。そこにはこれまで見てきたように，目に見えない心の問題が絡んできているからです。前節で引いた例でいえば，少し離れたところから無言のまま「先生，来て，私にもとんとんして」という思いを伝えている子どものまなざしに触れたとき，「ごめんね，いますぐには行けないけど，○○ちゃんが寝たら，すぐ行ってあげるからね」とこれも無言で返す場面などは，まさに先生が子どもの心に寄り添っている場面でしょう。つまり，数メートルの物理的空間を挟んで，先生の心はまなざしを向けてくる子どもの心のところまで持ち出され，そこで子どもの心に寄り添っています。子どもが先生にまなざしを向けても，先生がそれに気づかないか，気づいてもそのまなざしの意味に気づかないままでいるなら，それは「寄り添って」とは言えないはずです。子どもに「寄り添って」というのは，いまの例から分かるように，子どもの思いが分かったり，それに気づいたりするための条件です。子どもから何かを言ってくる，求めてくるという前に，**大人の側から子どもの側に気持ちを持ち出す能動性をこの「寄り添う」という言葉は担っている**ように見えます。

　家庭においてならば，幼い子どもと母親との一対一の関係のなかで，母親の気持ちはほとんど子どもの下に持ち出されていて（つまり子どもの心に寄り添っていて），だから子どもがいまどうしてほしいかが分かりやすいのですが，家庭にいる母親でも，気持ちが子どもに持ち出されていなければ（子どもの心に寄り添っていなければ），子どもがどうしてほしいかが分からず，その結果，母親主導の対応が多くなってしまうでしょう。保育者にとっても同じです。子どものところに自分の気持ちを持ち出せば，子どもとの接面から子どもの思いが伝わってきます。そうすればどうしてあげればよいかが分かります。逆にそのように子どもの思いを摑めなければ，やはり自分の思いに引っ張るような対応

になってしまうでしょう。ここに，子どもの思いを受け止めて，分かってあげられるか，それとも，子どもの心の動きがつかめず，それゆえに保育者が自分の思いを一方的に伝えることに向かってしまうのかの大きな岐路があります。

　私は1997年に出版した『原初的コミュニケーションの諸相』（ミネルヴァ書房）という本で「成り込み」という概念に思い至りました。それは子どものところに自分の心を寄り添わせるうちに，いつしか自分を子どもに重ねてしまう状況を言い当てようとしたものです。たとえば，9カ月の乳児が戸外に出て初めて砂に触ったときに，砂が汗ばんだ手につき，それをどうして取ったらよいか分からずに，その子は手をにぎにぎして砂を振り払おうとしました。その様子をじっと見ていた母親は，思わず，「変だ，変だ，何だそれ」と言葉をかけました。その傍らでその母子の関わり合いを見ていた私も子どもの様子に引き込まれていましたが，まだ両手をこすり合わせるようにして砂をはらい落とせない9カ月の乳児に対して，「お砂，とれないねー」という言葉かけは私でもできたと思いますが，その子の母親が言った最初の「変だ，変だ」が私にはとても言えない言葉かけのように聞こえて，これは何だろうと不思議に思いました。というのも，その言葉は，まるで9カ月の乳児がものを言っているかのようなトーンがあって，母親の側が子どもにかけてやる言葉というふうには当時の私には聞こえなかったからです。

　これに類することが乳児と母親との関わり合いの場面にしばしば見出されることが私の関与観察から分かってきました。このことを踏まえ，先の例でいえば，これは子どものにぎにぎして砂を落とそうとする場面に母親が引き込まれ，子どもの手元に母親が気持ちを持ち出したときに，自分の身体がすっかり子どもに重ねられて，子どもに成りきったときにおのずから出てきた言葉だと考えれば納得できると考え，それを「成り込み」と名づけたのでした。そこから少し敷衍して，「人は自分の気持ちを相手に持ち出すとき，相手の身体に自分の身体がまるで重なるかのように成り込みが生まれ，相手の立場を魔術的に生きることができるようになることがある」と書いたことがあります。

　こうした成り込みなどは，「寄り添う」という表現の究極のかたちとも言え

そうです。いずれの場合も相手の思いがこちらに伝わる，あるいは相手の思いがこちらに分かるための条件を言い当てようとしたものだということが分かるでしょう。そこから考えれば，「共感する」や「相手の身になる」という表現もこれに近いと言ってよいでしょう。いずれも，相手の心を摑むために必要な心の動きと言ってよいと思います。これが前節で見た「養護の働き」とほとんど重なることは言うまでもありません。

　これまでの議論に対して，「どうすれば寄り添えるのですか」「寄り添うって，子どもにどうしてあげることなのか分かりません」という質問や疑問をしばしば受けることがあります。寄り添うためのマニュアルを求めるような質問です。「成り込む」ことも，「相手の身になる」ことも，「寄り添う」ことも，意識してそうしようと努めればそのようにできるという性格のものではありません。そこが若い人を指導するときに難しい点です。「あなたに子どもの気持ちが分からないのは，寄り添わないからよ」とか，「成り込めば子どもの気持ちは分かります」などという表現が保育者のあいだから聞こえると，私としては「そういうことではないのに……」と困った気持ちになります。というのも，そうしようと決意すれば必ずできるということではなく，多くの場合，気がついたら寄り添っていた，成り込んでいた，相手の身になっていたというように，意識的な取り組みの結果だとは必ずしも言えずに，どちらかと言えば，事後に気づくかたちが多いからです。意図したわけではなかったけれども，結果として寄り添ったり成り込んだりするかたちになったら，そのとき相手の気持ちがこちらに伝わってきた，という方が実態に近いでしょう。

　しかし，そうだとしても，結果として寄り添うや成り込むが生まれるのはどうして？　という疑問はやはり若い保育者には生じるでしょう。これに答えるのは難しいのですが，これまで書いてきた本のなかでは，相手を大事に思う気持ち，相手を愛する気持ち，相手を尊重する気持ちなど，相手に対して自らを与えていくような**「相手への根源的な配慮性」**などという難しい言葉を使って，何とかこの事態を説明してきました。ですから，あなたが大事，あなたのことがいつも気がかり，あなたのことをいつも気にかけているというように，人が

人を愛する気持ちになれば，自然に自分の気持ちが相手のところに持ち出され，相手の心に自分の心を寄り添わせるようになると考えてよいでしょう。こうした「相手への根源的な配慮性」こそ，いま「養護の働き」という言葉で考えたいことなのです。

そうしてみると，私が声高に「養護の働き」などと言わなくても，保育の世界には「養護の働き」に相応する言葉がこれまでにもあったことが分かりますが，なぜかこの「寄り添って」という言葉の字義通りの意味が前面に出て，その真の意味が捉えられないままに，その言葉の重要性が保育者たちに十分に理解されずにきたように思います。その意味では，子どもの心を育てるうえで，「寄り添う」という働きは必要なものであり，正しい意味でこの言葉を理解する必要があると思います。

（２）「子どものつぶやきに耳を傾けて」

「子どものつぶやきに耳を傾けて」という文言も，研修会のテーマや公開保育の場の発言などで，見たり聞いたりする文言ですが，これも「寄り添う」と同様に，字義通りの意味とその奥にある深い含蓄とのあいだに相当大きな開きがあります。

確かに，子どもはふとしたときに大人がはっとするような言葉を口にします。子どもがこんな大人びた言葉を言うのかと思ったり，家庭でお母さんが日頃そう言っているのかと分かるような微笑ましい言葉だったり，子どもの口から漏れ出てくる言葉は，感心させられたり，驚いたり，微笑ましい気持ちになったりと，周りにいる大人の心を揺さぶることが少なくありません。そうした子どもの文字通りの言葉を自分用の小さいノートにその都度書き留め，それらを集めて「子どものつぶやき集」を作り，それを忘れないようにしている保育者もいます。

しかし，つぶやかれた言葉そのものに価値があるのでしょうか。なかにはその言葉だけでも読み手にその子の思いが分かる場合もありますが，たいていのつぶやきは，それがどんな文脈や背景のなかで語られたものであるかによって，

意味がまるで違ってきます。それを聞いた保育者自身は書き留めた言葉以外に，そのつぶやきが出た文脈を知り，またその子の家庭的な背景を知っています。ですから，つぶやきの意味は，それらの文脈や背景はもちろん，その子の声のトーンやそれを呟いたときの表情や体の動きなどが総動員されて，書き手にそのつぶやきの意味がまさにそういう意味なのだと告げ，それゆえに書き手は，興味を掻き立てられたり，驚いたり，はっとしたり，さまざまに心を動かされて，そのつぶやきを書き留めずにはいられないのでしょう。けれども，文字に書き出された「つぶやき」だけからは，その意味を立ち上げるのに寄与したすべての要因がそぎ落とされていて，言葉の文字通りの意味しか読み手に運びません。つまり，書き手の感動はそのつぶやきの文言だけでは読み手に伝わりません。

　そのあいだの事情を近著から引いてみます。ある保育園の園長先生が私に送ってくれたメールのなかの小エピソードです（『なぜエピソード記述なのか』東京大学出版会，2013年，69頁参照）。

〈エピソード：「春だから」〉
　「年中の女の子がままごとをしていて，「せんせい，これ食べて，春だから」と言って，葉っぱのお皿に何かを載せたものを私に差し出してきました。見ると，つくしです。それもつくしの袴を綺麗にとって。目の前のつくしと「春だから」の一言に，この間続いた寒さも吹き飛んで，心が温かくなりました」。

　これなどはまさに子どもらしい可愛いつぶやきを取り上げたものだと言えるでしょう。しかし，この小エピソードがほんのりした気分を醸し出すのは，このエピソード全体からであって，「せんせい，これ食べて，春だから」という言葉そのものの意味からではありません。というより，この女の子の口をついて出た言葉は，早春という季節，袴を取ったつくし，そのつくしに春を感じる子どもの豊かな感性，そして子どもから園長先生に差し出されるご馳走という，多様な文脈や背景を欠いたのではとても読み手にそのほんのりとした気分を伝

えることができません。

　そうしてみると，「つぶやきに耳を傾けて」というのは，可愛らしい子どもの言語表現そのものに目を留めてというより，目に見えないその子の思いに読み手ないし聴き手の気持ちを向けることを促して，その言葉にまつわりついていて，豊かな心情を汲み取りなさいと促しているのではないでしょうか。語られた言葉の周りに豊かな心情がまつわりついていて，それが言葉とともに運ばれて聴き手に届くから，その言葉やつぶやきが輝いて見え，書き留めずにはおかないと思わせるのです。

　「つぶやきに耳を傾けて」というと，若い保育者はどうしても語られた言葉を忘れずに拾おうという構えになって，その言葉にまつわりついている子どもの心情を汲み取ろうとする構えにはなかなかなれません。しかし，上記の例からも分かるように，この文言が保育にとって大事なのは，それが子どもの心（心情）の動きに目を留め，そこから子どもの思いを汲み取るように促すところです。

　これまでは実際に耳に届いたつぶやきを問題にしてきましたが，この文言はさらに，**「耳には聞こえない心のつぶやきに耳を傾けて」**というふうに理解することも大事です。実際，保育を展開するうえで，子どもは大人ほど自分のいまの思いを語ってくれません。語ってくれないからどういう気持ちなのか分からないと若い保育者は嘆きますが，しかし，子どもがいまの思いを周りに伝えるのは言葉だけによってではありません。表情や態度や体の動きも豊饒な意味を運びます。保育者はそれらを手がかりに子どもの思いを把握できることがしばしばあります。

　保育者の書くエピソードには，その種の心のつぶやきとでもいうべき，言葉にならない言葉が確かに自分に聞こえたので，それに感動してこのエピソードを書きましたというタイプのものがかなり混じります。そのなかの代表的な例を取り上げていまの点について説明してみましょう。

　これは『エピソード記述を読む』（東京大学出版会，2012年）の162頁に取り上げられているエピソードをいまの文脈にあわせて簡略化して書いたものです。

Aくんは家庭での虐待があって児童相談所に措置されたことのある子どもです。周りの子どもたちが赤ちゃんごっこをして遊んでいる傍らで、Aくんも赤ちゃんになって泣きまねをしています。そんなAくんの姿はこれまで見たことがなかったので、書き手の保育者は少し驚きながら、赤ちゃんになったAくんを抱っこしてあげたときのエピソードです。

〈エピソード：「抱っこして」〉
　「Aくんの「エーン，エーン」の泣き声が聞こえてきた。そんなAくんの姿は初めて見るものだったので、私はちょっと驚き、Aくんは何を求めているのだろう、どう言葉をかけたらいいのだろうと一瞬迷っているうちに、思わず私の口から「あらあら」と声が出た。私のその声に恥ずかしくなったのか、Aくんはテーブルの下に入り込み、見つけてほしい感じで泣きまねを続けている。そこで「どうしたの？テーブルの下で泣いているのね。抱っこしてほしいのね、おおよしよし」とお母さんの声色で声をかけ、テーブルの下から出てきたAくんを、赤ちゃんをあやすように抱きかかえてみた。
　いままでAくんの方から抱っこを求めてくることはなかった。また私が抱っこやおんぶをしても、体と体のあいだで何かしっくりこない感じがあり、すぐに降りてしまうことが多かった。ところが今回は抱っこをしても降りようとすることはなく、しばらく赤ちゃんになって「エーン，エーン」と声を出し続けていたので、抱っこしたまま部屋のなかをゆっくり歩きながら、赤ちゃんをあやすように話しかけてみた。この時はまだお互いの体のあいだにしっくりこない感じが少しあったが、少し経つとAくんは泣きまねをやめ、そっと私の肩に頭を持たせかけてきた。この時、Aくんの体から緊張がサッとぬけ、二人の体のあいだがしっくりきて、気持ちよく抱っこすることができた。私はそのとき一瞬、「やっと甘えられた、こんな風にしていいんだね」というAくんの心の叫びが聞こえた気がした。……（後略）」

　このエピソードの最後のところで、書き手はAくんが自分の肩に頭をもたせかけてきたときに、「やっと甘えられた、こんな風にしていいんだね」というAくんの心の叫びが聞こえた気がした、と書いています。これこそ、耳には聞こえないAくんの心のつぶやきでしょう。この声にならない心の叫びをこのよ

うに聞き取ることができるかどうかは，いまのAくんの心を摑むことができるかどうかと同じです。

　第1節の例でも，午睡のときに先生にまなざしを向けてきた子どもは，実際に「先生，来て，私にもとんとんして」と言ったわけではありません。しかし，その子の気持ちに寄り添い，その子の思いを受け止めようとする先生には，そのように心のつぶやきが聞こえます。そこで先生も「ごめんね，〇〇ちゃんが寝たら，先生，すぐに行くからね」と声にならない声をまなざしに込めて子どもに届けようとするのです。

　そうしてみると，「子どものつぶやきに耳を傾けて」という文言は，一つには子どものつぶやきにまつわりついている子どもの心情に耳を傾けよ，という意味と，もう一つは，子どもの声にならない心のつぶやきに耳を傾けよ，という意味の，二重の意味を告げていることになります。つまり，両方とも子どもの心に目を向けることを促しているのだと理解することができます。その心のつぶやきが書き手に届くためには，子どもの心に寄り添うことが必要だということは，先のエピソードからも分かるでしょう。Aくんの先生は，厳しい環境の下で生活することを強いられているAくんを何とか守ってと，いつもAくんへの配慮を欠かしませんでした。そしてできるだけAくんの気持ちを受け止めて関わろうと思ってきました。Aくんをしっかり抱えて，優しく包んでという先生の「養護の働き」が，Aくんの心のつぶやきを聞き取らせるのです。ですから，「子どものつぶやきに耳を傾けて」という文言も，結局は大人の「養護の働き」の大切さを示す文言と同じだと理解することができます。

（3）「子どもの目線になって」

　この文言も，保育の世界ではしばしば耳にするものです。小さい存在の前に大人が立てば，たとえその大人が小柄な人でも，子どもから見ればとても大きな存在です。その子どもから見た大きな大人が，頭の上から何かを言えば，子どもはそれだけで圧迫感を覚え，ときには恐怖を覚えるでしょう。その圧迫感を取り除くためには，大人がしゃがんで，子どもの目線と同じ高さになること

が必要で、この文言はその意味で使われてきたのは間違いありません。では、この文言は単に「子どもの前ではしゃがんで話をしましょう」というふうに言い換えれば終わりなのでしょうか。

　若い保育者から見れば、まさに「しゃがんで話を聞く」というふうにしか理解できないかもしれません。しかし、この文言を「上から目線で子どもを見ないこと」と置き換えてみれば、その精神は単に「しゃがんで対応する」というように保育者の取るべき行為を述べたものではなく、「小さい子どもを一人の人間として尊重すること、つまり大事に思うこと」という意味に通じるものだということが分かるはずです。ですから、この文言は「寄り添う」という言葉にも近く、「子どもの立場に立って」とほぼ同じ意味にも受け取れることが分かると思います。

　実際、しゃがんで子どもと同じ目線になると、まず子どもと目が合います。目が合うと、その目から子どものいろいろな思いが大人に通じてきます。いけないことをした場面では「しまった、見つかった」という思いだったり、「いけなかった、謝らなければ」という思いであったり、逆に嬉しいことがあった場合には、その目の輝きから子どもの嬉しい思いが伝わり、大人も思わず微笑んでしまったり、抱きしめることになったりするでしょう。ですから、しゃがんで子どもと目を合わせるということは、第2章で見るように、結局は子どもとのあいだに接面をつくり、そこで子どもの心情を把握することに通じることになります。この点についても、すでに出版した著書のなかに収録された印象深いエピソードを取り上げて、いまの議論をなぞってみたいと思います。

　これは「つばしても、好き？」という題名で、私の著書には何度も取り上げられたエピソードですが、ここではそれを簡略化して紹介してみます（『なぜエピソード記述なのか』前掲書、118頁）。

　Aくんは家庭環境が厳しく、そのため次第に周りの子どもに対して乱暴になり、みんなから避けられるようになってきたので、書き手である主任の先生は機会あるごとにAくんに対応して、Aくんが好きだよという思いを伝えてきたので、Aくんにとって、この主任のK先生が最も大事な大人であるというよう

に信頼関係が築かれた頃に起こったものです。

〈エピソード:「つばしても,好き?」〉
 「夕方,お迎えを待つ自由遊びの時間に,「Ａくんがブロックを黙って取ったー!」とＢちゃんが泣きながら私のところに訴えてきたので,Ａくんのそばにいって話を聞こうとした。するとＡくんは「だってこれが欲しいんだもん! これがいるんだもん!」と顔を真っ赤にして大声でまくしたてる。そこで「うん分かった。このブロックを使いたかったんだね。欲しかったんだね」と言うと,Ａくんは「そうだよ! Ｂちゃんがかしてくれないんだもん。だからとったんだよ」とだんだん興奮してきて,しゃがんで話を聞こうとしている私の顔につばを吐きかけた。私は自分の顔につばがとび,一瞬とても不快で,腹が立ち,多分露骨に嫌な顔をしたと思う。Ａくんと目が合うと,Ａくんはハッとして「しまった」という顔をした。私は内心の怒りをおさえて,「Ａくん,先生,Ａくんのつばが顔にとんで,すごく嫌な気持ちだよ」と言った。Ａくんはうなだれたまま黙っていた。「先生は,Ａくんと話をしたいんだよ」と言うと,Ａくんは上目づかいに私を見て,「つばしてもＡくんのこと好き?」と小さな声で聞いてきた。私もそこでハッとして,「うん,つばしてもＡくんのこと好きだよ」と答えると,Ａくんは自分のＴシャツの裾で黙って私の顔のつばをふき,うなだれていた。私もすっかり気持ちが落ち着いたので,「Ａくん,Ｂちゃんのブロックを使いたいときには「貸して」って言うんだよ。そしてＢちゃんが「いいよ」って言ったら貸してもらおうね」と言うとＡくんは黙ってうなずき,それからＢちゃんにブロックを返しに行った。……(後略)」

 この主任の先生は,子ども同士のトラブルに介入した際,教科書通りにしゃがんでＡくんから話を聴こうとしました。ところが,興奮したＡくんはＫ先生につばをかけてしまいます。Ａくんは興奮するとすぐ周りにつばを吐く癖があったようで,今回もそうしてつばを吐いたら,しゃがんで話を聴こうとした先生につばがかかってしまったということだったようです。書き手のＫ先生は,しゃがまなかったら多分ズボンにかかっていただろうと後で述べていました。
 このエピソードを読むと,しゃがんだからかえってまずい結果になったともいえますが,しかししゃがんで話を聴こうとしていたから,つばがかかったと

ころでAくんと目が合い，そのときAくんはハッとし，そのハッとしたときの目に，Aくんの思いが凝縮して現れています。「大事な先生にとんでもないことをしてしまった」「ボクは叱られる」「ボクは嫌われる」。そんな不安が目に現れていたに違いありません。そんな思いのなかから小さな声でおずおずと「つばしても，Aくんのこと好き？」と聞いてきます。その思いがK先生に伝わったから，K先生は「露骨に嫌な顔をした」後で，気持ちを取り直し，「つばしてもAくんのこと好きだよ」と言うことができたのでした。

　立って見れば全体が見えます。しゃがんで見れば目の前しか見えませんが，その分，目の前に集中することができます。そこに子どもとの接面が生まれ，そこから子どもの思いが伝わってきたり，こちらの思いが子どもに伝わっていったりするのでしょう。保育者にとって，全体を見る視点はやはり手放せません。しかし，折に触れて子どもの目線になって，目の前の子どもに集中してその子の思いを摑むことも必要です。そこから考えれば，「子どもの目線になって」は，全体を見ているだけでは十分ではなく，折に触れて，一人ひとりの子どもを丁寧に見る必要があるということを示唆しているというふうにも読めます。

　先のエピソードは，「子どもの目線になって」という意味をこれ以上ないほどに伝える内容になっているといってよいでしょう。「しゃがむ」という行為を取ればよいということではなく，むしろ一人の子どもを大事に思う，子どもを一人の人間として尊重するという「養護の働き」が保育者に先にあって，保育者のその心の動きが自然に（おのずから）しゃがむ姿勢を取らせるということなのです。

　いまの具体例は子どもと同じ目線で向き合ったときに，子どもの目に現れた子どもの心情が捉えられるという内容でしたが，この文言は「子どもと同じ目の高さになって，子どもと同じ方向を向き，いま子どもが見ているものを一緒に見る」という意味にも取れます。子どもが一心不乱にしていることを，その背後から一緒に見てみると，その子の興味の深さが保育者に伝わってくることがあります。向き合っていると気づかなかったけれども，子どもと同じ向きで

子どもの気持ちが向かうところを感じてみようとすると，そこからいろいろなことが感じ取れることがあります。

ここで私が若いときの関与観察の経験が思い出されます。

〈エピソード：白いケーキを作る〉

　朝，登園してきた3歳児のEちゃんは一人で園庭に出て，砂場の横でカスタードプリンの容器に湿った砂をつめ，それを裏返して何個も砂のケーキを作っていました。私はしゃがんで背後からそれを覗くようにして見ていると，Eちゃんはついと立ち，とことこ歩いて園庭の縁のところに群生しているマーガレットの花のところに行き，花びらを摘み始めました。何をするのかなと思って見ていると，手の平いっぱいに白いマーガレットの花びらを摘んで戻ってきます。私が傍にいることなど眼中にない感じで，砂のケーキの前にしゃがむと，摘んできたマーガレットの花びらを砂のケーキの上にパラパラと撒くようにして載せていきます。

　背後からその手元を見ていると，Eちゃんのそっと花びらを撒く指の細かな動きが伝わってきます。息をつめて，そーっと，そーっと，砂のケーキを壊さないように注意して，まるでお母さんがスポンジケーキに白いクリームを塗っているかのように，花びらを撒き，砂のケーキを白いケーキに変えました。そして出来上がったと思ったときに，Eちゃんはほっと溜息をつく感じになりました。

〈メタ観察〉

　背後から見ている私にはEちゃんが何をしようとしているのか，花びらをどのように扱おうとしているのかが，その息遣いとともに摑めてきます。これも一種の成り込みです。Eちゃんの指の動きは，まさに私の指がマーガレットの花びらを撒いているような感覚を私にもたらしました。ここにはまずは子どもに寄り添って，次には子どもの目線になって，子どもと同じアングルからこの場面を見ている私がいます。そこには接面があり，そこからEちゃんの息吹が伝わってきます。ただしこのときは，そのひそやかなEちゃんの気持ちの動きを邪魔したくなくて，とうとう肯定的な映し返しの言葉は私の口をついてでてきませんでした。

　これなども，子どもの言ったこと，したことだけを見て，それに応じるという姿勢を乗り越え，「いま，ここ」での子どもの目に見えない思いに気づくた

めの保育者の姿勢，構え方をこの文言で言い表していると見ることもできるでしょう。そしてそれによって子どもの気持ちが摑めれば，そこから肯定的な映し返しができたり，認める言葉がかけられたりして，文字通りの「養護の働き」が紡ぎ出されてくるのだと思います。

（4）「子どもの思いを受け止めて」

　この文言は文字面だけを見ると簡単なことのように思われますが，この文言ほど，保育者にとって難しいものはありません。それにはいくつかの理由があります。

1）類似の文言と混同しやすい

　まずこの文言の理解が難しい理由の一つとして，「子どもを丸ごと受け入れて」という表現や「子どものあるがままを受容して」という表現と紛らわしいことが挙げられます。どれも耳に優しい表現で，混同されるのも無理がないとさえ思いたくなります。

　そんな事情もあり，私はこれまで書いたもののなかや講演のなかで，「受け止める」と「受け入れる」の違いをかなり詳しく論じてきました。まず，「思いを受け止める」というのは，目に見えない子どもの思いを大人の側が分かって，それをひとまず「あなたはいまこういう思いなのね」とその分かった中身を自分で反芻しつつ，その受け止めた中身を子どもの側に返す意味をもつものです。それは子どもからすれば，自分がしたことの是非はともかく，自分のいまの思いが分かってもらえた，という意味をもつものでしょう。だからそのしたことがいけないことであっても，子どもはうなずきながらほっとした表情になります。そして「そうだよ，だって○○だったんだもん」というように，自分なりの理由があってしたことだと大人に向かって自己弁護する場合もあるでしょう。

　子どものしたことが肯定的な意味をもつ場合には，大人の「これがしたかったんだ」と受け止める言葉かけやそのときの表情や態度はすでに肯定的なトー

ンをもつでしょうから，子どもは笑顔になって「そうだよ」とばかりにうなずくでしょう。というのも，そのときの「受け止める」はすでに肯定的な映し返しになっていて，それが子どもを肯定する意味合いをもつからです。

　いずれの場合も，子どもにしてみれば，いまの思いを受け止めてもらうことは，自分の存在が肯定されるか，あるいは少なくとも否定されているわけではない，という半ば肯定的な意味をもちます。そこにこの「受け止める」ことの重要な意義があります。逆に，子どもの思いを受け止めることなく，その子のした行為が規範にはずれているからといってすぐさま叱ったり，強い禁止や制止を示したりすると，子どもは自分の行為がいけなかったと理解する前に，端的に自分の存在が否定されたと受け取るでしょう。大人は行為を叱っただけで，存在まで否定していないと思ったとしても，です。そうならないためには，叱ったり禁止や制止を示したりする前に，この「思いを受け止める」という対応が重要な意味をもちます。しかし，そこのところがとにかく実践では難しいのです。これについては後に第3章で「叱る」という問題を取り上げるときにもう一度触れますが，いずれにしても，「子どもの思いを受け止める」ことの積み重ねが子どもとのあいだに信頼関係を築く鍵になると言っても過言ではありません。

　これに対して「受け入れる」という言葉は，「思いを受け止める」と混同されるのを免れるために，行為に向けられる言葉と理解すべきだと私は主張してきました。つまり，何らかの行為は大人である自分にとって「受け入れられるか」「受け入れられないか」のいずれかです。その中間はありません。子どものした行為をそのまま受け入れられるということは，その行為ばかりでなく，その行為の基になったその子の思いも受け入れられるということでしょう。しかし，子どものする行為がしてよいことでない場合には，当然受け入れられません。ですから，まず「子どものすべてを受け入れて」は，言葉の綾としてはあり得ても，実際にはあり得ないことです。いけないことを平気でしていても，あるいは友だちが嫌がることをわざとしていても，それでも「すべてを受け入れて」と言えるでしょうか。そんなことがあり得ないことは明らかで，これは

「全面受容」という言葉にも当てはまります。人のすることをすべて受け入れられるなどできるはずがありません。

　しかし，行為は受け入れられないけれども，その行為に及ばなければならなかったその子の思いは，いったん受け止めることができるはずです。たとえば，相手を叩いたという行為は受け入れられないけれども，相手からさんざん嫌なことを言われて腹が立ったので叩かざるを得なかったというその子の思いは，「そんなことを言われて嫌だったんだね，それで叩いたんだね」と受け止めることができるはずです。それは叩いたという行為を容認した（受け入れた）という意味ではありません。しかし，そのように思いを分かって受け止めることは，先にも述べたように，子どもには「自分の存在が全面否定されたわけではない」という安堵感をまず子どもに伝え，その裏で保育者が子どもの存在を認めていることを暗に伝える意味をもちます。ですから，「子どもの思いを受け止めて」という文言は，「養護の働き」の意味を十分にもち得るのです。

　ここに，「受け入れる」は行為に用い，「受け止める」は子どもの思いに用いると使い分ければ，行為は「受け入れられるか」「受け入れられないか」の二分法に従うけれども，「思いを受け止める」は，その思いを肯定することも否定することも留保したまま，その子の立場に立てばそういう気持ちになるのは分かる，という大人の思いを子どもに伝える意味をもち，それが子どもの心に跳ね返るのだと言えるでしょう。その意味で，「受け止めて」は子どもに「共感して」という言葉とむしろ近いと言ってもよいかもしれません。

　よく，「子どものすることをどこまで受け入れればよいのですか，受け入れれば受け入れるほど子どもはやりたい放題になって，これでよいのかといつも思うのですが」というような質問を講演で受けますが，これなどは，「受け止める」と「受け入れる」を混同するところから生まれる悩みだと言えます。

　2）「受け止める」と「受け止めたつもり」

　「子どもの思いを受け止める」ことの大切さを研修で強調したあとで保育現場を巡回してみると，確かに「○○くんは，こうしたかったのね」という受け

止める言葉がしばしば耳に届くようになり，一見したところ，「受け止めて」が実践できているかのように見えます。ところがその受け止めた言葉の後に，間髪を入れずに「でもね，それはいけないことでしょう」と規範を示す言葉がかかり，子どもは面白くない表情でふくれっ面をしている場面にしばしば遭遇します。受け止めた言葉が子どもに届いていないことは明らかです。どうしてそうなるかと言えば，一つは早く規範を示したいという大人の思いが先行するからでしょう。それに加えて，「こうしたかったのね」という受け止める言葉が，本当に子どもの立場に立って，子ども目線で事態を見て，共感して紡がれた言葉ではなかったからでしょう。つまりそれは，言葉をかける大人からすれば「受け止めたつもり」だけれども，子どもから見れば「受け止めてもらえた」とは思えない事態だということです。

　「こうしたかったのね」が本当に子どもに共感して紡がれた言葉なら，それは子どもに届きます。そのとき子どもはこっくりうなずいたり，「だって」と理由を言ったりと，思いを分かってくれたことが分かったことを大人に伝えるでしょう。それから，「でもね」と大人の願いを伝えていくと，子どもは受け止めてもらえた時点ですでに自分のいけなかったことにはたいてい気がついているので，その規範の言葉に素直に耳を貸すことができ，自分からその負の行為を修正することに繋がったりするのです。

　このことを振り返ると，「受け止める」は大人がいったん子ども側に身を寄せて，そこからその場面を見ることから生まれること，そして「でもね」から先は，大人が再び大人の立場に立ち返ったところから生まれることが分かります。大人はかつての子どもなので，子どもの姿はかつての自分のように見えるときがあるはずです。それが負の事態を前にしても子どもに共感することができる理由でしょう。「受け止める」をはじめ，「養護の働き」は子どもの目線に立って，子どもの目になって場面を見ることから生まれるというのはそのためです。

3）前面に出やすい大人の願いや思い

　保育者はよく、「受け止めて対応しなければと思うのですが、とにかく時間に追われて余裕がないので」と弁解します。その通りだと思います。大勢の子どもたちを集団として動かしていかなければならないときに、いちいち一人ひとりの子どもの思いを受け止めて対応するだけの時間的余裕がないというのはよく分かります。ですから、あらゆる場面で完璧に「子どもの思いを受け止めて」が実践できることを求めているわけではありません（これは「養護の働き」にも言えることです）。しかし、その時間的な余裕がないなかで、その子と自分とのあいだに一対一の関係が生まれる瞬間があったとき、そこで「受け止める」対応ができるかどうかが問題なのです。

　その一対一の関係が生まれたときに、大人の願いや思いがすぐに持ち出されるのか、それともまずは子どもの思いを受け止めることが先行するのか、これが「受け止めて」という「養護の働き」が実践されるか否かを左右します。保育者主導の保育がなぜ好ましくないかと言えば、その肝心の場面で保育者の願いや思いが前面に出て、受け止める前にそれを子どもに伝えることになるからです。そのとき、保育者は自分は正しい規範を示しているのだから何も問題はないと思いやすくなります。それが「頭では「受け止めて」と思うのですが、実際には難しいですね」という発言になるのでしょう。一人の子どもの思いを受け止める前に、保育者は子どもたちに伝えるべきことがたくさんあるということなのだと思います。こうして、「受け止める」という言葉はしだいに空文句になっていくのです。

　まとめると、「子どもの思いを受け止めて」という文言は、子どもの側に大人の思いを寄せ、子どもの立場に立って場面を見、子どもの思いに共感するときに生まれる対応であり、それは「養護の働き」そのものだといってよいものです。それが子どもに届くとき、子どもは「先生は私のことを分かってくれている」という気分になります。そしてそういう対応が繰り返されると、先生のことが好きになり、先生を信頼するようになる一方で、「受け止める」対応に含まれていた「子どもの存在を肯定するトーン」によって、自分の存在が認め

られていることが子どもに分かり，そこから子どもの自己肯定感が立ち上がることにも通じます。「子どもの思いを受け止めて」が結局は子どもの心を育てる鍵を握るのです。

（5）「子ども一人ひとりを大切に」

　これまで述べてきた「寄り添って」「つぶやきに耳を傾けて」「子どもの目線になって」「思いを受け止めて」という文言は，集団にあてはめられる言葉ではなく，子ども一人ひとりに向けられた言葉です。実際，「養護の働き」は子ども一人ひとりに向けられるもので，集団に向けられるものではありません。その意味で，「子ども一人ひとりを大切に」という文言は，「養護の働き」が生まれるための大前提を述べたものだといってもよいでしょう。保育の場にはいつも，「子ども一人ひとりを大切に」と「子どもたちを集団として動かして」という二面があって，その二つのあいだが常に揺らいでいることは「保育の場の両義性」という表現でこれまで指摘してきたところです（『両義性の発達心理学』ミネルヴァ書房，1998年，191頁以下参照）。保育の場には，確かに子どもたちを一日の流れに沿って集団として動かしていかなければならない現実がありますから，一面では保育者主導で動かなければならない局面が必ずあります。しかし，そのなかでも，子どもは一人ひとり個性も違えば力も違い，その時々の思いも違います。その一人ひとりの違いを尊重しようというのが，「子どもの一人ひとりを大切に」の意味であることは言うまでもありません。

　「養護の働き」に含まれる「存在を認める」「存在を喜ぶ」「思いを受け止める」という大人の対応は，子ども一人ひとりを尊重する姿勢，集団として束ねて見てしまわない姿勢と相通じています。それがこの文言に凝縮されていると見なければなりません。若い保育者は「集団として束ねる」ことにどうしても気持ちが向かいます。その余裕のない心の状態では，一人ひとりの思いを受け止めるどころではないと思われるかもしれません。しかし，それは保育する大人の側の物言いであって，子どもはいつも一人ひとり個性的です。アイデアの湧き方も，取り組み方も，楽しみ方も一人ひとり違います。その違いが「困

る」ではなく「面白い」になれば，束ねる必要がある場面と，一人ひとりに個別に対応する必要がある場面の両方があることが分かってきて，余裕が生まれ，「養護の働き」が一人ひとりに振り向けられるようになってきます。

　子どもの心が育つのは，一人ひとりの子どもに「養護の働き」が振り向けられたときです。それが一人ひとりの子どもに大人への信頼感と自分の自己肯定感が心に宿るための条件です。子ども一人ひとりの心は，大人の「養護の働き」を基盤に成り立ってくるものですから，一対一対応の場面で「養護の働き」がいかに作動するかにかかってきます。その意味からすると，心を育てる保育への切り替えは，集団を束ねる姿勢から，子ども一人ひとりを大切にする姿勢への切り替えと軌を一にするといってもよいでしょう。

＊＊＊

　これまで，5つの文言を取り上げて，それが「養護の働き」と重なることを見てきました。他にも「養護の働き」に通じる文言は多々あります。「子どもの前を走らない」「黙って子どもの手を摑んで引き寄せない」「言葉をかけないまま子どもを抱き上げない」等々，「○○のことをしない」と言われてきたことのなかに，子ども一人ひとりを大切にし，子ども一人ひとりの思いを受け止め，「子どもを主体として尊重する」という「養護の働き」の精神が込められているのが分かります。

　これらはみな重要な保育の考え方です。ですから私が殊更に「養護の働き」などと言わなくても，これまでの保育のなかで何が大切かは考えられてきていたのです。ところが，これらの文言を目に見えるところで理解しようとしてきたことや，力をつけることに大人の目が向かったことによって，浅薄な理解にとどまり，これらの文言の重要性を見失ってきていたのではないでしょうか。これら一連の文言を包括する言葉として「養護の働き」を理解し，それが心を育てるうえに欠かせないという認識をもつことが，心の育ちを目指す保育に舵を切り直すために必要なことだと思われます。

第3節　家庭，保育，学校の場における「育てる」営みと「養護の働き」

　これまで「養護の働き」を中心に述べてきましたが，「育てる」という営みのなかにそれを位置づければ，当然ながらもう一つの「教育の働き」の問題に触れないわけにはいきません。両者の両義的で捻じれた複雑な関係については，第3章で詳しく取り上げることにして，ここでは両者の大枠での関係をスケッチし，それを念頭に置きながら，家庭の場，保育の場，教育の場における「育てる」営みのなかで「養護の働き」がいかに大切であるかを考えてみます。

（1）「育てる」営みとは何か

　私は保育なのか，教育なのか（あるいは幼児教育なのか学校教育なのか）という議論の前に，「子どもは育てられて育つ」という最も素朴な発想に立って，子どもの発達の問題，子育ての問題を考えてきました。就学前に限らず，子どもという存在は，大人の「育てる」という営みがなければ育つことが難しい存在です。これは乳幼児に限らず，一人前になるまでの子ども時代に一貫して必要なものと考えてよいでしょう。

　いまでこそ，保育園だ，幼稚園だ，認定こども園だと，保育の場を巡る騒がしい状況がありますが，そうした場が子どもに用意される以前から，子どもは生まれると周りの大人たちに育てられ育って一人前になってきていたはずです。そのとき，その「育てる」という営みはどのような中身から成り立っていたのでしょうか。歴史的にそれを明らかにすることは難しいですが，しかしいまのように，早くから何かを教えて力をつけることに奔走していたわけでなかったことは確かでしょう。その育てる営みの中身を考えたときに行き着いたのが，これまで述べてきた「養護の働き」と，もう一つの「教育の働き」でした。

　これまでの私の著書ではこの育てる営みの二面を以下の図1によって説明してきました。

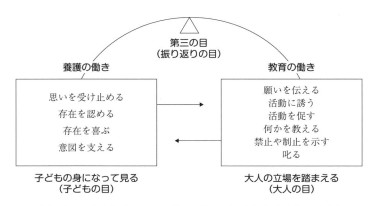

図1 「育てる」働きの二つの柱：「養護の働き」と「教育の働き」

1)「養護の働き」

すでに述べたように，子どもは「あなたは大事だよ」「あなたのことを愛しているよ」というように，周りから肯定的に受け止めてもらうこと，言い換えれば，周りの大人から肯定的な思いを伝えてもらうことが不可欠な存在です。それが子どもにとっては元気の源，自分が愛される値打ちのある存在であるという意味での「自己肯定感」の出処です。つまり，周りの大人から**存在を認めてもらう，存在を喜んでもらう，愛してもらうこと**を不可欠にしているのが子どもだということです。逆に，周りの大人に否定され，見捨てられたり，馬鹿にされたり，無視されたりするとき，子どもがどれほど意気消沈し，元気をなくし，呆然とするかは，保育の場の子どもの様子からも分かるはずです。

私はこのような大人の子どもの存在を尊重する姿勢，愛しているという思い，大事だという思いなどを総称して**「養護の働き」**と呼んできました。第1節ではその「養護の働き」の源泉は，生ある側に到来した子どもを喜び慈しむ心にあると述べました。また第2節では，これに類する考えが保育の世界には以前からあったことに触れました。

2）「教育の働き」

　さて、「育てる」という営みは、先に述べた「養護の働き」に尽きるものではありません。やはり太古の昔から、大人は未来の大人である子どもに対して、いま大人である自分たちがしていることをすることができるように、さまざまに誘い、促し、手ほどきし、ときには教えるという働きかけをし、またいけないことをしたときに、叱ったり、禁止や制止を加えたりして育ててきました。それが広い意味での「教育の働き」であったと思います。排泄のしつけにせよ、衣服の着脱にせよ、子どもは周りの人のすることを見て自ら取り込む面をもちながらも、大人がまずそれをやって見せ、それに子どもが興味をもって、という流れで子どもの成長を促そうとしてきたのでしょう。

　実際、自分は愛されている、大事にされている、自分は大事なのだという自己肯定感を背景に、周りに意欲と興味をもち始めた子どもは、周りの大人のすることを取り込み、自分もやってみたい、やってみようと思うようになります。これが「まねぶ」です。そして子どものこの「まねぶ」姿勢を見極めながら、大人が自分の願っている行為に向けて誘ったり、促したりするのが「教育の働き」ですが、その「まねぶ」姿勢が生まれるには「養護の働き」が欠かせません。安心感を抱き自己肯定感をもてない子どもは「まねぶ」気持ちになれないからです。そうしてみると、「教育の働き」は「養護の働き」と切り離せないことが分かると思います。図1では二つの働きはヤジロベエで繋がれていて、相反する面（一方が強くなれば他方が弱くなる）を示していますが、他方で両者はお互いに影響を及ぼし合っています。「養護の働き」がしっかりしているから「教育の働き」がそこにうまく絡み合うのです。子どもの思いを受け止めながら（「養護の働き」）、何かに誘い（「教育の働き」）、その「教育の働き」に乗ってきたから、子どもの出方にしばらく任せて成り行きを見守る（「養護の働き」）という具合です。このことが二つの箱のあいだの左右の矢印で表されています。

3）「育てる」営みは「養護の働き」と「教育の働き」からなる

　こうして、太古の昔から、「育てる」という営みは「養護の働き」と「教育

の働き」が切り分けられないかたちであったことが考えられます。私は就学前の「育てる」営みは，家庭の場では「養育」と，保育の場では「保育」と呼ぶのが最もふさわしいのではないかと考えてきました。「育てる」営みに含まれる存在を慈しみ喜び包む面（「あるがまま」を肯定する「養護の働き」）と，大人に一歩一歩近づくための面（「あるがまま」を乗り越えて新しいものを身につける「教育の働き」）の両面は，互いに相容れない面（あるがままを肯定しつつ，あるがままを乗り越える（あるがままを否定する）という両義的な二面）をもちながら，まさに切り離されないかたちで子どもに振り向けられます。そしてそれが子どもを育てることになるのです。

　序章でも見たように，「育てる」営みを構成している二面のうち，まずは「養護の働き」の重要性がいつのまにか弱体化し，また「教育の働き」も子どもの「まねぶ」気持ちと無関係に大人の一方通行の「教え込む」働きかけへと変質してきて，総じて「育てる」営みが歪められてきたように見えます。

（2）　家庭の場での「養護の働き」はなぜ崩れたのか

　まず，家庭の場での「養護の働き」が弱くなって，変質し歪んだ「教育の働き」の比重が増したことが，家庭での育てる営みを歪めたように思います。

　その理由についてはすでにいくつかの点を取り上げました。人為的な計画妊娠，医療的管理の下での「おまかせ出産」，胎児のエコー画像，等々，医学の進歩と相俟って，子どもの誕生を恐れと喜びの入り混じった「ありがたい」出来事と見る見方が減じたことも一つでしょう。

　しかし，私の見方では，誕生まもない頃の子どもの存在を慈しみ喜ぶ「養護の働き」について言えば，大昔のそれとはもちろん違うでしょうが，母親になった人や父親になった人の親（祖父母）の支援が数カ月のあいだ得られる限りでは，我が子を慈しむ「養護の働き」は親になったばかりの人にも自然に生まれ，それが弱体化したとまで言わなくてもよいのではないかと思っています。ただし，核家族で誰からの支援も得られずに，母親だけで子育てに当たらなければならない厳しい条件下に置かれた人は別です。子育て支援はこの場合にこ

そ必要だと思います。つまり，核家族で暮らしていて，周りの誰からも支援を受けられないまま子育てに向かわなければならない人たちへの，子どもの誕生から数カ月間の訪問型の子育て支援がいま，もっともっと社会的に用意されなければなりません。

　問題は，生後18カ月を過ぎて，子どもの思いと養育者の思いが次第に正面からぶつかるようになる頃から先の時期です。その頃から，家庭での「養護の働き」は急に難しくなり，養育者の子育てに難しい問題が起こってきやすくなります。それが「養護の働き」の弱体化と深く結びついています。

　これについてはこれまでいろいろなことが言われてきました。たとえば，子育てをマニュアルに従ってするものであるかのように考え，授乳，オムツ替え，離乳食など，子育ての中身に関して教科書通りに進めなければならないという考えが広がり，子どもの様子を見る前になすべきことをきちんとしなければという思いが先行するようになったことです。それには子育てに関わるメディアの情報の洪水もそれを助長しているでしょう。とにかく，正しい子育ての仕方を求め，そのためにインターネットやスマートフォンが離せなくなり，たくさんの情報のどれが正しいか分からなくなって，さらに情報を求めざるを得ないという，情報化社会の悲劇の一端が子育てに現れてきています。それに追い立てられるようになると，我が子の存在が嬉しいという思いになかなかなれず，「養護の働き」が次第に減弱することになります。

　あるいは，養育者自身の成長の過程で，親世代の養育に「養護の働き」が乏しく，むしろ大人の意向に強く従わせられた経験が数多くあると，結局は「育てられたように育てる」という子育ての世代間循環がネガティブなかたちで巡りはじめ，それが子どもの思いを受け止める前に養育者が主導して，子どもの思いと養育者の思いのせめぎ合いを，いつも養育者の側に仕切ってしまうかたちになるのだとも考えられます。ここでも，子どもの思いを受け止める前に，「こうさせたい」という大人の思いが優ってしまうのでしょう。授乳も離乳食も子どものペースに合わせてではなく，自分のペースで事を運び，次々に養育者主導の関わりが導かれて，子どもを受け身にしていくところに，家庭での養

育に関して「養護の働き」が弱体化している事実を認めることができます。

　あるいはまた，主体としての二面の心（「私は私」と言える心と「私は私たちの一人」と言える心）が前者に傾いたまま成長し，成人した後にも両面のバランスが取れないままに過ごしてきた人は，すべてを自分のやりたいようにやってしまうので，子どもの様子を見て，子どもの様子に合わせてという，ある意味での受動性を抱えた（我が身に引き受けるかたちの）子育てがその主体の心のありようとうまく調和せず，そのために子育てを次第に疎ましく思うようになるということも，子どもを前に「養護の働き」が十分に働かない理由の一端でしょう。

　この状況を変えるのは並大抵のことではありません。ただし，誕生直後に子どもの存在を慈しみ喜ぶ経験はほとんどの人にあったはずです。それがすべて失われたわけではないでしょう。そこから考えると，養育者のなかに「養護の働き」（子どもの存在を慈しみ喜ぶ心）がまったく動かないとは思われません。その原初の「養護の働き」は本当はあって，それが普段の生活のなかで，情報に翻弄されたり，自分の子育ての苦労が誰からも評価されなかったり，自分の思い通りに事が運ばないことから不満が募ったりして，その原初の「養護の働き」が抑え込まれていると見るべきではないでしょうか。

　ですから，社会による子育て支援がある程度機能して，養育者の気持ちが解放され，子育ての経験の交流が可能になり，焦らなくても大丈夫という考えが養育者に広がれば，少なくとも乳幼児期に関しては，「養護の働き」を取り戻す可能性はまだあると考えることができます。

　問題は，子どもが就学を前にした頃から先，養育者が我が子を評価するようになって，他よりも抜きんでることを考えるようになると，これまで見てきたように，「力を，力を」の見方，「できる，できない」の見方に引っ張られ，それを子どもの将来の幸せと信じる共同幻想に取り巻かれてしまい，次第に我が子の思いに目が向かなくなるという状況が生まれます。このとき，養育者の目は子どもの存在から離れ，自分の期待のメガネにかなうかどうかの見方に変貌してしまいます。しかもそれを「あなたのため」という善意が裏打ちしている

のですから，そこに問題があるとはなかなか気づかれません。それに加えて，そのような子育てのありようは自分だけではなく，周りのみんながしていることだからという安心感も，その問題に気づかせるのを遅らせるでしょう。子どものためと称する過干渉は，子どもへの愛情の発露のようでいて，子どもの思いに気づいていないという点では，「養護の働き」の対極にあるものと言わなければなりません。

　子どもが不登校やひきこもりになってはじめて，あるいは非行に走るかたちで養育者に自分の思いをアピールしてはじめて，それまでの子育ての問題がようやく見えてきて，という話はたくさんあります。学校が悪い，クラスメートが悪い，担任が悪いと周りを責め立てて自分の子育てに問題が孕まれていることに目を塞いでいるあいだは，なかなか子どもとの関係を修復することができません。これが序章で問題にしたことでした。子どものためが本当に子どものためなのか，力をつけて将来に備えさせることが子どもの最善の利益なのかという問題は，まさに養育者の「養護の働き」と深く関わっているのです。

（3）　保育の場でなぜ「養護の働き」が弱体化したのか

　育てる営みを最もよく表すのが保育という言葉だと述べてきました。確かに，保育所は社会福祉の観点から設置され，福祉施設という位置づけです。設置された当初は，就労支援のために「預かる」という色合いが濃かったにせよ，次第に「子どもの最善の利益」に含まれる「子どもの心身の発達を保障する」という見地から，「預かるだけ」を乗り越えて，保育所保育指針に則った，しっかりした保育内容を実践する「保育」に中身が充実してきました。

　他方の幼稚園は，文部科学省行政の枠内に位置づけられる教育施設です。そこでの営みは長いあいだ「保育」と呼ばれ，そこで保育に当たる人は保育者と呼ばれてきました。ところが，保育所（園）が幼稚園の保育内容に追いつこうと努め，実質的に追いついたといえる中身になりかけた頃，中教審答申が幼稚園を「人生最初の学校」という位置づけをするようになり，そこから，その人生最初の学校での営みは「幼児教育」あるいは「幼稚園の教育」と呼ばれるよ

うになって，「保育」という言葉が次第に搔き消され，併せてその担い手を保育者と呼ぶことから教師と呼ぶことに切り替わりました。

　いまから振り返れば，預かるだけの保育を幼稚園と同じレベルの保育にもっていくために，保育所（園）に関わる人たちの大変な努力があり，午前中の保育時間に関して，幼稚園も保育園も一緒，違いはないと言えるところまできていた時代がありました。その頃，その両方で「保育」という言葉が当たり前のように使われていたのです。それが先の中教審答申が出た頃から，一挙に差別化の動きが前面に出てきました。そのため，ほぼ同じ中身を一方は「保育」と呼び，他方は「幼児教育」ないし「幼稚園の教育」と呼ぶようになりました。確かに，保育園には保育園の歴史があり，幼稚園には幼稚園の歴史があって，それが完全に重なるとはいえない事情もあるでしょう。しかし子ども側からみて，保育園と幼稚園に差があってよいものかどうか。それは単に大人の生活の仕方の違いを反映しているだけにすぎないはずです（保育時間の長さなど）。

　保育所保育指針では保育は「養護及び教育を一体的に行うこと」とみなし，その保育内容は養護の2領域と教育の5領域からなるものとしています。これに対して，幼稚園教育要領では，教育内容は5領域からなるという規定です。両者の違いを見ると，教育の5領域は共通なのに，保育所保育指針には「養護」が規定され，幼稚園には「養護」という領域はありません。そうなると，養護とは，保育所（園）にはあって幼稚園にはない領域ということになるでしょうし，保育は養護と教育からなるというときの教育と，幼稚園の教育というときの教育は同じものかという議論も必ず生まれます。

　冒頭の序章でも述べたように，今年（2014年）4月に幼保連携型認定こども園の告示がなされる際，「教育及び保育」という言葉が多用されたところに，保育と教育の定義がまだまだ混乱している事情が浮き彫りになっています。

　しかしながら，私の見方は保育園（所），幼稚園の区別なく，そこで行われているのは同じ子どもを育てる営みだという見方です。そしてその営みは「養護の働き」と「教育の働き」の二面からなるものです。それを私は中教審答申以前の「保育」と呼んでよいのではないか，そう考えれば，福祉施設だから，

教育施設だから，の区別はなく，両方とも同じ保育をしているのであり，ただ両者は保護者の働き方の違いから，長時間保育と通常時間保育の二つがあると考えることができると思ってきました。つまり，「養護の働き」は保育園の保育者，幼稚園の保育者に関係なく，両者に共通するものだと考えることができます。

　それにもかかわらず，政治の動向は両者の差異を際立たせる方向に舵を切り，幼稚園側の教育は保育園側の教育より上という昔からの共同幻想をさらに強める動きにあります。「保育園よりは上」といわれる幼稚園の教育の中身は，園によって相当のばらつきがあるものの，やはり保育者（教師）が主導した「教える」「指導する」が基調の中身になりやすく，それゆえに「養護の働き」が十分でないまま，「力を，力を」に流れていきやすいことは否定できません。そしてそれに対抗するために，保育園（所）側も次第に「力を，力を」に傾きはじめて，序章で見たように，子どもの心に大人の目が向きにくくなり，こうして心の育ちに問題を抱えた子どもたちを多数生み出す文化動向を作ってしまったのでした。

　この流れを一時も早くせき止めて，心を育てる保育に切り替えなければならないと思い，それゆえに本書を書き著す必要を覚えたのでした。保育園（所）と幼稚園にさらに幼保連携型認定こども園が加わり，これから保護者は我が子をどの施設で過ごさせるかの選択が求められます。一方は「保育」，他方は「教育」，もう一方は「教育及び保育」と呼ばれる施設です。この不幸な状況を乗り越えるには，子ども省を作って二つの省にまたがった現状を一本化し，すべてを「こども園」と名づけてそこでの営みを「保育」と呼び，そこは「養護の働き」と「教育の働き」の二面に沿って子どもを育てていく場であるという議論の整理が必要だと思いますが，現状はそこからほど遠いと言わなければなりません。

　いずれにしても，そういう流れのなかで，子ども一人ひとりの心に目が向きにくい環境があり，だからこそ子どもの心を育てる保育が必要なのです。

（4） 学校の場にも必要な「養護の働き」

　本節の冒頭に示した「育てる」営みの二面の図（図1）は，子どもが一人前になるまで周りにいる大人に必要な「育てる」営みの中身として書いたものです。もともとこの図は保育者の働きを念頭に置いて考えたものですが，これまでの議論から明らかなように，この図は養育者の家庭での子育てをも説明する図です。そしていま家庭において，養育者の目が「教育の働き」に強く引き寄せられて，「養護の働き」が弱体化していることが，子どもの心の育ちに負の影響を及ぼしていると述べたのでした。そしてまた，保育園であれ，幼稚園であれ，そこでの営みは「養護の働き」と「教育の働き」の二面からなるものであり，昨今の「力を，力を」の風潮のなかで「養護の働き」が弱体化して「教育の働き」もそれ本来の「教育の働き」ではない，歪んだ「教育の働き」（「教え込む」かたちの「教育の働き」）に大きなウエイトがかかっていることが，子どもの心の育ちを阻んでいると述べたのでした。

　そこから考えると，小学校に上がった子どももまだ独り立ちのできない，その意味では大人の「養護の働き」が欠かせない存在です。にもかかわらず，いま小学校の教師一人ひとりはこの「養護の働き」を自分の教育実践の欠かせない部分としてしっかり位置づけているでしょうか。もちろん，小学校の先生のなかにも子どもに慕われる先生はいます。そのような先生はそれとは意識していないとしても必ず「養護の働き」を子どもたちに振り向けています。だから子どもたちは先生を慕うのです。ですから，小学校の教師をひとまとめに論じてはならないと思います。しかしながら，多くの教師は「教科の中身を教えること」に大きなウエイトを置き，子ども一人ひとりを一個の主体として尊重して，それぞれの思いを受け止めてから教師の願いを伝えるという教育活動が難しいものになってしまいました。

　いま，保幼小連携のかけ声のもとに，保育園や幼稚園と小学校との交流が試みられていますが，そこで浮かび上がってくるのは大きな文化の違いです。つまり，小学校文化と，就学前文化の違いです。前者は時間がきちんと区切られるなかで教育活動が動き，主要には教師が主導してカリキュラムに沿った教育

第1章 「心を育てる」ことと「養護の働き」

実践が営まれ，教師に従うことが強く求められる文化です。これに対して，就学前文化は，時間がゆったり流れ，子ども一人ひとりの思いが尊重され，受け止められて，子どもが生き生きと過ごすことのできる文化です。ですから交流ではその二つの文化が衝突し，小学校の教師は，なぜ時間通りに動かないのだ，なぜ保育者はもっと指示を出さないのだとじれったく思うでしょう。それに対して就学前文化では，なぜそのように時間を急ぐのか，なぜ小学校では入学したての子どもを赤ちゃん扱いするのか，就学前には年長児としてあれほど高いプライドをもっていたのにと嘆き，もっと一人ひとりの思いを受け止めてもよいのではないかと考えます。

確かにこの文化の違いは歴然としてあって，それゆえそこには大きな段差があると思います。だからといって，その段差をなくすように，就学前の文化が就学後の文化に合わせて，早く子どもを動かす算段をしなければならないのでしょうか。学びの連続性をいうよりも主体としての心の育ちの連続性を言いたい私の立場からすると，その違いをなくし段差をなくすのがよいのではなく，就学前文化のなかで，しっかり遊びの経験をもち，また大人の「養護の働き」を十分に経験して，それを通して自己肯定感や自己効力感をしっかり育み，学校に希望とあこがれをもって通うようになれば，その段差は子ども自身の力で埋め合わせていくことができます。そしてそこに子どもの本来の成長があるはずです。

そこから振り返ると，問題は小学校の教師の多くが，「養護の働き」が教育実践に欠かせないという認識を欠いていることと，「養護の働き」は結局は子ども一人ひとりに帰着するものだという認識を欠いていることです。言い換えれば，小学校教育の営みも，基本的には図1で説明されるべきであり，教科を教え込むだけが教師の役割ではないこと，子ども一人ひとりの主体としての心を育むことが教師の重要な役割であるという認識をもつことが急務だということになります。

しかしながら，我が国の現状は「学力，学力」の議論に流れ，偏差値を巡って各地の教育委員会の競争になり，「教え込む」ことにウエイトが置かれて，

83

子ども一人ひとりの思いを受け止めて教育することからはほど遠いと言わなければなりません。その教育の場の営みに傷ついて，学校に行けない子ども，ひきこもる子ども，「いじめ」に憂さを晴らす子どもなど，決して好ましいとは言えない状況にあっても，なお「学力，学力」を声高に叫ぶしかなく，それゆえにいつまでたっても教師の「養護の働き」が子どもの心の育ちに欠かせないという議論にはなりません。しかし，本当の教育改革は，単なるカリキュラムの精選でもなければ，6・3・3制の見直しでもなければ，あるいは英語教育の早期導入でもなく，むしろ急務なのは教える教師側の育てる営みの見直しではないでしょうか。このままでは，万が一，大きな災害に襲われたときに，かつて保育者たちが必死になって子どもたちを守ったように，学校の教師は子どもを守れるだろうかという危惧さえ抱かされてしまいます。そうならないように，教師自身の心の育ちを含めて，いま教師が変わらなければならないのだと思います。

（5） 子どもが一人前になるまで必要な「養護の働き」

　思春期になると，親からの自立が当然のように語られ，親はそれまでの「我が子のための」過干渉的な関わりから手の平を返したように「もう大きくなったのだから自立しなさい」と手を引こうとします。そうすると子どもはそれまで親の「あなたのため」を過干渉的だとして避けようとしてきたのに，そのように突き放されると，急に不安になってきます。こうした親の対応は依存と自立を対立概念と捉え，自立を目指すためには依存を減らさなければと考えているからでしょう。しかし，人間は生涯にわたって，人との気持ちの繋がりを得て安心する生き物です（「繋合希求欲求」）。親への表立った依存はしなくなったとしても，黙って見守っていてほしいという目に見えない依存心はこの時期の子どもにはまだまだあります。本来はそっと見守りながら自立を願うのがこの時期の親のあるべき対応です。そこには，乳幼児期の「養護の働き」とは少し違うけれども，存在を認めながら見守るというこの時期の「養護の働き」の大切さがあります。

第1章 「心を育てる」ことと「養護の働き」

　確かにこの時期の子どもの扱いは難しく、親の願いを少し伝えただけでも、うるさいと言われるので、ならばと突き放すと、見守ってほしい気持ちを今度は屈折したかたちで表現してくるという具合です。そこは確かに難しいのですが、困難に直面したときにはいつでも応援するという気持ちを匂わせながら見守るという意味の「養護の働き」は、依然としてこの時期にも必要です。そして、自分勝手が過ぎたり、人に迷惑をかけたりと、「私は私」の心と「私は私たち」の心のバランスがなかなか一人では取れないこの時期に、規範から大きく逸脱したときには、強く叱ることも必要でしょう。それは自立を阻害するものではなく、主体として生きることを求めるから必要なのです。自立とは、何でも自分の好き勝手をすることではないはずです。それを、「自立のために」と称して、見て見ぬふりをすることが、規範からの逸脱を必要以上に大きくし、子ども自身、自分が引き起こした結果に戸惑うことになるのです。

　思春期以降の青年期は、ですから、大人の「育てる」営みの「養護の働き」と「教育の働き」のバランスが最も難しくなる時期といってもよいかもしれません。いざというときに依存できる安心感が、新しいことにチャレンジする勇気を青年に与えるのであって、誰にも依存できない不安を抱えていれば、青年は自分の殻に閉じこもって冒険しようとはしないでしょう。悪しき依存を避けながら、しかし必要な依存にはしっかり応えることが、青年自らの自立に向かう気持ちを押し上げるのです。

　これから青年を待ち受けるさまざまな選択は、できる限り青年の主体的選択に任せる態度を取りながら、しかしそのなかにも青年には見えないこともあるので、ときにはかつて青年期を通過してきた人間として、自分のときはこうだったというような助言も必要になるかもしれません。いずれにしても、青年はまだ一人前ではなく、親の精神的、経済的支えを必要としています。それはかつて親が青年だったときに、自分の親から振り向けてもらった思いでもあり、そこに世代間循環が巡っていることが改めて分かるということもあるでしょう。

　いずれにしても、青年はまだ「子ども」です。一人で生きていける状況にはありません。その子どもにとって、やはり周囲の「養護の働き」は欠かせない

ものとしてあります。もちろんそれは，幼い時期や，小学校に上がってまもない頃の「養護の働き」とは中身が少しずれてきています。それでも「存在を認める」「温かく見守る」という「養護の働き」は欠かせません。しかし，そこがいま弱くなっていないでしょうか。子どもの自立のためには突き放さなければという誤解がそこにはあるように思われます。

第2章
保育の基本は「接面」での営みにある

「接面」という概念は前著『子どもの心の育ちをエピソードで描く』(ミネルヴァ書房,2013年)の草稿段階でようやくたどり着いた概念で,それに気がついてみると,なぜこの概念にもう少し早く気づくことができなかったのかと,慙愧の念に堪えません。私は長年,客観主義を標榜するこれまでの人間科学のありように反旗を翻してきた人間ですが,この「接面」という概念は私が取り上げたいと思っている問題群の中核に位置する概念であり,また私の考える心理学をある意味で凝縮して表現している概念だといまさらながら思います。そして保育をはじめ,教育,看護,介護,心理臨床など,さまざまな実践の営みの内実に迫るためにも欠かせない概念だと思っています。前著ではこの概念にほんの少し触れただけで,実践に携わる人たちにこの概念の意義をまだ十分に伝えきれていませんでした。保育や教育や看護など,実践に携わるみなさんにとって,この概念をしっかり理解することができれば,心に目を向けた実践の姿勢がおのずと定まってくるように思われます。そしてそこから,なぜ保育をはじめ,実践の場にエピソード記述が必要になるのかも理解できるようになるはずです。

第1節 「接面」とは何か

大雑把に定義すれば,「接面」とは,人と人が関わるなかで,一方が相手に(あるいは双方が相手に)**気持ちを向けたときに,双方のあいだに生まれる独特の雰囲気をもった空間や時の流れ**のことを言うものです。「接点」という表現

との対比で言えば，「点」と言うには広がりがあるものなので「面」と言わなければなりません。また「接」という漢字からすれば物理的に接している感じを受けるかもしれませんが，むしろ人と人の「あいだ」のことを言いたいし，それでいてその「あいだ」は単なる空間を言うものではなくて，「あいだ」を挟んで双方に何らかの繋がりがあることを言いたいという点では「接」の意味を消したくありません。このようにこの「接面」という言葉は，私の内部ではいろいろな考えが折り重なっていて，なかなか一筋縄では説明することができません。

（1） 二者間の「あいだ」から「接面」を考える

英語にそのまま置き換えれば interface となるのでしょうが，人と人の「あいだ」を重視してきた精神科医の木村敏先生の「あいだ」という概念と私の言う「接面」とは，ほぼ重なると言ってもよいのではないでしょうか。ただ少なくとも，単に人と人のあいだにある物理的な空間を言おうとしているものでないことだけは確かです。

「あいだ」を意識して「接面」を二者間の物理的距離の観点から考えてみましょう。まず二者間のあいだに距離がない場合です。たとえば，子どもを抱っこしているとき，皮膚と皮膚が接していて，そこに物理的距離はありません。しかし，それが本当にしっくりくる抱っこか，抱きにくい抱っこかは，「抱く―抱かれる」の関係にある両者がそこに無意識的ではあれ接面を創り出そうとしているかどうかにかかっています。つまり，抱かれる側の子どもが抱かれたくないと思っていたり，抱く側の大人がいま抱っこしているどころではないと思っていたりすると，身体的には接していますが，そこにはここでいう「接面」が成り立っていません。これについては前章で保育所保育指針の「養護」と私の考える「養護の働き」の違いとして述べたことを思い出していただければと思います。言うまでもなく，母子間の抱っこや，愛し合う二人が手を握り合う，抱き合うというように，皮膚と皮膚が接して文字通りの接面を創るとき，そこには単なる皮膚の接面を超えた，独特の温かい雰囲気が生まれることは明

らかです。それは文字通り「あいだ」がゼロになった身体と身体の接面を通して両者の境界が溶け出し，一体感のなかに接面さえも消えてしまうような事態と考えることができるでしょう。いずれにしても，これが接面の一方の極にあることは確かで，こうした一体感のなかで二者が溶け合うような事態も，やはり接面という概念で包摂したいと考えます。

　次に二者間に「あいだ」がある場合を考えてみましょう。たとえば，前章で取りあげた例のように，少し離れたところから一人の子どもがこちらにまなざしを向けているのに気づくとき，そこには物理的な空間があるにもかかわらず，いまその子の来てほしいという思いがここにいる私に伝わり，その限りでは，その子の思いとそれを受け止める私の思いはまさに接しています。こうした事態を「接面」という概念ですくい取りたいのです。身体接触を別にすれば，保育の場や家庭の養育の場，あるいは教育の場や看護の場に生まれる「接面」はたいていこれに属すると思います。要するに，空間的な「あいだ」を隔てていながらも，二者間で思いと思いが通じるような，独特の雰囲気がその「あいだ」に生まれるということです。そしてさらにその「あいだ」が広がって，大きなホールの後列にいる私とステージの上にいる演奏家の「あいだ」のように，物理的には相当大きな距離がある場合であっても，私が集中して演奏家に気持ちを向けていれば，そこに接面が生まれて，演奏家の思いや情動の動きがありありとこちらに伝わってくることがあります。ときには演奏家の鍵盤のタッチがまるで自分の指に起こったかのように感じることさえあります。その場合，物理的には相当大きな「あいだ」があるにもかかわらず，その「あいだ」があたかも無になって，間近にいるような，あるいは自分が演奏家と重なってしまったかのような錯覚を覚えるのがこの「接面」の特徴だと言えます。もちろん，こちらの気持ちが届かないほどその「あいだ」の距離がありすぎれば，そこに接面が成り立たないことはいうまでもありません。

　まとめると，物理的な距離の近さがそのまま接面を意味するわけではありません。皮膚と皮膚が触れ合っていても，接面が成り立たない場合があり，また距離が離れていても接面が成り立つ場合があります。しかし，容易に相手に志

向を向けることができるような適度な「あいだ」があるときにこの接面が成り立ちやすいことは明らかでしょう。

（2）「接面」の成り立ち

　接面は物理的空間ではないと言いましたが，ここで重視したいのは，気持ちを持ち出す，気持ちをそこに向ける，あるいは前章で取り上げた「寄り添う」という表現を使えば，気持ちを相手に寄り添わせるというように，一方が相手に，あるいは双方が相手に，気持ちを向けることが接面の成り立ちの条件となっているという点です。その意味では，「接面」は人と人のあいだで創られるものだと言ってもよいかもしれません。

　しかしながら，気持ちを持ち出すとか，向けるとか言うと，何やら一方の能動的な働きのように聞こえますが，では意図して接面を創ろうと思ったときにだけ接面が成り立つかと言えばそうではなく，意識していないのに，気がついたら相手に気持ちが持ち出されてしまっていたという事態がしばしばあります。実際，先に取り上げた少し離れているところから向けられる子どものまなざしに「先生，来て」という意味を感じ取るとき（あるいはその声にならないつぶやきを聞き届けるとき），そこにある接面は，いまこの瞬間に先生がその子に気持ちを向けたからというわけではないでしょう。むしろそのまなざしにふと気づき，気づいたその瞬間にはそこにはすでに接面はあったと言う方が，その事態を正確に言い当てているように思います。ふと気づいたというところから考えれば，いまから向けるというより，いつもすでに向けてしまっていたと言わなければならず，しかしそのことを当の本人は意識していなかったのです。接面が成り立ったところから考えれば，子どもという存在が大人の気持ちを「いつもすでに呼び寄せていた」と言うべきかもしれません。親や保育者が子どもに気持ちを向けるときというのはそのような事態ではないでしょうか。他方で，子どもはいつも自分の存在を親や保育者に認めてほしいと思い，「ここに来て，私を見て」という思いをいつも大人に向けているように思います（大人はしばしばそれに気づいていないかもしれませんが）。

もちろん，子どもが自分のしたいことに集中しているときには，大人にいま自分の存在を認めてほしいとは思わないかもしれません。しかし，何かに集中できていないとき，何かに行き詰まったとき，また何か落ち着かなかったり，寂しかったり，悲しかったり，面白くない気持ちになったとき，あるいは逆に楽しい気持ちになったとき，子どもは親や保育者に自分のいまのあるがままを認めてほしい，まなざしを向けてほしい，自分がここに生きていることを確認してほしいという気持ちになります。それはいつもすでに作動している子どもの側の「存在承認欲求」とでも呼べるもので，これが接面を創る条件の一方をなしています。

　他方で大人には，未熟な子どもに対する「根源的配慮性」がいつもすでに働いています。これは大人が「子どもが大事，子どもを愛している」という気持ちをいつもすでにもっているから作動するものです。仕事で多忙なとき，何かで手を離せないとき，自分のことで頭がいっぱいのときなどには，それが抑えられていますが，少し時間や心に余裕があると，ふとしたことをきっかけにそれが顔をのぞかせ，それが子どもとのあいだに接面を創る動きを自然に導きます。この接面を創る動きが大人の「養護の働き」と密接に結びついていることは，前章からの続きで理解できるのではないでしょうか。大人の場合，この子どもに対する根源的配慮性が周囲にも及び，他者を思いやる気持ちに連なっていきます。恋人やパートナーとのあいだに接面が生まれるのも，お互いに相手に対する「根源的配慮性」が働くからです。

　子どもと大人の非対等的な関係のなかで，「存在承認欲求」と「根源的配慮性」が結びつくとき，あるいは大人同士のあいだで双方の「根源的配慮性」が結びつくとき，そこに接面が成り立ってくると考えることができます。ですから，お互いにある意味で「いつもすでに気持ちを相手に向ける」状態にあるときに，ふとしたきっかけでそこに「接面」が成り立つと言えるのではないでしょうか。

（3）「養護の働き」が動くための条件である「接面」

　これまでの議論を踏まえれば，子どもの「存在承認欲求」は大人の「養護の働き」を求めるものであり，大人の「根源的配慮性」は「養護の働き」が実際に稼働するための背景的条件であることがおおよそ分かるはずです。子どもが親や保育者と接面を創ろうとするのは，大人の「養護の働き」によって，その「存在承認欲求」を満たそうとするからです。そして大人が接面を創ろうとするのは，幼い子どもへの「根源的配慮性」が下地にあるからですが，それによって接面が創られると，そこから一連の「養護の働き」が紡ぎ出されてきます。そして「養護の働き」に包摂される一連の保育者の働き，つまり前章の第2節で見た「子どもの思いを受け止めて」「子どものつぶやきに耳を傾けて」「子どもの目線になって」等々もまた，そこに「接面」が成り立つことによってその働きが生まれ，それが子どもに振り向けられていくのだと考えることができます。

　そうしてみると，接面を創るということと，「養護の働き」やそれに包摂される一連の働きは，連動していると見なければなりません。裏返せば，「養護の働き」が子どもを前にして発揮できないということは，子どもとのあいだに接面を創り出せないことと連動していることになります。そしてなぜ接面が創り出せないかと考えると，それは子どもを前にしたときに「根源的配慮性」が「いつも，すでに」働いていないからだ，というふうに考えることができます。

　実際，保育者の動きを保育の場で見ると，簡単に接面を創り出せて，子どもの気持ちが分かり，それを受け止めてというように，「養護の働き」をすっと紡ぎ出せる保育者がいます。他方で，真面目に保育の勉強に取り組んでいるのに，なかなか子どもの気持ちをしっかり受け止めることができない保育者もいます。そして後者の人はたいてい，子どもとのあいだで「接面」を創り出すことが難しいようなのです。それはいま見た接面を創るための条件である子どもを前にしたときの「根源的配慮性」が「いつもすでに働く」というように稼働状態にないからでしょう。では稼働させようと意識すればできるかというと，そういうわけにはいかないから，結局「接面」を創るのは難しいということに

なるのです。

その意味で、どうすれば接面を創ることができるのかは難しい問題ですが、おそらく、「子どもが可愛い」「子どもが大事」という保育者の思いがいつもすでにあれば、子どもを前にしたときの「根源的配慮性」がおのずから稼働し、それによって接面が創られ、そこから「思いを受け止める」「つぶやきに耳を傾ける」「存在を認める」といった、一連の「養護の働き」が紡ぎ出されて、子どもに振り向けられていくのだと考えることができます。

（4）「接面」で起こっている力動感が対人関係の鍵を握る

さて、接面とはどのようなものかを皮切りに、接面の成り立ちを概観し、それと「養護の働き」との繋がりを見てきましたが、では「接面」ではいったい何が起こっているのでしょうか。

まず接面は子どもと保育者が関わり合う場に生まれます。そこには当然ながら、子どもがこうした、こう言った、保育者がこうした、こう言った、という行動的事実が含まれます。これまでの保育者の記録は、そのような行動的事実だけを取り上げることに終始してきました。しかし、接面では、そうした行動的事実以上の何かが起こっています。その「以上の何か」にはいろいろなものが含まれます。

まず、子どもの内部でいろいろな気持ちや感情（情動）が動いているのがこちらに伝わってきます。たとえば、子どもの、こうしたい、こうしたくない、これがいい、これはいや、しまった失敗した、がっかりした、腹が立った、等々の思いや、嬉しいときのワクワク感、ドキドキ感、気持ちが落ち込んだときのションボリ感、腹が立ったときのイライラ感、等々の情動の動きや、さらにはゆったりした気持ち、はつらつとした気持ち、ぐったりした気持ち、飛び上がらんばかりの気持ち、等々、スターンが vitality affect（通常は「生気情動」と訳されていますが、私はこれを「力動感」と意訳してきました）と名づけた広い意味の情動の動きが伝わってきます。

そのとき保育者の心のなかでもさまざまな思いや感情（情動）が動いている

のが実感できます。そうだね，こうしてあげたいね，それはこまるよ，それはやめてね，等々の思いや，上に述べたのと同様のワクワク，ドキドキ，イライラ，ハラハラ，モヤモヤ，といった情動の動きや，ほっとする安心感，期待感，がっくり感，しっくり感など，さまざまな情動が湧き起こります（この「力動感」については，『エピソード記述を読む』（東京大学出版会，2012年）の187頁以下に詳しく説明しているので，それを参照してください）。

　人と人の「接面」で起こっているこの力動感は，人と人の身体を介して一方から他方に通じる性質をもっています。つまり，相手の内部で動いている情動は相手からこちらへと通底し，こちらの内部で動いている情動は逆に相手に通底します。それがお互いが分かり合うための情動的基盤になっています。つまり，従来，「相手の気持ちが摑めた」「相手の気持ちが身に染みた」「こちらの気持ちが相手に伝わった」というふうに語られてきたのは，この力動感が相互に相手に浸透するという事実に対応しています。ですからそれらはみな心の動きに関係し，対人関係の展開を左右する大きな意味，というよりもむしろ対人関係を動かしていく原動力といってもよい重要な意味をもっています。

（5）　人に関わる実践は「接面」で起こっていることに基づいている

　いま，接面で起こっていることは対人関係を左右する意味をもつと述べました。このことは人を相手に営まれるすべての実践に該当します。家庭での養育もそうです。保育も教育も看護もみな接面の営みがその展開の鍵を握っています。それは実践の当事者が一番よく分かっているはずです。

　ところが，いまさまざまな実践の場に従事する人は，与えられたプログラムに沿ってプログラムに指定された行為を相手に振り向けるだけの人になっているかのように見えます。介護マニュアル，看護マニュアル，保育マニュアルは，みな接面で把握されることとは関係なしに，定められたマニュアル通りに行為を振り向けていけば仕事として十分に成り立つという考えに委ねられています。どうしてそうなったかは後に述べるとして，本当は人へのアプローチはこの接面で起こっていることに基づかないわけにはいかないはずです。

たとえば保育の場で，一人の子どもが半泣きになりながら「先生なんか嫌いだ，先生なんか死んじゃえ」と言うとき，紙に書き起こされた文言（行動的事実）としては，この子は「先生が嫌い，先生なんか死ねばよい」という意味を伝えているように見えます。しかし，接面でこの子の言葉を聞いた保育者は，その言葉が真逆の意味をもっていて，その子からは「先生が好き，先生に嫌われたくない」という思いが溢れている（そういう情動が伝わってくる）のを感じ，「そうかぁ，でも，あなたは本当は先生のことが好きなんでしょう？　先生にはわかるよ」と笑顔で返すと，子どもが思わず先生にしがみついてくるといった経験をもつことがあるでしょう。このちょっとしたエピソードを見ると，行動的事実としての言葉は本心を偽る機能，というよりも本心を隠蔽しつつ本心を露わにする機能をもっていることが分かります。言葉はときに本心を偽ることがあっても，接面を通して伝わってくる情動は本心を偽ることが難しく，それゆえに接面で情動を把握できれば，その本心に見合った適切な対応を返していくことができます。

　いまの例を見れば分かるように，人を相手にする実践はみなこの接面で起こっていることに基づいています。「○○さんはこうしたかったんだね」という受け止める言葉も，相手の思いが接面から伝わってくるからです。逆に，「先生のおかげでだいぶよくなりました」という患者の言葉は，長く入院しても状態は何ら変わらなかった，何のための入院だったのか分からないという患者の憮然たる思いを，まさにほのめかしつつ隠蔽するものとして紡がれているのだということが，接面からいろいろなものを捉えることができる医療関係者にはしっかり伝わるでしょう。

　このように，養育であれ，保育であれ，看護であれ，人を相手にする実践のほとんどはこの接面で起こっていることに基づいて展開されています。だとすれば，なぜ，これまで接面で起こっていることを真正面から取り上げて，それを実践に生かすことが考えられてこなかったのでしょうか。ここに実践の立場がいま置かれている大きな問題があるように思います。

（6） なぜ現場では「接面」での事象を取り上げないのか

　一つは，実践者は接面からいろいろなものを把握しており，それゆえそれに基づいて実践をしなければと思いながら，しかし周りの状況がそれを許さないという問題です。たとえば，介護の等級を認定する立場にあるケアマネージャーのＳさんは，判定のためのマニュアルに基づいてチェックリストにチェックしていくと，結果的にＡさんもＢさんも同じ等級になってしまうけれども，実際に自分が接面で感じるところに従えば，ＡさんとＢさんは明らかに介護の必要度は違うと言わざるを得ないといいます。そしてその旨上司に伝えると，上司はマニュアル通りでよい，自分の主観を交えた判断を下してはならないと注意するのだそうです。これに類することが実践の場のいたるところで起こっています。つまり，接面で当事者が感じ取ったことは主観的で不確かであり，マニュアルに従って行動をチェックしたものは客観的で誰がやっても同じ結果が得られる確実なものだというわけです。こうした客観主義やエヴィデンス主義が，接面で感じ取ったものを抑え込む役割を強力に果たしているために，接面で捉えたものが実践に反映されないという事情が生まれます。

　しかし他方では，実践者が人とのあいだに接面を創ることができないから，本来は接面で起こっているはずのことが実践者に捉えられず，そのために子どもや患者や利用者の本心に迫ることができないという問題もあります。つまり実践者が子どもや患者を前に自分の心が十分に動かず，半ばロボットのように，決められたことをただするだけの実践者になってしまっているという場合です。この場合，実践者は生きた一個の主体として子どもや患者に現前していないことになります。接面を創ることができないということは，子どもであれ患者であれ，実践の対象となる人を前にしたときに，実践の当事者である自分が生身の人間としてそこに現前していないに等しいと言わなければなりません。視点を換えれば，実践者はロボット的に振る舞うことがよいのだと思わされるほど，自分の主体としての心の働きを疎外されているということでしょう。

　こうして，接面で何かを感じ取ってはいるけれども，それに基づいて実践が展開されていない場合から，接面で何も感じ取れなくなっている場合まで，大

きな幅があることになりますが，いま実践者は自分の実践がどのような意味で展開されているのかを改めて振り返ってみる必要があります。そして実践の本質に立ち返って，やはり接面で起こっていることに基づいて実践を展開できるようにならなければなりません。それは実践を向ける相手のためであると同時に，実践者自身が一個の主体として実践の場を生きるためでもあります。

　そこから振り返ってみれば，「寄り添って」や「子どもの目線になって」は「接面を創る」ことと同じ意味であり，「つぶやきに耳を傾けて」や「思いを受け止めて」は接面で起こっている目に見えないものを取り上げなさいという意味であり，したがって「養護の働き」は相手への根源的配慮性から接面を創り，その相手の存在承認欲求に応えようという意味をもっていることが分かると思います。ではなぜ，それほど実践の根幹に関わる重要なことがこれまでそれとして取り上げられてこなかったのでしょうか。

第2節　なぜこれまで「接面」で起こっていることが問題にならなかったのか

　保育者（実践者）の根源的配慮性は，子どもに対してだけ向けられるのではありません。「子どもの目線になって」は「相手の立場に立って」，「つぶやきに耳を傾けて」は「傾聴的態度を取って」と置き換えれば，そのまま看護や介護や心理臨床の実践に当てはまる議論であることは明らかです。そして前節の議論から，それら根源的配慮性に基づく実践者の重要な働きは，みな接面で起こっていることも明らかです。それが重要だから，その働きを促すそれらの文言が考え出されてきたはずだったのに，なぜそれらの文言が重要だとしていま現在の実践に生かされてこなかったのでしょうか。あるいはその重要性を単に重要だというだけで，実践にしっかり反映されてこなかったのでしょうか。この「なぜ」にもいろいろな答えが考えられます。

（1） 実践に影響を及ぼす学問的パラダイムの問題

保育に限らず，教育でも看護でも，あるいは心理臨床でも，その実践の営みの根幹に関わる部分について，先達が重要なことを数々指摘してきていました。それは当然のことで，その一端はこれまでの議論でも一部紹介してきた通りです。なぜそれがいまの時代に表立って取り上げられないか（取り上げられる場合でも，実践者養成の教科書の片隅に記される程度にしか取り上げられてこなかったのか）を考えるとき，実践に強い影響を及ぼす学問の客観主義的なものの考え方の影響を考えないわけにはいきません。

1）学問の客観主義の枠組みの影響

この点については『なぜエピソード記述なのか』（東京大学出版会，2013年）でかなり詳しく論じました。それを要約すると，①自然科学の屋台骨をなす客観主義の立場への憧憬から，人間諸科学もおしなべて客観主義こそが学問の土台と考えるようになり，その客観主義のパラダイム（基本的枠組み）に沿ってものを考えるようになったこと，②それにはまず，心や思いのような目に見えないものを極力排除して，目に見える行動や言動で人間科学を構成すべきであると考えるようになったこと，③そして，どういう条件のときにどういう行動が起こるかを予測することが行動科学としての人間科学の目標であると考え，学問が導く言説をすべて実証可能なもの，エヴィデンスとして示すことができるものに限定しようと考えたこと，の３点を差し当たり指摘することができます。

こうした学問の客観主義の動向は，保育学，教育学，看護学など，本来実践を中心に展開される教育や福祉の領域の学問に大きな影響を及ぼし，その客観主義が実践を取り上げるうえに必要な枠組み（パラダイム）だったのかどうかの吟味を十分に経ることなく，当然に正しい枠組みであるとしてほとんどの学問領域を席巻し，その支配力の強さが実践の中身にまで浸透してきています。その一端は，前章で「養護の働き」がなぜ十分に機能しなくなったのかを考えた際に，従来の「発達」の考え方の影響力を取り上げたところにも表れていま

す。従来の発達の考えは，まさに客観主義的な考え方のうえに組み立てられていて，それゆえに心の面の育ちが顧みられてこなかったわけですが，その発達の考え方が子どもを育てるという実践に入り込んできたために，「養護の働き」が十分に機能しなくなったと述べたのでした。

　しかし，学問の世界に客観主義のパラダイムが強固にあるとしても，それは学問の世界のことです。なぜ実践がそのような学問の枠組みの影響をこうも安易に受け入れてきたのかと問うと，そこには「学問が上位，実践は下位」という暗黙の了解が実践する側にも社会一般にもあって，実践の立場から実践に即した学問を立ち上げていくような気運にはなかったという現実を認めなければなりません。

２）私の抱く客観主義の枠組みへの疑問

　私は若い頃から，「人が人を分かる（あるいは分からない）」という領域こそ心理学が取り扱うべき領域と考えてきました。ところが学生の頃に学んだ心理学は，その領域を無視するか，入り込みたいけれども入り込めない領域とみなして，実質その領域に入り込まない姿勢を崩さず，むしろ行動科学として心理学を築き上げる方向に向かうというものでした。その当時の私はまだ自分の目指す心理学が実践と深く切り結ぶ内容になるという認識はなく，ただ，「人が人を分かる（あるいは分からない）ということに踏み込むにはどうしたらよいか」という観点から，自分なりの方法論を考えることが急務だと考えて，それに取り組んできました。そして，接面の議論に通じることになる一連の概念，たとえば「間主観的に分かること」「成り込み」「情動の舌」などの概念を導く一方で，「関与観察とエピソード記述」という私なりの方法論にたどり着くことになったのでした。

　その一方で，私は保育や障碍児教育の実践の場に入り込む機会が増え，自分の心理学が目指しているのは実践の中身を取り上げることに結びつくものだという漠然とした理解が生まれ，特にエピソード記述という方法を見出してからは，それは保育，教育，看護の実践を生き生きと描き出すうえに欠かせないも

のだという確信をもつようになりました。そして昨年（2013年），70歳になるその年に，ようやく「接面」という概念にたどり着き，この接面を真正面から取り上げることのできるパラダイムを「接面パラダイム」と名づけ，これを客観主義パラダイムに対置して，それによって私の考える心理学の立場を明確にすることができると考え，またそれによって実践の中身にも接近することができると確信するようになったのでした。この間の詳しい事情については『なぜエピソード記述なのか』（前掲書）を併せてご覧いただきたいと思います。

（2） 客観科学のパラダイムと接面パラダイムの違い

ここで，これまで述べてきた客観主義パラダイムと私が提唱する接面パラダイムの違いを概観しておきましょう。この二つのパラダイムの違いを明確に意識したのはいま触れた『なぜエピソード記述なのか』においてでした。この著書の冒頭に述べた一文はかなり明確に二つのパラダイムの違いを実践と結びつけて考えようとしています。そこでその一文を少し圧縮するかたちで再掲してみましょう。

「人と人の関係を問題にしようとするときに，人が人に関わる実践の場も，人と人の関係を扱う諸科学も，いまやその関係を単に行動と行動の関係に還元してしまい，実践の場では「人の行動を如何に変えるか」に関心を限局し，また人間諸科学も行動を変えるための理論を組み立てるのに躍起になっているように見えます。「行動中心主義」は確かに実践に携わる人には（そして保護者にも）分かりやすいものです。特に自分は何をすればよいのか，関わる相手に何をしてあげればよいのかというように，「なすべき行動」を明確に示すことを求める人，あるいは「なすべき行動のマニュアル」を求める人にとっては，この「行動中心主義」は課題解決の道筋を示すもののようにさえ思われるかもしれません。

人を外側から見れば確かに「行動」が捉えられます。人と人の関係も，外側から見れば行動と行動の関係のように見えます。けれども，行動を（行動だけ

を)取り上げることによって、人と人が関わり合うときに生じていることを真にすくい取っていることになるでしょうか。たとえば、「人と人の接面ではいったい何が起こっているのか」と問うてみるとよいと思います。人と人の関係を外側から眺めれば行動と行動の関係としてしか見えないとしても、人と人の接面に自分が当事者として関わってみれば、その接面では単に相手がこう言った、こうしたという行動だけでなく、相手の心が動いていることがまず摑みとれ、また自分の内部でさまざまな心が動いていることが実感されるはずです。その接面でのお互いの心の動きこそ、人と人の関係の機微をなしているもののはずです。それを取り上げずにすませられるものでしょうか。しかしながら、この人と人の接面で生じている双方の心の動きは、目に見えるものではないので、第三者には把握できず、当事者にしか摑めないものです。

　ここに一つの大きな岐路があるように私には思われます。つまり、接面で生じている目に見えない心の動きを当事者の立場で捉えて、その関わりの機微に入り込み、そこから人と人が共に生きることの意味を考えようとしていくのか、それとも、その接面に生じていることを無視して、あくまでも人と人の関わりを第三者の観点から行動的相互作用としてのみ見るかの岐路です。それは目に見えない心を当事者の意識に照らして議論する方向に向かうか、それとも目に見える行動に議論を限局して目に見えない心を排除する方向に向かうか、の岐路でもあります。

　客観科学は当事者性を排除して、無関与の立場の研究者が研究対象を常に外側から見るところに成り立つ学問です。ですから、客観主義を標榜する人間諸科学も、この第三者の視点を守ろうとし、当事者の視点を無視ないし排除しようとしてきました。そしてその学問の客観主義の姿勢が実践の現場にも持ち込まれるために、その実践の動向が行動中心主義に大きく傾斜してきているように見えるのです。私はそこに現在のさまざまな実践の場の危機があると見ています。実践の場は、何よりも人と人の接面で生じている心と心の絡み合いの機微から次の展開が生まれていく場です。実践者はその接面に関わる当事者として、相手や自分の心の動きを感じ取り、それによって相手への対応を微妙に変

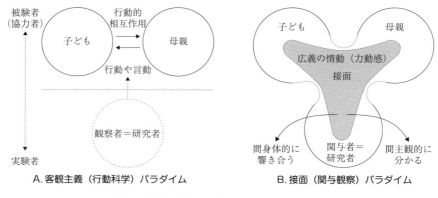

図2　客観主義パラダイムと接面パラダイム

化させて関わっているはずです。それなのに，なぜその接面で生じていることをすべて無視して，行動と行動の関係に還元する学問の影響をこれほどまでに安易に受け入れてしまうのでしょうか。実践の営みを客観的に書いた記録，あるいはデータにまとめられた資料は，本当に実践者に実践のアクチュアリティを伝えているでしょうか。翻って，私の主張するエピソード記述は，この客観主義，行動主義の流れに逆らう試みなのだという点を，研究者はもとより実践の立場のみなさんにも深く理解していただく必要があります」。

　かなり激越な調子の一文になっていますが，それは私のなかに実践の現状に対する強い危機感があるからです。この二つのパラダイムの違いをまず『なぜエピソード記述なのか』の23頁に掲げた上の図2を参照しながら，解説してみたいと思います。
　この図2は『ひとがひとをわかるということ』（ミネルヴァ書房，2006年）の119頁に示した図をアレンジしたものです。そしてその図は元々，私が1989年に外国論文の翻訳と私の論文を1冊の本にまとめた『母と子のあいだ』（ミネルヴァ書房，1989年）という編訳著において，自分の論文のなかに示した図（当該書291頁）に準拠したものでした。ですから，私はちょうど四半世紀前に，接面パラダイムにきわめて近い考えにまで行き着いていたことになります。し

第2章 保育の基本は「接面」での営みにある

かしそれを逆に見れば，その図から「接面パラダイム」という考え方に到達するために四半世紀もかかったことになります。

さて，客観主義パラダイムは図2のAに示すように，観察者が無関与で無色透明であることを前提とし，さらに観察者は研究対象（被験者＝協力者）から距離をとり，研究対象を外側に見て，目に見える研究対象の行動や言動をもっぱら記録するという態度で観察に従事するという枠組みです。

これに対して，私が取ろうとする接面パラダイムは図2のBに示すように，観察者は観察者と研究対象（被験者＝協力者）とで創る接面の一方の当事者であるということを前提とし，「その接面でいったい何が起こっているか」を研究者自身の身体を通して感じ分ける態度で観察に従事するという枠組みです。これは保育や教育や看護のように人と人が接する実践の立場にぴったり重なるはずです。

この二つを対照してみると，前者は**接面を消し去ることで**客観主義の枠組みを遵守し，観察者の代替可能性の条件を満たし，それによって，あくまで研究対象の行動や言動を客観的に明らかにすることを目指す枠組みです。つまり観察者＝研究者は黒衣で，研究者は研究対象の外側にいて，そこで何も感じないということが前提とされています。これは自然科学にとってはきわめて自然な枠組みですが，人が人について研究する際にふさわしい枠組みかどうかは大きな問題です。というのも，研究者は人間なので，研究者が人に直に接すると，必ずそこには何らかの接面が生まれ，そこで何かが感じ取られるはずだと思われるからです。そしてその接面ではさまざまなことが生じています。にもかかわらず，行動科学としての人間諸科学は，客観主義の枠組みを遵守する道を選び，接面で起こっていることを無視ないし排除してきたのでした。

他方，後者の「接面パラダイム」は接面の一方の当事者である研究者自身（実践者自身）がその接面で起こっていることを自らの身体を通して感じ取ることに重きを置く枠組みです。私のこれまでの著書で繰り返し議論してきた，**研究者自身に「間身体的に響き合う」「間主観的に分かる」という事態は，まさにこの接面に生じていることを取り上げようとしたものであり，それは研究者**

が接面の一方の当事者であるからこそ浮上してくるものです。私は『関係発達論の構築』(ミネルヴァ書房，1999年) 以来，「間主観的に分かる」という問題は従来の客観主義パラダイムと真っ向からぶつかるための戦略的な問題であると主張してきました。このことは，この図2でいえば，まさに接面で生じていることを取り上げるか否かの議論に対応するものです。

　さらに後者の接面パラダイムは，関与者＝研究者の位置に実践者がくると考えれば，実践者と実践対象との関係にそのまま引き写すことのできる枠組みです。保育や教育であれ，看護や介護であれ，あるいは心理臨床であれ，人が人に関わる実践の場では必ずや「接面」が生まれ，そこで生じていることがその実践の中身になります。というより，接面で生じていることこそ，実践では本質的な問題のはずです。接面で生じているのは，目に見える行動や言葉はもちろんですが，それだけではなく，目には見えない相手の心の動き，自分の心の動き，さらにはその場の雰囲気といった，接面の当事者には感じ取ることができても，接面の外部にいる第三者には感知できない豊饒な何ものかです。ですから，実践者が自分の実践の営みを振り返ろうとするとき，前者の客観主義パラダイムよりも，後者の接面パラダイムの方が明らかに日々の実践の実態に即しているはずです。にもかかわらず，実践者たちは前者の客観主義パラダイムに準拠した行動科学の言説に振り回され，肝心の接面の重要性を見失いかけています。この現状を，私はこれまでの議論のなかで批判してきたのでした。

　二つのパラダイムの違いを**「接面を無視ないし消去する枠組み」**と**「接面で生じていることを重視する枠組み」**に区別してみると，この二つのパラダイムがいかに相容れないかが分かり，またそこからいろいろなことが見えてくるはずです。そして言うまでもなく，「関与観察とエピソード記述」という私の方法論は，後者の枠組みに立とうとするところから導かれるものです。

　いま述べたように，保育実践はまさに図2のBのように「接面」で営まれています。そこで起こっていることを取り上げようと思うときに，初めて子どもの心が問題になり，子どもの「つぶやき」が問題になるのです。これまで「寄り添う」という表現で語られてきたことが，ここでは図2のBの灰色の三角形

第2章　保育の基本は「接面」での営みにある

部分を創り出すことを意味し，そこで保育者の心に届くものが，子どもの心の動きであり，子どもの「心のつぶやき」なのです。そして，その目に見えない子どもの心の動きが保育者に捉えられたとき，それを他の人に伝えるためにエピソードを書く必要が生まれるのだと考えることができます。つまり，誰にも聞こえる子どもの言葉だけが「つぶやき」なのではなく，耳には聞こえないけれども，接面を通して心に聞こえる「つぶやき」をキャッチできたときに，それを書き残し，それを他の人に伝えたいと思うときに始まるのが，いま私が全国各地で取り組んでいるエピソード記述なのです。

　これに対して，子どもを外側から見て，子どものしたこと，言ったことだけを取り上げるというように，心を問題にしない接し方が図2のAだと言ってよいでしょう。客観科学はもっぱらAで取り組まれてきました。その影響が保育の世界にも持ち込まれて，客観的な記録を取るようにという指導に繋がってきたのですが，私の考えでは，その客観科学の姿勢は接面を消す姿勢なので，本来は保育実践とは相容れないものだと思います。これは他の実践領域にもそのまま当てはまります。

　このように二つの姿勢を対比してみると，保育者が子どもの「つぶやきに気づく」ためにはBの接面が欠かせないことが分かるのではないでしょうか。

（3）　客観的な記録で実践を議論する傾向

　実践の営みは接面で起こっていることを中心に展開されているのに，それが必ずしも取り上げられてこなかった大きな理由はすでに（1）や（2）に述べました。その影響が実践の場に端的に表れてきたのが，記録の取り方の問題でした。

1）客観的な記録の取り方の指導

　養成校の学生や実践者を指導する立場の人は，そのほとんどが客観主義の枠組みで指導を受け，いまの指導するポジションを手にした人たちです。ですから，客観主義を後生大事に守るのだというような意識はなくても，自然にその

枠組みで物を考え，その枠組みで正しいとされることに向けて学生や実践者を引っ張っていこうとします。そこにはもちろん悪意はありません。自分は当然ながら正しいことを指導しているのだという意識しかないはずです。しかし，そこから導かれる記録の取り方の指導は，客観的に起こったこと，つまり，子どもの言ったこと，したことを書けばよい，というかたちになります。そして学生が実践現場で実習に臨むときも，実践現場の指導的立場の人から同じように指導を受け，接面で感じたことをその記録に交えると，「それはあなたの主観でしょう，そこは省いて，客観的に起こったことだけを書きなさい」と言われます。これは教育実習でも看護実習でも同様です。

このようなかたちで客観主義パラダイムは学問の世界だけでなく，実践の世界までも席巻し，その枠組みに従わなければ認めないといういわば「権力」を振るうようになりました。そうなると，客観的な記録とはそういうものなのだという認識に傾き，他の人もそうしているから自分もそうしなければという考えに導かれ，こうして全体としてそのパラダイムを強固にする方向に社会や文化全体が動いていくことになります。これが接面で起こっていることに目をつぶる動きを助長してきたことは明らかです。そしてその傾向が強まるなかで，今度は接面を創ること自体が難しくなるというように，実践の立場からすれば悪循環が生まれることになります。

２）客観的な記録に基づく実践の検討という流れ

さて，実践現場ではどこでも，実践の振り返りの必要，自分の実践を省察する必要が古くから言われてきました。そこでは「実践→記録→省察→新たな実践」という，願わしい螺旋状の展開が期待されることは言うまでもありません。しかし，実践とは決まりきったことをすることではなく，まさに実践者が接面で生じている何かを感じ取りながらその場を動かしていく営みです。そこにおいて実践者は常に接面の当事者として振る舞っているはずです。ところが記録が客観的に綴られるものにとどまると，その実践に実践者が当事者として関わっていたということがすべて消されてしまいます。子どもたちがこうした，こ

う言った，環境はこうだった，素材はこういうものだったという客観的に捉えられるものだけで実践が綴られるようになると，実践者はそこで消去されてしまうのです。

　私は長年公開保育に携わってきましたが，繰り返し公開保育が試みられ，その当日の保育についての省察がなされるにもかかわらず，保育の中身が公開保育によって前進したという話はほとんど聞きません。いつまでも同じところをぐるぐる回っているという印象です。どうしてそうなるかと言えば，記録が客観的な記録にとどまっていて，接面で起こっていることが真正面から取り上げられていないからです。そして，接面が取り上げられないということは，その接面の当事者である実践者が消されてしまい，それゆえ実践の本当の中身も消されてしまっているからです。こうして，公開保育は環境構成や保育教材など，いわゆる教材研究の議論に終始し，実践そのものは一歩も前に進まない結果になってきたのです。

3）経過記録，活動の記録，保育日誌に現れた問題点

　記録の問題は公開保育の記録ばかりではありません。保育日誌や経過記録，あるいは活動の記録など，実践現場はたくさんの記録で囲まれていますが，それがみな客観的な記録にとどまっているので，記録はあってもそれが次の実践になかなか生かされていきません。そしてその種の記録は，記録する人にとっては半ば義務的な記録になることが多いので（自ら進んで書きたいと思って書くものではないので），どうしても「こういうことがありました」というような報告書タイプの記録になり，ある意味で無味乾燥な記録になって，「こういうことがあった」という事実確認以上の意味をもち得ません。

　話を具体的にするために，まず，ある園のある日の保育の経過記録を提示して，「誰が見てもこうだ」という客観的記録では，保育の営みの大切な機微，つまり接面で起こっていることはほとんど消し去られてしまっている点を確認しておきましょう（以下は『保育のためのエピソード記述入門』ミネルヴァ書房，2007年，に収録）。

〈保育における経過記録〉
　「○月×日。今日は，お集まりの後に，はと組さん（3歳児クラス）は全員で○○公園にお散歩。3人の保育士が引率。途中，コンビニの角の交差点のところでUくんが散歩の犬に手を出しかけてほえられ泣いたが，それ以外は何事もなく公園に到着。全員公園の固定遊具で遊ぶ。Sちゃんが初めてブランコの立ち漕ぎに挑戦して保育士みんなで拍手。NちゃんとAちゃんはあずまやのところで二匹のカマキリが戦っているのを見つけ，その近辺にいた子どもがみな集まってその戦いの成り行きを見守った。今日は暑かったので，早めに水分補給をして，帰路に着く。帰り道，Nくんが他所の家の垣根の葉っぱに黄アゲハの幼虫を見つけたので，もうじきこれがチョウチョウになるよと説明した。11時20分に園に帰り着き，すぐに昼食の準備に取りかかった。……」

　上の経過記録は，書き手がその日の午前中に起こったことをできるだけ客観的に時系列に添って書こうとしたものです。しかし，それは「誰にとっても起こったのはこういうことだった」というように客観的な記録にとどめようとする姿勢が強く，自分がそこで経験したことを自分の観点から書くという姿勢はうかがえません。そのように指導を受けてきたのですから，それは当然です。
　ですから，集団全体の動きや子どもたちの行動は描かれていますが，書き手である保育者は黒衣のままで（消し去られていて），そのためにこの経過記録からは書き手の実践が浮かびあがってきません。保育者が自らも一個の主体として日々の保育を頑張っている姿が掻き消されているのです。
　このような記録からは，そこにあったはずの生き生きした保育の営みがうかがえません。だからこそ，この経過記録を読んだ一般読者は，保育など簡単なものだ，単に子どもを公園に連れて行って遊ばせておき，時間がきたら園に連れて帰って食事，午睡へと流れていけばよいだけの簡単な仕事だと誤解してしまうのです。ところが実際の保育の営みは，一人ひとりの子どもがそのときどんな気持ちでいたのか，保育者はどのようにそれぞれの子どもの気持ちを受け止めたのか，そこでどんなことを考えていたのかというように，常に接面で起こっていることを中心に動いています。つまり，子どもの気持ちと保育者の気

第2章　保育の基本は「接面」での営みにある

持ちが複雑に結びついたり途切れたりして動いていっています。その目に見えない，子どもの心の動きと保育者の心の動きとの繋がりや途切れ具合こそ，保育の中核をなす部分です。それこそまさに接面で起こっていることです。それにもかかわらず，それがこの経過記録では見事に消し去られています。

　たとえば，Ｓちゃんがブランコに初めて挑戦したこと，それに保育者たちが拍手を送ったことは，客観的に起こった出来事として確かに描かれています。しかし，そのＳちゃんがどんな思いで立ち漕ぎに向かったのか，立ち漕ぎしたときにどんな思いでいたのか，それを担任保育者はどんな思いで受け止めていたのか，どんなふうに声をかけようと思っていたのか，というように，接面で起こっていたはずの保育の最も重要な部分がこの記録には描かれていません。だからこの経過記録を書いた人は，「誰が見てもこのように書く」ということを実行するだけの，没個性的な記録者のような印象を受け，書かれたものも単なる午前中の報告書という印象を受けるのです。

　この経過記録のなかから，Ｓちゃんの立ち漕ぎ場面を担任保育者がそのときの自分の思いを交えてその接面で経験した通りに描き直したエピソードが次のものです。

〈エピソード：「立ち漕ぎ」の場面〉
　「Ｓちゃんは，普段はおとなしく，積極的に自分からこうしたいと思って遊ぶ子どもではありません。いつも周囲の子どもたちのすることを見ているばかりで，自分から遊びの輪に入ったり，自分から友だちを誘ったりする姿がなく，そのことが私にはいつも気になっていました。公園に出かけても，いつも他の子どもが立ち漕ぎをしているのを羨ましそうに見ているだけでした。
　ところがそのＳちゃんが，今日は，それまで立ち漕ぎしていたＮ子ちゃんがブランコを降りて滑り台の方に行ったすきに，初めてブランコの台に自分から立ったのです。私が「へえー，今日はどうしたんだろう，いつもは見ているだけなのに」と思って見ていたところで，Ｓちゃんは最初はこわごわと，それからゆっくり慎重に立ち漕ぎを始めました。そのＳちゃんの姿を見て，私は思わず「Ｓちゃん，すごーい！　立ち漕ぎできたね！」と声をかけ，それに気づいた周りの保育士たちも，一

109

斉に拍手してＳちゃんを誉めそやしました。そのときのＳちゃんは，いつもの無表情のＳちゃんではなく，得意な表情のＳちゃんでした……」。

　このエピソードを読むと，まずその場の出来事が生き生きと読み手に伝わってきます。そして担任保育士はこれまで，Ｓちゃんの引っ込み思案な様子を普段から気にかけていたことが分かります。そういう〈背景〉があるところに，Ｓちゃんが自分からブランコの台に立つという出来事が生まれ，それを見た保育者には，「へえー，今日はどうしたんだろう」という気持ちが湧き起こります。それは，普段のＳちゃんの様子とは違うことへの驚きから生まれています。そして実際にＳちゃんの立ち漕ぎがはじまってみると，それまで自分がＳちゃんに抱いていたネガティブな見方が覆されると同時に，思いもかけないかたちでＳちゃんが自分で自分の殻を破ってくれたことへの喜びがこの保育者に込み上げてきます。それが「すごーい！」という声が思わず紡ぎ出されてしまう理由です。そして保育者たちの映し返す声や拍手を聞いたとき，Ｓちゃんは自分で始めた今日の挑戦の意味が自分にも分かって笑顔になったのでしょう。これらのことはみな接面で起こっていることを取り上げたものです。

　書き手であるこの保育者は，普段から元気な子や元気のない子に取り囲まれ，そのなかで子ども一人ひとりを気遣い，それぞれの思いを受け止めながら，それぞれの子どもが少しでも元気に保育の場を過ごせるように，その都度，子どもの思いに丁寧に応えるかたちで保育を紡いできていたに違いありません。そういうさまざまな思いをもった保育者と，またさまざまな思いを抱えた子どもたちが，思いと思いをぶつけ合ったり，受け止め合ったりしながら，共に生きることがまさに接面での営みであり，それが保育なのです。

　これまでの議論を振り返ってみると，従来の保育の経過記録や活動の記録には「記録は客観的でなければならない」ということについての思い込みがあったことに気づきます。つまり，「客観的でなければならない」ということを，「誰にとってもこうだった」という面だけにとどめなければならないと考え，「自分にとってこうだった」をそこに含めてはならないと思い込んでしまった

ことです。しかし，接面で起こっていることを描き出すためには，「誰にとっても」の枠内にとどまっていたのでは十分でなく，**「誰にとってもこうだった」を満たしながら，なおかつ，「自分にとってこうだった」の部分を大事なこととして描き出さなければなりません。**

　ちなみに，いくつかの研修会でこの経過記録を資料として示したところ，かなりの数の保育者から，「自分もこれまでこれとそっくりな記録をつけてきていた」とか，「うちの園でつけている記録とそっくり」という感想が寄せられたので，この種の記録が現在でも多くの園で記されているのはほぼ間違いないところだと思います。

　さて，いまの経過記録と接面を描いたエピソードとを対比してみると，前者は図2のAに対応し，後者はBに対応するのが分かるはずです。客観主義の枠組みの指導の下に客観的な記録にとどまるということは接面を消すことだという事情が，この二つの図を対照して見れば明らかだと思います。そしてこれまでは客観主義の枠組みこそが正しいという信念の下に，実践者自身が肝心の接面での出来事を自ら消してきていたことに気づくはずです。

（4）「接面」の当事者である実践者が消され，黒衣にされてきた

　接面が取り上げられてこなかった理由のもう一つの大きな問題は，上にも触れましたが，接面の当事者である実践者が消去されてきたことです。ちなみに先の図2のAとBを対比してみると，Aでは観察者は点線の円で描かれています。客観主義パラダイムでは，観察者は誰とでも代替可能な，もっぱら見たものを客観的に記録するだけの存在という位置づけです。誰が見てもこう記録するという観点，つまり観察者の固有性や独自性はみな消去して，透明な目として観察に臨むことが目指されています。本当は観察者も人間なので，人の前に出るとそこで多くの場合に接面が生まれてしまうのですが，この客観主義パラダイムではその接面で起こっていることは一切無視して，観察対象の側に起こっている行動と言動だけを記録する人ともくされています。そうであるからこそ，他の観察者との置き換えが可能なのであり，それゆえに客観主義の枠組み

を遵守することができるのです。

　これに対して先のBでは，観察者は接面のなかに含み込まれ，接面の当事者の一人であるという位置づけです。だからその接面で起こっていることを記録に残せるのですが，しかしこの観察者は，誰とでも置き換え可能な人ではなく，これまでの生き方や経験を背負った，その意味での固有性と独自性をもった主体としてその場に臨んでいます。ですから，その接面で感じ取ったことも，その人ならではの部分が必ずつきまとい，誰もが同じようにそれを感じ取るという保障ができません。ここに接面パラダイムが客観主義パラダイムとはっきり異なる事情が示されています。

　このAとBの違いを踏まえれば，先の経過記録はまさにAの枠組みで記されたもので，それゆえに書き手は接面の当事者としては消されています。これに対して，エピソードでは，書き手は接面の当事者としてそれを書いていますから，そこには書き手のさまざまな思いが同時に書き著されています。自分がSちゃんをこれまでどう見ていたか，そこでどのように驚き，どのように喜んだか，それはみな当事者である書き手の固有性と独自性に由来するものです。ですからそこでは「私」という主語が欠かせません。そして「私」という主語を持ち出すからこそ，この書き手が一個の主体としてその場を生きていたことが浮き彫りになるのです。後に見るエピソード記述がいま保育の世界に広がってきたのは，一つには保育者を接面の当事者として取り上げる面がエピソード記述に含まれているからだと思われます。接面の当事者である「私」の立場で書くのがエピソード記述なのですから，ここで「保育者」という主語を立ててしまうと，その「私」の固有性が掻き消され，保育者が誰とでも代替できるかのように読めてしまいます。それゆえに，私はエピソード記述においては，自分を指す意味で「保育者」という言葉を使うのを避け，そこでは「私」という主語を立てるべきだと研修の場では主張してきたのでした。

　ところで，実践者が接面の当事者として消去されたのは，客観主義の枠組みのためだと述べてきましたが，それに加えて，実践者自身が当事者としての自分を消したいと思う一面もそれに絡んでいたことを見逃すわけにはいきません。

第2章 保育の基本は「接面」での営みにある

　つまり，実践者の当事者性を認めることは，その実践にその実践者が当事者としての責任をもつことを意味します。もちろんこれはどの実践の場にも当てはまることですが，その場合でも，もしも実践者が誰とでも置き換え可能な実践者一般の資格で実践に臨み，定められた実践内容をただ黙々とこなすだけの人であって，そこに自分の固有性も独自性もないものとすれば，その実践の当否は，実践者自身にはなく，定められた実践内容の問題であると言わざるを得ないでしょう。

　いま実践の場で実践者の本音を聞けば，実は当事者としての責任を負いたくない，自分は黒衣で決められたことをするだけでよいと言う人が少なからずいます。これは実践者に限らず，仕事として決められたことをする立場の人がしばしば口にすることでもあります。特に保育の場のように，ちょっとした失敗であっても保護者に強く責められる状況にあるとき，自分の実践を描き出すことによって，自分の実践の拙い部分まで曝け出すことになるのではないか，それは嫌だと思う人が出てくるのは仕方のないことなのかもしれません。

　しかし，これまでのエピソード記述の研修に付き合ってきた私の経験からいえば，多くの保育者は，接面で起こっていることをエピソードに書くことによって，自分が保育実践の当事者として大きな責任を負っていることをむしろ自分のプライドを満たすこととして前向きに受け止め，保育者である自覚と責任を感じ，それゆえに保育者アイデンティティを見出せたと語ります。それを裏返せば，記録を書くような場合に，保育者は従来の客観主義の強い枠組みの下で，自分の当事者性，したがって主体性を消してきたと言わざるを得ません。そしてそのことによって，接面で起こっていることが同時に消されてきたのでした。

　繰り返しになりますが，図2のAとBは，前者は接面を消去した枠組み，後者は接面を取り上げる枠組みと，明確に異なっています。問題は実践の立場がどちらを取るかです。接面で起こっていることを消去することは，実践をロボットに任せるに等しいこと，つまり人間的実践の死を意味することだと思います。

第3節　子どもの心は「接面」を通してしか把握できない

　前節の図2に見るように，Aの客観主義パラダイムは接面を消す枠組みなので，接面で生じているさまざまな力動感を問題にすることができません。せいぜい，表情から内面の動きを推測することしかできない枠組みです。これに対して，Bの接面パラダイムは，そこにさまざまな力動感が生起することを接面の当事者として感じ取ることのできる枠組みです。学問研究はともかく，実践はまさにBの枠組みで営まれています。そして子どもの心はこの接面において初めて取り上げることができるのです。

　というよりも，実践の立場はそれと意識することなく接面を創り，その接面で起こっていることから子どもの心を感じ取って，それを実践に繋げてきていました。これまで保育の現場が客観主義パラダイムに引きずられて記録をとり，それゆえに保育にそれが生かされないと述べたり，客観主義の枠組みに沿おうとするために接面が創れなかったりする場合があるなど，マイナス面を取り上げて論じてきました。しかし実際には，記録や研究を別にすれば，心ある実践者は「子どもに寄り添って」そこに接面を創り，その接面で起こる「子どものつぶやきに耳を傾け」，そこから把握される「子ども一人ひとりの思いを受け止め」，それから保育者の願いを子どもに伝えていくという実践を展開してきていたはずです。本節ではその間の事情を取り上げてみたいと思います。

（1）　保育者のこれまでの実践のなかにすでにある「接面」の議論

　いまでこそ，「力を，力を」という社会的風潮のなかで，あるべき保育のかたちが歪み，保育者主導の保育が目について，それゆえに心を育てる保育に舵を切り直す必要があるなどと述べてきましたが，しかし接面の議論を持ち出すまでもなく，心ある保育者はその素朴な実践を通して子どもの心を育ててきていました。

　私が『原初的コミュニケーションの諸相』（ミネルヴァ書房，1997年）の冒頭

で,「なぜ保育者には子どもの思いが摑めるのか」と問いを立てたのも,学問の立場は「人の思いが分かる」という日常的に営まれている対人関係の最も重要な部分を取り上げることができなかったからです。そして私自身,その当時はまだ保育の場に臨んでも,そこで子どもとのあいだに容易には接面を創ることができませんでした。それは研究者としての自己形成の途上で客観主義の枠組みで物事を考えることに慣らされてきていたからです。そのために,その本の冒頭では「保育者のように子どもの気持ちを摑むこと」が私にとっての当面の課題だとさえ述べたのでした。

　つまり,「寄り添って」「つぶやきに耳を傾けて」「一人ひとりの思いを受け止めて」関われば,子どもの心は摑めるということですが,その経緯をいかにして学問の枠組みに載せていくかが私の研究者としてのこれまでの取り組みでした。要は保育者の実践からいかに学ぶか,その実践をいかに学問に取り込んで表現していくかが当時の私の課題だったと言ってもよいでしょう。その際,従来の客観主義パラダイムとは違う方法論を導かなければこの「子どもの思いが分かる」という,実践者にとって当たり前のことが取り上げられないという直観はありました。そしていま,ようやく接面パラダイムというところまで漕ぎ着けたのですが,そうして学問のパラダイムの全体像が見えるまでに,私はかなり長い年月を要したことになります。しかしその間,私は接面パラダイムに関連するさまざまな概念をそれとは気づかないかたちで導いてきていました。それは実践者のしていることに自分を重ね,半ば実践者の実践を「まねぶ」かたちで,自分なりに納得のできる概念を編み上げる試みだったように思います。

(2)　間主観的に分かること:「接面」の中核にあるもの

　こうして導かれたのが,1986年の「初期母子関係と間主観性の問題」という論文に初めて取り上げた「間主観的に分かる」という概念でした。それまでの経緯については『原初的コミュニケーションの諸相』に記され,『なぜエピソード記述なのか』にまとめられた箇所がありますので,それをここに再掲してみます(当該書,37頁)。

「私が保育の場に関わるようになって最初に驚いたのは，私には子どもの行動しか見えないところで，保育者が子ども一人ひとりの思いを分かって対応する場面に何度も遭遇したことでした。たとえば，Aくんが何もしないで突っ立っているように私に見えたところで，保育者は「Aくんもあのグループで遊びたいんだね，入れてって言えばいいんだよ」と言葉をかけます。Aくんの「遊びたい」という思いがどうして保育者には分かるのだろう，私には分からないのに，というのがまずは驚きでした。当時の私がまだ子どもを外側からしか見ることができないでいるのに対し，保育者は子どもの心の動きに寄り添い，心の動きを摑んで対応しているから，こういう違いが生まれるのです。
　なぜ目に見えない子どもの思いが保育者には分かるのかという問いは，言うまでもなく，私が初めて研究誌に取り上げた「間主観的に分かる」というテーマそのものです。フィールド研究に取り組み始めてみて最初に行き着いた問いがこのテーマですが，これは決して偶然ではありません。
　「その子の思いが分かる」ということ，つまり相手の主観のなかの出来事がこの私に「分かる」という問題が「間主観的に分かる」ということの基本形です。これが対人関係の機微に関わる中核的問題だと思われたのは，私自身のフィールド経験や家庭生活のなかで，相手の気持ちが間主観的に分からないことがどういう帰結をもたらすかについて，幾多の苦い経験があったからです。実際，人と人の接面で間主観的に分かることがあるから次への対応が生まれ，その積み重ねが人と人の関係のありようを変えていくことを，私は自分の生活のなかでも，また保育の場でも何度も目の当たりにしてきたのでした。この「間主観的に分かる」という問題は私の心理学の主題にとっては中核的な意味をもつ問題です。研究者（実践者）自身の体験をベースに研究を展開しようという試みは，研究者（実践者）の当事者性が前面に出ることを意味しますが，この当事者性の中心にくるのが「間主観的に分かる」という問題だからです。間主観性の問題こそは，人と人の接面で生じていることをその接面を生きる当事者として捉えることの中核にくる問題だといえます。しかしこれは，従来の行動科学の枠組みによっては捉えられない問題，従来の枠組みに立つ研究が決して

取り上げようとしてこなかった問題でもありました。その意味でも，間主観性の問題こそは，行動科学の枠組みと真っ向から対立する問題だったのです。そしてエピソード記述をいかに書くか，いかに読んで理解するかの鍵を握るのも，これまでの一連の著書が示すように，人と人の接面で「間主観的に分かった」ことをどのように書くか，また読み手がそれをどのように「分かる」かなのです。ですから，これをいかに主題的に論じるかは，私のパラダイムにとっては死活問題だったといわなければなりません」。

＊＊＊

　保育者の実践のなかで苦もなく実現されていることのなかに，学問が及ばないことが含まれている，そこに早くたどり着かなければという思いが，この「間主観的に分かる」という概念を導きました。これに端を発し，さまざまな関与観察の具体例を踏まえて，「成り込み」という概念にも行き着きました。その経緯は第1章で簡単に触れたところです。これは自分を子どもに重ねて子どもの立場を生きるというある種の魔術的な子どもへの関わりですが，この成り込みによって，親や保育者はさまざまな対応を導いています。そしてこの成り込みが私自身の経験のなかにいくつも含まれていることに気づかされたのでした。そして「気持ちを持ち出す」「寄り添う」という保育の考えをさらに情動領域で先鋭化したときに，「情動の舌」という概念にも行き着きました。これは自分の「ここ」から子どもの「そこ」へと身体と身体の「あいだ」を超えて情動が相手の身体に届くという事態を表現したものです。これも養育者の子育てや保育者の保育実践から導かれたものでした。

　これらは，いま，接面という概念を手にしてみると，すべてが接面で起こっていることを取り上げようとしたものであることに気づきます。そのなかでも特に「間主観的に分かる」という問題は，これまで行動科学と対決する意味をもつものと早い時期から意識してきました。間主観性の問題こそは，私の立場と行動科学の立場とを右と左に振り分けるものだったのです。これも先の図2のAとBを並べてみれば，「間主観的に分かる」は接面パラダイムの中心的問題であり，それがAの接面を消す枠組みでは問題にできないことは，いまにな

ってみれば当然のことのように思われます。

(3) 心を育てる保育のためには「接面」での営みが鍵を握る

　保育では子どもと保育者のあいだで創られる接面での営みが重要で，それが子どもの心の育ちと深く結びついています。第1章ではこれを「養護の働き」という観点から詳しく見ましたが，ここでは保育者の書いたエピソード記述を下敷きに，この接面での営みに焦点を当てて考えてみたいと思います。

❖エピソード：「叱られる……」

K保育士

〈背　景〉
　Dちゃん（3歳11カ月）は，天真爛漫という言葉がぴったりの女の子。母子家庭であるが，送迎も祖母が行っており，祖母にゆったりと関わってもらうことが多く，一つの遊びをはじめると，じっくりと自分が満足するまで遊んでいる。活動の節目での切り替えには少々時間を要するが，自分のペースで身の周りのことも行い次の活動に移っている。泥団子を作った日には，絵本で泥団子の載っているページを探し「ほら見てお団子あるよ。作ったね」と知らせにきたり，経験したことを掘り下げて探求したりする一面もある。給食中には，ある程度集中して食べているが，途中にトイレに行ったりすることもあり，そんなときには，給食が途中であることも忘れ，遊びへ向かってしまう日もある。自分の気持ちが上手く伝えられないときには，泣いてしまうことも多いので，そんな時にはまずDちゃんの気持ちを大事に受け止めて，気持ちの切り替えができるようにしている。

〈エピソード〉
　ある日の給食後のこと。Dちゃんは食べ終えた後に食器の片付けを済ませ，トイレへ向かった。用を済ませてニコニコと帰ってきて，そのまま大好きなま

まごとコーナーへ向かった。まだ食べている子もおり，1人の保育士はそちらに，私は着替えている子と遊んでいる子の両方を見ていた。Dちゃんが歯を磨いていないことに気づいた私が「Dちゃん歯を磨いてないよ」と伝えると「はーい」と素直に返事をして走って行った。椅子に座って自分で歯磨きをし，仕上げ磨きをしてもらったDちゃんは，うがいをしに部屋の外にある水道のところへ向かった。しかし一向に帰ってくる気配がなく，部屋の後方にあるドアから私がのぞいてみると……。水道の所に座り込みコップをひっくり返してコップの底に水を当て，その跳ね返る様子を眺めて楽しんでいた。「あらら，やってるなぁ」と思った私は「Dちゃ〜ん」と呼んでみた。こちらを向いたDちゃんの表情は私と目が合うなり一瞬で曇り，「叱られる……」と思った様子がうかがえた。そこで私はとっさに笑顔を作り「コップ，ぴかぴかなった？」と明るく聞いてみると，Dちゃんの曇った表情が一変し，「え〜」と笑顔に変わる。「ぴかぴかなったら帰ってきてね」と伝えると，すぐに水道を止めて足取りも軽く帰ってきた。そして再びままごとコーナーへと笑顔で走っていった。

〈考　察〉

　Dちゃんの表情を見たときに，いままでの子どもたちに対する自分の関わりを痛感する出来事であった。名前を呼んで目が合ったときのあのDちゃんの表情が忘れられない。「遊んでいる所を見られてしまった，きっと叱られる……」というDちゃんの気持ちが手に取るように分かった。いままでの私の関わりのなかでそういう思いにさせてしまったことがたくさんあったのだろう。大反省させてもらえたDちゃんに感謝である。自分が伝える言葉一つで，こんなにも子どもの気持ちや表情が変わるんだ。私は，どれだけ子どもの気持ち（表情）に心を傾けてこれたのだろうか……。このことを機に私の意識が随分と変わった。楽しそうなことはなんでもやってみたい3歳児。「あらら，えらいことになってるなぁ」と思うことも毎日のなかで多々あるが，子どもたちの気持ちを汲み取り，子どもたちの心が「ふわぁっ」と明るくなるようなそんな伝え方をしていきたいと思う。給食から遊び，昼寝へと移行していく時間帯，掃除，机

や椅子の片付け，布団敷き等，保育士も動きが多く余裕がなくなるときでもある。しかし早く次のことに移りたい……という思いは自分本位の考え以外の何物でもない。時間通りにいかなければデイリープログラムを見直せばいいのだ。日によっては担任間で声をかけ合い時間をずらせたりもしている。子どもの心を育てる保育を心がけ，一つひとつの関わりを大事にしていきたいと思う。

◆私からのコメント

　全体としてとても分かりやすいエピソード記述だったと思います。まず〈背景〉ですが，取り上げるDちゃんの背景がしっかりと分かる内容になっていると思います。強いて言えば，母との関係はどうなのか，クラスは何人の子どもがいて，保育士は何人かなどの保育の体制にも触れてもらえると，保育の実態がもっと読み手に分かってよかったかもしれません。

　〈エピソード〉は給食後のDちゃんの一連の行動が的確に描かれています。歯磨きがまだの状態から歯磨きからうがいへと移っていくなかで，いつのまにかDちゃんが見えなくなり，書き手がドアから覗いてみると，コップの底に水道の水を当てて遊んでいるDちゃんが見えます。そこで「Dちゃ～ん」と呼んで目が合うと，Dちゃんが「叱られる」という表情になったのに気づき，とっさに笑顔を作り「コップ，ぴかぴかなった？」と声をかけたら，Dちゃんは笑顔になり，水道を止めて帰ってきたという内容です。一瞬目が合ったときの双方の思いと表情が目に見えるようで，まさにエピソード記述ならではの場面だったと思います。叱られるのではと思ったDちゃんが笑顔になったのは，保育者の笑顔と言葉かけのトーンから，自分のしたことを保育者が肯定的に受け止めてくれたのだとDちゃんが分かったからでしょう。強いて言えば，「コップ，ぴかぴかなった？」という言葉かけよりも，Dちゃんがコップの裏で跳ねる水を面白いと思っているその気持ちを受け止めるような言葉かけができれば，私としてはその方が子どものいまの心に寄り添えた言葉かけではないかと思います。多分，Dちゃんはコップをぴかぴかにしようと思って水を出していたのではなかったと思うからです。

〈考察〉はとてもよい内容になっていたと思います。目が合った瞬間の「叱られる」という表情を見て，これまでの自分の保育のあり方や言葉かけが反省させられた，これまでは子どもの気持ちを受け止めることが十分でなかった，言葉をかけるにしても，子どもの心が「ふわぁっ」と明るくなるような伝え方をしていきたい，という反省は，まさに「子どもの心を育てる」という主旨にも合致する内容だったと思います。

　このエピソード記述は，いま全国で展開されているエピソード記述研修会の一つにおいて，ある保育者から事前に送られてきたものに〈私からのコメント〉を付したものです。当日の研修会ではこのエピソードが参加者たちによって読み合わされ，意見が交わされ，その後に私のコメントが返るという流れで進行していきます。

　さて，このエピソードを「接面」で起こっていることを中心に振り返ってみると，何といっても，書き手が「Ｄちゃ〜ん」と声をかけて目が合った瞬間に，Ｄちゃんの表情が一瞬にして曇り，「叱られる」と思った様子がうかがえたと書かれているところが，接面で起こっているＤちゃんの心の動きを書き手が的確に描き出している部分でしょう。次の瞬間，書き手はとっさに笑顔を作り，「コップ，ぴかぴかなった？」と言葉を紡ぎました。ここに接面での保育の営みが凝縮されています。とっさに笑顔になったのは，叱られるというふうに思わせてしまったそれまでの自分の保育の至らなさへの反省が一瞬のうちに頭を巡ったからでしょうし，その後の言葉かけも，その表情を見て一瞬自分が「あっ」と思ったことを穴埋めするようなとっさの言葉かけだったのでしょう。そこから振り返れば，接面で起こっていることは単に「いま，ここ」の出来事だけではありません。単にコップの底に水を当てて楽しんでいる子どもと，それを見つけた保育者というその場の出来事だけでなく，歯磨きをして手を洗ったら午睡の準備に入るといった，ルーティン化したそれまでの保育の日常があり，それを繰り返し経験し，そのルーティンから外れたときに，たびたび保育者からお小言を頂戴した経験があったからこそ，保育者と目が合った瞬間にＤちゃ

んは「しまった，叱られる」と思ったのでしょう。そして保育者の方も，それまで子どもの気持ちを受け止める前に叱る対応をしばしばしていたという経験があって，そのうえに研修のなかで「子どもの思いを受け止めてから，保育者の願いを返す」という講義を受けた経験が重なり，ここで叱ってはいけない，まずはDちゃんの思いを受け止めなければと思ったから，とっさに笑顔を作ってその場を埋め合わせる言葉を紡いだのでしょう。「いま，ここ」での出来事が「かつて，そこで」を引きずり出し，それによって「いま，ここ」での双方の出方が微妙に屈折します。それが接面で起こっていることに基づく保育の営みの機微なのです。

　そして，叱られずに笑顔で受け止めてもらえたという思いがDちゃんから笑顔を引き出すわけですが，それはまた自分の存在が否定されなかった，保育の先生は私の存在を肯定してくれたという思いに繋がります。それが先生に対する信頼感と自分の自己肯定感に結びついていくのです。接面での何気ないやり取りの裏でこのような双方の複雑な思いが絡み合っています。それはみな双方の接面での心の動きに端を発しています。

　子どもの思いを受け止めるという「養護の働き」の研修を受ける前までは，この書き手も受け止める前に叱ってしまうことがしばしばあったのでしょう。コップの裏に水を当てて遊んでいるのを見つけたとたんに，「Dちゃん，何しているの！　いまは，何をする時間？」というように，保育者の願う行動に向けて強く子どもを引っ張ってしまうような保育になっていたのかもしれません。現にそれは多くの保育現場でしばしば見られる風景です。しかし，そのような保育者主導の対応においては，Dちゃんの「いま，ここ」での思いは顧みられません。子どもを前にした「根源的配慮性」よりも保育者の主導的な思いが優ってしまうからです。それはそこに接面が創られていないからということでもあります。叱って善悪を教えるというのは多くの人が口にすることですが，そのような対応によって子どもに規範意識が定着することはまずありません。子どもはいけないことをしたから叱られたとは思えずに，端的に自分の存在が否定されたと取ることが多いからです。そうなれば，先生への信頼感も，それと

結びついた自己肯定感も揺らぎ，結果として心の育ちには繋がりません。心の育ちは保育者の「根源的配慮性」に裏打ちされた「養護の働き」がなければ，決して定着していかないのです。

　ですから，このちょっとしたエピソード場面は，いまの我が国の保育を左右に振り分けるほどの中身をもつものだと言っても過言ではありません。今回のエピソードのような展開になるのか，いま取り上げた，叱って規範を示すような展開になるのかの分岐が問題です。そしてそのいずれになるかの鍵を握るのが，そこに接面を創ってそこで起こっていることに基づいて保育を展開するのか，保育者主導の保育に流れるかの分岐です。ここにいま，接面を取り上げ，そこで起こっていることに基づく保育を提唱し，それが子どもの心の育ちに繋がると主張したい理由があります。

第4節　「接面」で起こっていることはエピソードに書かない限り人に伝えられない

　接面ではさまざまな力動感が動いています。前節のエピソードの例でも，目が合った瞬間の「しまった」という思い，叱られるという一瞬の身の縮む思い，そして叱られなかったと分かったときのほっとした思い，そして書き手の保育者の「あれ？　水遊び？」という意外感，「やれやれDちゃんまたか」という思い，そして「叱られる」という表情に「あっ」と思ったり，「はっ」と気づいたりしたことなど，その場面には実に多様な力動感が立ち現れています。それらがみなその場を生き生きと動かしていく原動力になっています。

　しかし，これまで見てきたように，これは接面の当事者には分かっても（把握できても），接面の当事者以外にはほとんど分かりません。接面の外にいる部外者には，していることや言動は分かっても，その力動感は伝わってきません。ここに，接面で起こっていることをどのようにして他の人に伝えることができるのかという問題が生まれます。それがエピソードを書くということに繋がります。

（1） エピソード記述とエピソード記録の違い

　接面で起こっていることをエピソードに書くということを論じる前に，エピソード記録とエピソード記述の区別に言及しておきたいと思います。両者の区別をしっかりしておくことが，エピソードをどう書くかに関わってくるからです。

　まず，接面で起こったさまざまな出来事のなかでも，自分にとって印象深かったこと，心揺さぶられたことを書くのがエピソード記述の主旨です。接面で起こる無数の出来事のなかから，どれを取り上げ，どれを取り上げないかが問題になりますが，保育者にとっての印象深い出来事，あるいは保育者が心揺さぶられた出来事を，忘れないうちに簡単に自分のノートに書き記しておく必要があります。普段の保育のなかでちょっとした合間に，同僚に向かって，「ちょっと，ちょっと，さっき，こんなことがあってね」と意気込んで話すようなことがエピソードに取り上げられる中身だといってもよいでしょう。そのようにして個人用のノートに記されたものを私は**「エピソード記録」**と呼んでいます。日によっては書けない日もあるかもしれませんが，できるだけ毎日，10分ほどで心に残った一つのエピソードを6，7行くらいで書いておけば，自分の備忘録に残すものとしては十分でしょう。そういうエピソード記録をどの子どもについても月に1，2個は書くという目安で書いていくことが日々の保育では大切です。それがエピソード記述を書くための基礎資料になります。

　エピソード記述に取り組んでいる保育園の若い保育士さんに，「いつエピソードを書くのですか？」とたずねると，たいていの人は「寝る前の10分ですね」と答えます。寝る前に今日一日を振り返って，心に残った場面を一つ取り上げてエピソードを書き残すというのです。また最近エピソード記述の勉強を始めた幼稚園では，園長先生の配慮で，勤務時間中に一人10分の時間をもらい，そのあいだに今日のエピソードを書き残すようにしているという話でした。

　そうして書き溜められたエピソード記録のなかから，どうしても他の保育者に分かってほしいと思ったもの，あるいは自分が強く感動したことを何としても他の保育者に伝えたいと思ったもの，さらには自分の保育を反省するうえで

第2章　保育の基本は「接面」での営みにある

これは大事だと思ったものを取り上げ，それを今度は**読み手を想定し，読み手に自分の心揺さぶられた体験が分かってもらえるように，読み手に伝えるつもりで丁寧に描き直したものがエピソード記述です**。ですから，エピソード記録とエピソード記述は，前者は自分が忘れないためのもの，後者は人に分かってもらおうとするもの，というようにはっきり違っています。

エピソード記述は，通常，〈背景〉，〈エピソード〉，〈考察〉の３点セットからなりますが，〈背景〉を書くのも，自分の得た体験を読み手によりよく分かってもらいたいと思うからです。また〈エピソード〉をその場面が見えるように詳しく描くのも，自分の体験したその出来事を読み手に細部まで共有してほしいと思うからです。そして，さらに〈考察〉をつけ加えるのも，なぜ自分がこのエピソードを取り上げたかの理由を示すことによって，読み手にそのエピソード記述をより深く理解してほしいと思うからなのです。

いま，〈背景〉を書くのは読み手に自分の経験を分かってほしいからだと述べました。自分はその出来事を経験した当事者ですから，それについてはすでに知っています。しかし，読み手はその出来事を経験していません。ですから，読み手にその出来事のあらましを分かってもらうためには，その出来事がどのような流れで起こったのか，そこに登場する人物は自分とこれまでどういう関係にあった人物なのかというような〈背景〉を書かないと，読み手は書き手の経験に近づくことができません。そして，その出来事がどのように起こり，そのとき自分が何を感じ，何を思ったかを併せて書いて，自分の体験を読み手が共有できるようにもっていく必要があります。それが〈エピソード〉です。さらには，なぜこのエピソードをどうしても分かってほしいと思ったのかを〈考察〉に述べて，さらに読み手の理解を促すというのが，エピソード記録とは異なるエピソード記述の特徴です。

これまで保育の場面のちょっとした活動を従来の客観的な枠組みの下で書いて，それを「エピソード記録」と呼ぶ人が研究者のなかにいるので，私の言うエピソード記述とその種のエピソード記録とを混同している人がいますが，それはたいてい，エピソード記述の主旨を理解せずに，単に短いちょっとした場

面の記録のことを指すのだと勘違いしているからです。エピソード記述はあくまでもその接面での出来事を体験した人が、その自分の体験の「あるがまま」を記しながら、同時に「私はそのとき○○と思った」というように、「私」を主語に立てて一人称で綴るところに特徴があります。それは自分がその接面の当事者だからです。自分が他の誰かと置き換えられたときに、その人が同じことを経験するとは限りません。ですから、従来の記録のような、「○○のことがあった」というような客観的な（自分が見えてこない）書き方、報告書的な書き方とは違うことを確認してほしいと思います。そして何よりも接面で起こっていることをその接面の当事者として書くというところが従来の記録と明確に違うところです。

（2） エピソード記述の書き方

いろいろな場で「エピソード記述は綴り方教室ではない」と言ってきましたから、この項の見出しを立てるのは我ながらどうかと思います。しかし、これまで書いてきたエピソード記述に関わる私の著書を全部読んで、と求めるのも酷です。そこで、若い人たちがその書き方をおおよそ知るうえでポイントになる部分だけを以下に書き記します。最近エピソードの勉強に自主的に取り組んでいる人たちのなかには、著書に取り上げた数々のエピソードを読んで、こういうふうに書けば読み手に分かるのだと、経験から推し量って書き方を把握し、最初からかなりしっかりしたエピソードを書ける人もでてきましたから、これからエピソード記述の勉強を始めようという人は、そのような試みもしてほしいと思います。

1） エピソード記録のなかから取り上げるべきエピソードを選ぶ

エピソード記述は、書き溜めたエピソード記録のなかからどれを選ぶかがまず最初の関門です。取り上げたいエピソードはいろいろあるかもしれません。そのなかから自分にとってどうしても伝えたいと思ったものを選ばなければなりません。それを選ぶ理由は、最初は可愛かったからとか、嬉しかったからと

いった理由が多いと思いますが、次第に、自分の保育を深く反省させられたからとか、自分なりに保育の問題点が見えてきたからとか、まさに「保育の質」に関わる観点から選ばれるようになってきます。ともあれ、たくさんのエピソード記録のなかから、どうしてもこれは分かってほしいという思いになったものを選ぶことが肝心で、そこからそれを読み手に分かるように書くという作業に入ります。

2）出来事（エピソード）のあらましを書く

　読み手にその出来事がどのようなものであったのか、自分の心が大きく動いたと思われるところを中心に、そのあらましを時系列的に書いていきます。先の「叱られる……」の例で言えば、給食が終わって口をゆすぐという流れのなかで、Ｄちゃんの水道の水で遊ぶ場面が描かれ、そこでＤちゃんと目が合って、その接面からＤちゃんが「叱られる……」と思ったクライマックス場面が取り上げられることになり、最後には笑顔で部屋に戻るところまでが描かれることになります。

3）エピソードの吟味をする

　あらましがざっと書かれたところで〈エピソード〉は終わりではありません。書いたものを自分で読み直してみて（人が書いたエピソードを読むように読んでみて）、この書き方で起こった出来事が読み手に十分に伝わるか、何か書き落としたものはないか、自分の体験にしっかり沿った内容になっているかどうかなど、一度書いたものをしっかり吟味することが必要です。自分の書いたものを外側から眺めて反省を加える作業であるという意味で、私はこれを「メタ観察」と呼ぶこともあります。これをしっかりすることで、読み手は出来事の流れが摑みやすくなり、そのあらましを了解できるようになりますが、これをうるさくいうと、初心者には書くことが重荷になってしまうので、ざっと読み返して、これで分かってもらえそうだというところで、次の作業に移る方が最初のうちはよいかもしれません。

4）エピソードの〈背景〉を書く

　エピソード記述では冒頭に〈背景〉を置きます。〈背景〉から書く場合もあるかもしれませんが，多くはまず〈エピソード〉を書いて，その〈エピソード〉を読み手に分かってもらううえで，必要な背景情報を〈背景〉に書き記すというのが一般的な順序です。たとえば，主人公の子どもと自分との関係，主人公のクラスの様子，主人公の家庭的背景や家庭での育てられている様子など，その〈エピソード〉の理解に欠かせないと思う情報を〈エピソード〉の前に置いて，読み手をこれから起こる〈エピソード〉の舞台に招き入れる役目を果たすのが〈背景〉です。障碍のある子どもの事例などでは，これまでの育ちやいま現在の様子など，背景情報を詳しく知らないと次の〈エピソード〉が理解できない場合がありますから，そのような場合に〈背景〉が長くなるのはやむを得ませんが，主人公について知っていることをすべて〈背景〉に盛り込もうとすると，読み手はなかなか〈エピソード〉にたどり着けず，〈背景〉が大事なのか，〈エピソード〉が大事なのか分からなくなってしまいます。ですから通常は，〈背景〉はあくまで〈エピソード〉を理解するためのものと位置づけて，必要以上に長くならないようにしなければなりません。

5）エピソードの〈考察〉を書く

　なぜ他のエピソードではなく，このエピソードだったのかを考えてみると，書き手にはこのエピソードを取り上げたかった理由があるはずです。それを提示すると，読み手はなるほど，こういう理由で書き手はこのエピソードを紹介したかったのだと納得がいきやすくなります。その理由も，当初は「子どもの姿が可愛かったから」とか，「子どもから元気をもらったから」とか，単純な理由を述べて終わることが多いかもしれませんが，少し慣れて自分の保育をメタ観察できるようになってくると，その理由も複雑になり，そうすれば，本格的に自分の保育を振り返るためのエピソード記述であることが自分にも分かるようになってきます。何回かエピソード記述を書いてみれば，たいていの人はそこにまでたどり着けるはずです。

6）エピソード記述全体を再吟味する

　最後に，書き上げた〈背景〉から〈考察〉までのエピソード記述全体を読み直して，これで自分の言いたいことは読み手に伝わるだろうかと，もう一度吟味し直してみる必要があります。本来は〈背景〉に含めておいてもらえれば〈エピソード〉の理解がもっとしやすかったのに，その〈背景〉に含めるべき情報が〈考察〉のところに入っていたり，〈背景〉に含めるべき内容が〈エピソード〉の冒頭に置かれていたりするために，〈エピソード〉の中心がどこにあるのか分かりにくくなっていたりするようなケースにしばしば出会います。ですから，それぞれが適切に配置されているかどうか，つまり，〈背景〉から読み進めていく過程で，立ち止まって前に戻るようなことがなく，すーっと流れるように読めるかどうか，そして読み進めるうちに内容の理解が深まっていくかどうかという観点から，再度吟味してみる必要があります。もちろん，その吟味はここまでやればという線引きがあるわけではありません。それでもその再吟味を試みて，これならばまず読み手に分かってもらえるかな，というところまで整理することがエピソード記述には必要です。

（3）「接面」で起こっていることを読み手に分かってもらうためには

　これまで，接面で起こっていることを他の人に分かってもらうために書く（エピソード記録を書き直すかたちで書く）のがエピソード記述だと述べてきました。このように，エピソード記述は最初から読み手を想定し，読み手に分かってもらおうとして書くものです。読み手が読んで，「分からない」となれば，接面で起こったことは読み手に伝わらなかったことになります。そこに，**「読み手の了解可能性」**という難しい問題が浮上します。

　保育をはじめとする実践の立場は，そこで得た当事者の体験はたいていの場合，接面での生き生きした力動感に支えられているので，そこを素直に書けば，たいていは読み手に分かってもらえるはずです。ただ，さっきの「叱られる……」のエピソードがそうであったように，書き手は自分の接面の体験を素直に書いたつもりでも，そこには自分の積み重ねてきた保育経験や自分の人生経

験が折り畳まれていて，それが接面で起こっていることの切り取り方，そこでの思いの湧き起こり方や感じ方を決めています。そこは接面の当事者としてなかなか意識できないところですが，〈考察〉で普段は意識されないところまでその体験を振り返ることができるかどうかが，読み手の了解可能性に響いてきます。

同じことは読み手の側にも言えます。読み手もまた，単に書かれたエピソードを読み，そこに書かれていることの意味をそのままそれとして理解できれば終わりなのではありません。他の人の書いたエピソード記述を読むとき，読み手はまずは書き手が用意した〈背景〉や〈考察〉を手がかりに，書き手の言わんとするところを了解しようと努めますが，それと並行して，書き手の体験に触発されるようにして，読み手自身のそれまでの経験がそこに呼び起こされ，それがエピソードの中身と照らし合わされるようになります。つまり，エピソードを読んで，読み手は身につまされたり，深く共感したり，感動したり，さまざまな感情が読み手の内面に湧き起こり，それに従ってそのエピソードが了解できたりできなかったりします。

ですから，エピソード記述はそれを正しく読解すればだれもが同じ一つの理解に到達するというような一般的な了解可能性を追い求めているのではありません。そう言うとすぐさま客観主義パラダイムからは，だから接面を取り上げる試みは曖昧なのだとか，あやふやで信じるに足らないなどと論難して，接面パラダイムを否定しようとします。それは自分の客観主義パラダイムが正しいと信じるところからの論難です。しかし，その客観主義パラダイムでは，接面で起こっていることは最初から取り上げることができないのですから，それを取り上げる枠組みを取り上げない枠組みの立場から批判される謂れはありません。ですから，問題は曖昧かどうか，あやふやかどうかではなく，どのような意味で一つの了解が読み手に生まれるかなのです。これはまた難しい問題ですが，この点については『エピソード記述を読む』（前掲書）に手がかりになることを書いていますので，ここでその文章を少しアレンジして再掲してみます。

私は『エピソード記述入門』（東京大学出版会，2005年）で，私のエピソード記述の方法論がどのように認識論を目指すのかを提示する目的で「読み手の了解可能性」という概念を初めて導入しました。しかしながら『エピソード記述入門』では，初めて導入した「了解可能性」という概念を荒削りなかたちで提示したままで，それについて十分な吟味をしていませんでした。そのことを意識しながら，本書（『エピソード記述を読む』）に取り上げたエピソードを振り返ってみると，いくつかのことを指摘することができます。

　まず指摘できることは，書き手の意図した意味と読み手の了解できた意味が必ずしも重ならないということです。つまり，そのエピソードに一般的な了解可能性があって，書き手の感動を読み手として「それはよく分かる」と一般的に了解できる水準と，それを機縁に読み手である私にさまざまな経験が呼び覚まされたり，私のなかに新たな考えが立ち上がったりして，「それは私にとってはこう読みとれる」という水準とは，必ずしも同一とは言えないということです。

　ですから，この本の読者は，エピソードの書き手が伝えたかった意味と，読み手である私が了解できたと思って付したコメントの意味の両方に関して，了解可能性を問われることになりますし，その了解可能性がまた，読者間でどの程度重なるのか，重ならないのかも問題になるかもしれません。

　そこからまず言えることは，一人の読み手にそのエピソード記述が了解可能であるということが，書き手と読み手のあいだでの了解内容の，あるいは読み手同士のあいだでの了解内容の，厳密な同一性を求めることでは必ずしもないということです。そのことについては，つぎのような比喩で理解できるのではないでしょうか。

　ある人（書き手）にとって，出会われたある事象は，一つの石が池に投げ込まれたときのように，その人の「心の池」に波紋を広げます。それがその人のその事象から得た感動や素朴な意味に他なりません。そこでその人は自分の「心の池」の波紋の広がる様子（つまりその感動や意味）を他者に伝えたくなり，それをエピソードに書き表します。それがエピソード記述です。その書かれた

エピソード記述は，今度は読み手の「心の池」に投げ入れられる「石」になり，読み手の「心の池」に投げ込まれたその「石」は，そこにその読み手ならではの波紋を広げます。というのも，「心の池」が書き手のそれと読み手のそれとでは形状も大きさも深さも異なっている可能性が多分にあり，また読み手同士のあいだでも相互に違っている可能性があるからです。年齢の違い，経験の違い，考え方の違い，価値観の違い，人格の違いなどの違い，つまり各自の固有性の違いが，その「心の池」の大きさや形状や深さの違いとしてイメージされてもよいかもしれません。それがある程度似通った池なら，そこに広がる波紋も似てくるでしょうし，池の大きさや形状が大きく異なれば，その波紋も随分違ってくるでしょう。あるいは，読み手によっては少なくともそのエピソードに関して，その人の「心の池」が蓋をされたままということもあるかもしれません。

　そのような比喩を用いれば，ある人の書いたエピソード記述がまったく了解されない場合から，いろいろな水準で了解可能な場合まで，かなり広いスペクトラムを想定することができます。そして，その了解の幅を含めて，読み手の「心の池」に何らかの波紋が広がり，それによってその読み手に「何かしら分かる」と了解されれば，それが心理学的に意味あることではないかというのが差し当たりの私の認識論なのです。

　書き手の「心の池」に広がる波紋という比喩は，その波紋があくまでも書き手の一人称の体験としてあることを含意しています。エピソード記述は，その意味では従来の客観主義の呪縛から解き放たれて，書き手が一人称の体験をあるがままに記して他者の「心の池」にそれを投げ込む試みだと言っても過言ではありません。そしてその石を投げ込まれた読み手は，書き手とは異なる自分の「心の池」に書き手とは異なる波紋の広がりを体験し，その読み手としての体験を伝えたくて，読み手が今度は別のエピソードの書き手になるということもあるでしょう。

　もちろん，一人称の体験をエピソードに書けば，必ず読み手の「心の池」に波紋を広げるというふうには言えません。まずはそのエピソード記述が読み手

の「心の池」を開くことができなければなりません。読み手に書き手の体験が生まれた舞台と同じ舞台に立ってほしいと思うからこそ，書き手は〈背景〉を書き，またエピソードをその状況が分かるように書き，さらにはこのエピソードを書くに至った理由を〈考察〉で述べるのです。そうした条件を整えたうえで，それが読み手の「心の池」にどのような波紋を広げるかは，読み手に委ねるしかありません。

　しかしながら，もしもある人が本当に心揺さぶられる体験をしたならば，それを丁寧に描き出したものは，多くの場合，不特定多数の読み手の「心の池」に多かれ少なかれ意味ある波紋を広げるものだと私は信じています。というのも，多くの場合，私たちは同じ人間として共に生きる姿勢をもって生きているからです。書き手である私，読み手である読者，あるいは書き手である他者，読み手である私というように，私たちは書き手にも読み手にもなることができ，それぞれの立場で他者の体験に開かれる可能性をもっています。それは一つの文化を共に生きる存在として，私たちが類同性，類縁性をもっているからです。

＊＊＊

　読み手がエピソード記述を読んだときに，あたかも読み手がその接面の当事者であるかのように思えるなら，書き手はまず自分の用意した舞台に読み手を招じ入れることに成功したといえるでしょう。それは読み手がそのエピソード記述を了解できるための第一歩です。それはまた読み手が自分の心の池に広がる波紋と書き手のそれとを対比して，その波紋の意味を了解できるための条件だとも言えます。

　こうして，書き手の得た体験がまるで自分がした体験であるかのように思われるとき，読み手は「このエピソードは了解できる」と思えるのです。

（4）　エピソード記述の全国的な広がり

　接面で起こっていることを自分の体験として描くのがエピソードであると述べてきました。接面を消したところでの客観的な記録はそこに「私」が登場しないのに対し，接面を取り上げればその接面の当事者である書き手が必ず

「私」としてそこに登場します。そこが従来の記録と決定的に違うところです。接面での体験を描けば，必ずそこに目に見えない心の動きが取り上げられてきます。そしてそれが保育の実態に通じているのです。

　いま全国に広がりつつある，「エピソードを書いてそれを職員で読み合わせる」という動きは，おそらくこれまでの公開保育では得られなかった，保育の内実を取り上げる試みに繋がります。その試みはこれまでにないかたちで「保育の質」を真正面から議論することに繋がり，保育者が自分の保育を振り返るだけでなく，それを通して他の職員も自分の保育を振り返る契機になります。そして書き手を消さないということは，保育の当事者を消さないということですから，保育の場で保育者自身が「主体としての自分」と向き合い，そこに自分の責任と保育者としてのアイデンティティを自覚するきっかけにもなります。

　「エピソード記述の勉強会に参加して，保育の仕事をしていて本当によかったと思います」という発言をしばしば耳にします。決められたことをただロボットのように機械的にするのではなく，自分が生身の人間として，そこで喜怒哀楽を感じて生きていることが実感できれば，保育の仕事にプライドと喜びを感じるのは当然です。

　そして接面で起こっていることを取り上げようとすれば，保育者の目はいつのまにか子どもの心に向かい，そうなればおのずと「根源的配慮性」が働いて，「養護の働き」を自然に子どもに振り向けていくことができるようになるというように，願わしい循環が巡りはじめます。エピソード，接面，子どもの心，この3点はどこから入っても，他の二つに行き着くものです。いま全国に広がりつつあるエピソード記述とその読み合わせの動きは，ですから，子どもの心を育てる保育に舵を切り直す動きとも連動していることが分かるでしょう。

　しかしながら，エピソード記述への関心が全国的に広がってきているのは嬉しいのですが，いま見たような，エピソード記述が接面を取り上げることであり，子どもの心に目を向けることであるという3点の繋がりを十分に踏まえてなされているかと言えば，必ずしもそうとは言えない残念な面もあるようです。というのも，〈背景〉，〈エピソード〉，〈考察〉といういわゆるエピソード記述

の3点セットはかたちのうえでは整っていても，実はその保育の中身は子どもの心の育ちを取り上げるどころか，保育者主導の力をつける保育のままであるというような内容のものがまだまだあり，しかも書き手の保育者が従来の記録のようにそのエピソードには登場しないというものもまだかなりあるからです。

　私は最近のエピソード記述の検討会の冒頭でいつも，〈接面〉，〈子どもの心〉，〈接面の当事者としての保育者〉の3点が，エピソード記述の裏の3点セットであると述べ，参加者にその点にしつこく注意を促してきました。というのも，保育のためのエピソード記述は，「力を，力を」の流れに沿った保育を反省し，子どもの心を育てる保育に舵を切り直すためにこそあるものだからです。そこのポイントを外して，早期教育も頑張ります，力もつけます，ついでにエピソード記述も勉強しますという「何でもあり」の姿勢でエピソード記述に臨むことは，何のためのエピソード記述なのかという，肝心の問題を見失った，単なる流行の後追いに過ぎません。

　エピソード記述を子どもの心を育てる保育に向かうために不可欠の手順と考えて，それを提唱してきた者には，上記の好ましくない動きは確かに気になります。しかし，全体として見れば，私の願った方向でエピソード記述に取り組む人が増えているのは確実で，この動きを願わくばよりしっかりした淀みない流れにしたいし，それによって子ども一人ひとりの心に目を向けた保育がゆるぎなく定着し，そのことによって，「子どもの最善の利益」が守られるようになることをさらに願わずにはいられません。

第3章

子どもを育てる営みの基本に立ち返る

　第1章では「育てる」営みの二面として，「養護の働き」と「教育の働き」を取り上げました。私が1989年から2003年まで関与観察に携わったYくんとそのお母さんの関係発達に沁み込んでいる「育てる」営みを振り返り，また保育園や幼稚園がまだなかった大昔の「育てる」営みを想像したときに行き着いたのがこの二つの働きでした。これについては，第1章でも触れたように，保育所保育指針に「養護」と「教育」という言葉があるために，すぐにその二つと混同されますが，そうではないことをここで再度確認しておきたいと思います。そしていま「接面」という概念を手に入れ，「接面」で何が起こっているかと問いを立てて，そこで起こっていることが保育の中核部分だと主張してきました。そこで，この「接面」で起こっていることという観点からこの「養護の働き」と「教育の働き」を振り返ってみると，何が見えてくるかを明らかにすることが本章の課題です。

第1節　保育の営みのなかで交叉している「養護の働き」と「教育の働き」

　この節では，「養護の働き」と「教育の働き」についてこれまで述べてきたことを振り返り，それが両義的に結びついて発揮される事情を掘り下げてみたいと思います。というのも，この二つの働きを取り上げるようになっておよそ10年が経過するなかで，保育者主導の保育を批判する観点から「養護の働き」を強調する必要があったために，議論がどうしても「養護の働き」の方に傾き，また大人が主導する歪められた「教育の働き」を批判することに急なあまり，

本来のあるべき「教育の働き」への言及が少なかったという反省があるからです。それに加えて，この二つの働きが両義的に結びついていることは，「養護の働き」と「教育の働き」という言葉こそ使っていなかったものの，すでに1998年の『両義性の発達心理学』（前掲書）で触れていたはずのことだったのに，そのことがいつのまにか顧みられなくなっていたからです。

（1） 二つの働きの問題点

　子どもを育てる営みは「養護の働き」と「教育の働き」の二面の働きからなり，しかもそれが切り分けられないということは，第1章第3節の図1が示す通りです。この図1が示すように，「育てる」という言葉をこの「養護の働き」と「教育の働き」の二本の柱からなると見るところに，心を育てる保育や養育の鍵があります。

　この図1は，長らく「保育の営みの二面性」という表題をつけられていたものですが，一昨年から「「育てる」営みの二面性」と書き改められました。それはこの図が保育園の保育を説明するだけでなく，第1章の第3節でも触れたように，家庭での養育も，幼稚園での保育も，さらには小学校での教育にも当てはめることができるし，またそうしなければならないと考えるからです。

　しかしながら，いま「接面」という概念に行き着き，接面で何が起こっているかと問うとき，この図1で表現されている「養護の働き」や「教育の働き」は，接面で起こっている両者の複雑な心の動きをやや平板化してしまっているのではないかという反省が私のなかに生まれてきました。というよりも，いまから15年以上も前に出版された『両義性の発達心理学』（前掲書）や2001年に出版された『保育を支える発達心理学』（ミネルヴァ書房）ではもう少し二つの働きの両義的な関係をはっきり考えていたはずなのに，それが薄められて平板になってしまっている感じが否めないのです。

　その頃の京都大学での講義レジュメ（2002年度）のなかに，当時の考え方をよく伝えている一文を見出したので，ここにその一部を抜粋しておきたいと思います。

まず，そのレジュメでは**「〈育てる者〉の両義性」**という項の見出しのもとで，〈育てる者〉の「受け止め・認める」と，「教え・導く」がどのように交叉するかに関して，次のように書いています。

　「子どもの「こうしたい」「これは嫌だ」という気持ちは，子ども自身が一個の主体であるところから発せられている。〈育てる者〉は，もしも子どもを一個の主体として受け止めようとしていれば，子どものその気持ちはそれとして受け止めることができるはずである。しかし，気持ちはそのように受け止めることができても，実際にその行為をそのまま受け入れられないとき，「それはしてほしくない」「こうしてほしい」と〈育てる者〉の願いを伝えていかねばならない。ところが，その願いの伝え方は，ただそれを子どもに伝えてあとは強引に自分の願いに引き込めばよいというものではない。そのような対応では〈育てる者〉の願いは満足させられるかもしれないが，それでは子どもが一個の主体であるということが見失われてしまう。
　そこで〈育てる者〉は，あくまでも子どもを一個の主体として受け止めるという態度を崩さないまま，自分の気持ちを子どもに伝えなければならないが，その伝え方は，**その伝えたことが，子どもが主体であり続けたままで子ども自身に回収される**というかたちでなされるのでなければならない。ここに〈育てる者〉の対応の最も難しい局面がある」。

　ここではまだ「養護の働き」や「教育の働き」という用語は使われていませんが，前者は「受け止め・認める」に，後者は「教え・導く」に対応していることは明らかです。そのうえで，子どもの思いを「受け止める」ことと大人の「願いを伝える」ことがどのような関係にあるかについて触れ，二つ目のパラグラフでは，やや謎めいた一文が太字で示されています。一読してすぐ分かる文章とは言えませんが，しかしその言わんとするところは，これから述べていこうと思っていることをかなり先取りする中身になっています。この考え方が，いま「養護の働き」と「教育の働き」の関係を論じる際に，欠かせない視点だ

と思われたので，この一文を再掲したのでした。

　次に，「保育の場における両義性：認め・支えること，教え・導くことの両義性」という項の下でも（当該書192頁），この「認め・支える」という「養護の働き」に対応する面と，「教え・導く」という「教育の働き」に対応する面の関係について，かなり詳しく論じた一文があります。

　まず，「保育の場には，子どもの思いに根差すさまざまな動きを保育者側が「認め・支えて」いく方向と，大人の目指すところを子どもに「導き・教えて」いく方向との二面性が常にあります。しかもこの二面が対立・矛盾する場面が少なくありません」と述べて，〈いまを認め・支えること〉と〈未来のために教え・導くこと〉の両面をそれぞれ詳しく説明したうえで，それらを〈二つの側面の対立と矛盾＝保育の場の両義性〉という別項を立てて（当該書195頁），次のように考察しています。

　「上に見た保育の二つの側面は，いうまでもなく，家庭での子どもの養育に必要な二つの側面，「養育者が子どもの思いを受け止める」と「養育者の思いを子どもに伝える」の二つの側面に対応するものです。保育に見られるこの二つの側面は，いずれも本質的に重要な二本の柱として保育を構成するものですが，しかし，これらはときに真っ向から対立する場合があります。それゆえ，それぞれの動向は，それ自体としては重要かつ必要なものでありながら，もっぱらの「認め・支える」でも，またもっぱらの「教え・導く」でもない，**認め・支えながら教え・導き，教え・導きながら認め・支えるという，きわめて両義的なあり方**を求められることになります。保育者自身の思いの中に，この二つの側面が同居するのですから，保育者はその保育の場面で，常にどこまで認め・支え，どこから教え・導くのかに絶えず振り回されざるを得ません。一方では子どもは自由に思う存分遊んでよいと言い，そのために保育の場は家庭とは違って，その自由と「思う存分」を実現させるための特権を与えられた場なのだと保育者自身納得しておりながら，しかし他方では，これはいけない，これはやめよう，これはこうしなければならないと，枠をはめ，制止や禁止を

課さねばならないというようにして，二重拘束的な関わりにならざるを得ないのです。

　保育は，養育と同様，本質的に矛盾を抱えた両義的な営みです。むしろそれを一元化して理解しようとしたり，その一方の態度に凝り固まったりすることが，保育にとってはもっとも危険なことと言わねばなりません。この両義性を抱えた保育の場で，子どもと保育者が関わり合うとき，保育者には必ず「揺れる心」が立ち現れてきます」。

　ここに太字で示した部分は，まさにこれから「養護の働き」と「教育の働き」の関係を考えていく際の鍵になる部分です。

　「〈育てる者〉の両義性」の項において太字で示した文言，さらに「保育の場における両義性」の項において太字で示した文言を踏まえて74頁の図1を振り返ってみると，「養護の働き」と「教育の働き」の両面が分断されすぎていて，両者の両義的な関係があまり見えてこない点を私自身，反省せざるを得ない気持ちに駆られます。つまり，**「養護の働き」をしながらしかしその裏にはすでに「教育の働き」が暗黙裡に用意されており，また「教育の働き」の裏ですでに「養護の働き」が作動しつつあるといった，捻じれた両義的関係にあるのに**，それがヤジロベエで繋がれ，また二つの箱のあいだに双方向の矢印が示されてはいるものの，この図1からは，いまの捻じれた両義的関係がなかなか見えてこないのです。

（2）「養護の働き」と「教育の働き」は交叉している

　74頁の図1は，確かに双方向の矢印によって左の箱と右の箱が相互に影響を及ぼし合っていることを示唆していますが，この図だと，単なる影響関係としか見えません。あるいは，いまは「養護の働き」，次は「教育の働き」と二つの働きが単に前後して子どもに振り向けられるかのようにも見えます。そうではなくて，先に述べたように，「養護の働き」を振り向けるときにはすでに教育の働きがそこから滲み出ていたり，もっぱら「教育の働き」を向けているよ

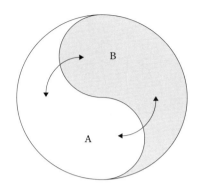

図3 「養護の働き」と「教育の働き」は交叉する

うに見えて,実は「養護の働き」が暗黙裡にそれを下支えしていたり,という意味で,二つの働きは切り分けられないのです。

相互作用という観点を超えて二つの関係の捻じれた両義性を表現するうえで,これまで私が取り上げてきたものに,「能動と受動の交叉」という考え方があります。哲学者のメルロ-ポンティが握手を例にこの「能動と受動の交叉」を説明したものを,私が母子間の「抱っこ」に引き写して考えたものです。つまり,母親が子どもを「抱っこする」と書くと,母親は抱く能動,子どもは抱かれる受動のように思われますが,母親の抱く能動はその裏に子どもの抱かれ具合に合わせるという受動を秘め,子どもの抱かれる受動は,母親の抱っこに自分の体を添わせるという能動を秘めているというように,お互いが能動であって受動であり,また受動であって能動であるというように,それらが上手く噛み合ったときに,はじめてしっくりくる抱っこができると考え,これを「能動と受動の交叉」と呼んだのでした。そしてそれを老子の陰陽モデルで説明してきました。この「能動と受動の交叉」になぞらえて,「養護の働き」と「教育の働き」が交叉すると考えれば,両者は図3のような関係にあると考えることができるでしょう。

すなわち,この図3において,「養護の働き」をA,「教育の働き」をBとすると,Aの凸の部分は表に現れた「養護の働き」を表す一方,その凹の部分は

第3章　子どもを育てる営みの基本に立ち返る

Aの裏に「教育の働き」が入り込んでくることを半ば予期している部分と考えることができます。そして同じようにBの凸の部分は表に現れた「教育の働き」を表す一方で，その凹の部分はそれを「養護の働き」が潜在的に下支えしていることを表すと考えれば，二つの働きの捻じれた両義的関係をこの図によって表現することができます。

　いずれにしてもいまの議論では思弁的に聞こえるでしょうから，具体例に即して考えてみましょう。まず第2章の末尾で取り上げた「叱られる」のエピソードの一部を切り取ってここに再掲してみます。

〈エピソード：「叱られる……」〉
　「Dちゃんは水道の所に座り込みコップをひっくり返してコップの底に水を当て，その跳ね返る様子を眺めて楽しんでいた。「あらら，やってるなぁ」と思った私は「Dちゃ～ん」と呼んでみた。こちらを向いたDちゃんの表情は私と目が合うなり一瞬で曇り，「叱られる……」と思った様子がうかがえた。そこで私はとっさに笑顔を作り「コップ，ぴかぴかなった？」と明るく聞いてみると，Dちゃんの曇った表情が一変し，「え～」と笑顔に変わる。「ぴかぴかなったら帰ってきてね」と伝えると，すぐに水道を止めて足取りも軽く帰ってきた」。

　これは接面で何が起こっているかを最もよく表している部分です。水遊びをしている光景が目に飛び込んできたとき，書き手は「あらら，やってるなぁ」と思ったとあります。それは，「そこで何しているの！」と強い「教育の働き」を振り向ける可能性（多くの保育の場では当然のようにかけられる言葉）がある点からすれば，いまの事態のあるがままをまずは受け止めようとする能動を含みながら（「養護の働き」），その裏に「それはいいのかな？」という否定的な思い（「教育の働き」）が一部匂わされています。そしてそれは「Dちゃ～ん」という呼びかけに引き継がれますが，そこにはすでに先生の中で「だめよ」という禁止や制止の「教育の働き」が作動しつつあることが匂わされています。それが接面から伝わるので，Dちゃんの表情は一瞬で曇り，「叱られる」と思っ

たのでしょう。それに気づいた先生は，「Ｄちゃ〜ん」と呼んだときの表情や声のトーンに込められていた禁止の意味合いを消すために，とっさに笑顔になり，明るいトーンで「コップ，ぴかぴかなった？」とその事態を半ば肯定するような言葉をかけた（「養護の働き」）のでした。

　ここには「養護の働き」と「教育の働き」が切り分けられないと述べてきたことが凝縮されて現れています。「養護の働き」にすでに「教育の働き」が忍び込み，「教育の働き」の強さを緩和するために「養護の働き」をそこに引き込むという捻れた事態です。同じようなことをもう一つのエピソードで確かめてみましょう。これは『エピソード記述を読む』（東京大学出版会，2013年，223頁）に収録した「キライなら，キスするな」のエピソードの一部を切り取ったものです。

　通級指導教室に通っていた子どもたちと担当の先生が教育展を見に行ったこの日，Ｒ男くんは道を歩きながらＥ男くんがフウの実を見つけたのに自分が見つけられなかったことが悔しくて，ことあるごとにＥ男くんに当たっていました。それを先生があいだに入ってこれまでは何とか抑えていましいたが，先生の堪忍袋が限界にきた頃に生まれたエピソードです。

〈エピソード：「キライなら，キスするな」〉
　「昼食のときである。フウの実の件があって，ベンチにたまたま隣り合わせたＥ男さんが気に入らなく，Ｒ男さんはぐいっ，ぐいっとＥ男さんを横に押す形でベンチから落とそうとしていた。私は「もう，Ｒくん，いい加減……」と怒鳴り声をあげかけ，じっとＲ男さんの顔を見ると，とてもしょんぼりとした顔をして私を見上げてきた。その目が，自分も引っ込みがつかず自分をもてあましていると訴えているように見え，私は「もう，Ｒくんたら……」とＲくんを抱きしめておでこにチュッをした。するとＲ男さんは「キライなら，キスするな！」と言いながら私にしがみついてきた。それからはＲ男さんの身体からとげとげしさがなくなり，一緒に食べたおやつのアイスクリームの甘さがじんわり染みた」。

　Ｅ男くんに苛立ちをぶつけるＲ男くんの思いを懸命に受け止めて対応してき

た先生でしたが，ついに堪忍袋の緒が切れて，「もう，Ｒくん，いい加減……」と怒りの混じった制止の言葉をかけようとしました。そのとき，先生にはＲ男くんのしょんぼりとした表情が目に入り，それが「自分でもひっこみがつかない」と訴えているように見えます。それはまさにその接面の当事者にしか分からない，情動の動きから感知される部分です（それをこれまでは「間主観的に分かる」と表現してきました）。そこで強い制止という「教育の働き」を振り向ける直前に，「もう，Ｒくんたら……」と抱きしめておでこにキスをする「養護の働き」に切り替わったのです。これまでＲ男くんに関わってくるなかで，Ｋ先生はＲ男くんに対して「いつも，すでに」根源的な配慮性を働かせてきており，それが潜在的な「養護の働き」として機能していたからこそ，その瞬間の切り替えがなされたのでしょう。Ｒ男くんは，その先生の優しい「養護の働き」が嬉しいという気持ちと，一瞬怖い顔をした先生の表情に，「先生に叱られる，でも叱られても仕方がない」と思っていた気持ちとが自分の内部で入り混じります。そこから，「キライなら，キスするな！」という言葉が紡がれる一方で，先生にしがみつくという言葉と裏腹な行為が生まれたのでしょう。この言葉とその行為には，Ｒ男くんのそのような複雑な思いが見事なまでに浮き出ています。その複雑な思いは，まさにこの接面の当事者だからこそ，それを把握することができ，またそれをエピソードに描いたからこそ，私たち読み手もその複雑な思いが了解できるのです。このエピソードなどを見ると，どこまでが「養護の働き」であり，どこからが「教育の働き」であるというように，簡単には切り分けられない事情がよく分かります。それほどに，接面で生じている情動の動きは微妙で，それに導かれて言葉や行為が紡がれ，行動的対応が導かれているのです。

第2節　心を育てるうえには「教育の働き」も重要である

　これまでは心を育てるうえで「養護の働き」が重要であることを強調してきました。そのことは間違いではなく，「養護の働き」が先行することが「教育

の働き」が実際に効果をもつためにも必要だと思います。しかし，これまでの議論は，「力を，力を」という流れを導いているのが「教育の働き」の偏重であるという観点が強かったためか，「教育の働き」をネガティブなトーンで語ることが多く，その重要性をややもすれば指摘し損ねてきた感がありました。本当は本来の「教育の働き」が，「教え込む」という本来のそれとは異質なものになっているという議論をし，そのうえで，その異質な「教え込む」教育を批判しなければならなかったのに，「教育の働き」そのものに問題があるかのような議論になってしまっていた部分がありました。この節では，その自己批判を念頭に置きながら，正しい意味での「教育の働き」が子どもの心を育てるうえに必要だということを具体的なエピソードを踏まえて述べてみたいと思います。

（1）「育てる」営みの両義性

ここで，第1節の（2）で取り上げた，〈育てる者〉の両義性の項目における次の一文を，しっかり吟味してみたいと思います。すなわち**「その伝えたことが子どもが主体であり続けたままで子ども自身に回収される，というかたちでなされるのでなければならない」**という一文です。

子どもの思いと育てる大人の思いがぶつかるようになる幼児期前期以降（18カ月以降），大人の対応は微妙にねじれてきます。そこに子どもの思いを「受け止め・認め」つつ，大人の願うところに向かって「教え・導く」必要が生まれます。大人の一方的な「教え・導く」は，子どもを主体として育てることに成功しません。それはいまの学校教育の「教え込んで育てる」強権的な姿勢が，結局は子ども本来の主体としての心（私の言い方で言えば，「私は私」と言える心と，「私は私たち」と言える心の二面）を育てることに失敗し，学力は身につけさせたかもしれないけれども，一人前の大人に育てそこなっている現状を見れば明らかでしょう。ですから，子どもを育てるということが，まさにこの微妙なねじれを伴った両義的な対応によって営まれるものだということに早く立ち返り，本来の「教育の働き」を歪められた「教え込む」教育と混同しないとこ

ろに行き着かなければなりません。そのことを凝縮して表しているのが上の一文なのです。

　たとえば、「それはいけない」と禁止や制止を加えるときや、叱るときなどがこの一文の「伝えること」の中身です。それが「教育の働き」であることはすでに示してきたとおりです。しかし、それが一方通行のかたちで、大人から子どもへと上から目線で強引に子どもに突きつけられると、子どもは自分の行為を禁止された、制止された、あるいは叱られたと取るよりも、自分の存在そのものが否定されたと受け取ります。ですから行為のうえでは大人に従い、大人の意向はそれで果たされたかに見えても、子どもの心のなかでは、自分の思いが分かってもらえなかったという納得できない不満が渦巻き、力に従わせられた屈辱が怒りとなり、しかもそれを抑えなければならないという腹立ちが湧き起こります。これは子どもが主体であることを否定された状況であり、これは本来の「育てる」営みではないというのが先の一文の裏返しの意味なのです。

　では、「主体であり続けたまま子どもに回収される」とはどういうことでしょうか。それは、子どもに禁止や制止が示されるとき、それは自分の行為に向けられたものであって、自分の存在が否定されたのではないという確信が子どもに得られるかたちで、その禁止や制止が示されなければならないということです。ここで、「教育の働き」のなかでも、特に「叱る」や「禁止や制止」を大人が実際にどのように示すかが、ポイントになってくることが分かります。

（２）「叱る」ことの難しさ

　以下に示すのは、私の書いた本のなかで何度も登場した「こんな保育園、出て行ったる！」というエピソードの一部を抜粋したものです（『子どもの心の育ちをエピソードで描く』ミネルヴァ書房、2013年、192頁）。このエピソードには叱るという「教育の働き」の難しさが端的に表れています。

〈エピソード：「こんな保育園、出て行ったる！」〉
　「朝のお集まりのとき、Ｓくん（5歳児）は、自分の隣に座った4歳児のＫくん

がアニメのキャラクターのついたワッペンを手に持っているのに気づき，「見せろ」と声をかけると強引にそれを取り上げようとした。Ｋくんが体をよじって取られまいとすると，Ｓくんはくんの頭をパシーンと叩き，立ち上がってＫくんのお腹を蹴り上げた。大声で泣き出すＫくん。あまりの仕打ちに，私はＳくんの思いを受け止めるよりも先に，「どうしてそうするの！　そんな暴力，許さへん！」と強く怒鳴ってしまった。くるっと振り返って私を見たＳくんの目が怒りに燃えている。しまったと思ったときはすでに遅く，Ｓくんは「こんな保育園，出て行ったる！」と肩を怒らせて泣きべそをかき，部屋を出て行こうとした。私はＳくんを必死で抱きとめて，「出て行ったらあかん。Ｓくんはこのクラスの大事な子どもや！」と伝えた。泣き叫び，私の腕の中で暴れながらも，抱きしめているうちに少し落ち着き，恨めしそうな顔を私に向けて，「先生のおらんときに，おれ，死んだるしな」と言った。

　私とＳくんのやりとりを他の子どもたちが不安そうに見ていたので，「みんな，朝の会やのにごめんな，いま先生，みんなに大事な話をしたいんや」と子どもたちに声をかけた。そしてＳくんを抱き止めたまま，子どもたちに「みんなＳくんのことどう思った？」と訊いてみた。子どもたちは，「ＳくんがＫちゃんを叩いたんは，やっぱりあかんと思う。そやけど，Ｓくんはやさしいところもいっぱいある」。「Ｓくんは大事なぞう組の友だちや」「朝も一緒に遊んでて，めちゃ面白かったし，またＳくんと遊びたい」「出て行ったらあかん，ここにいて」と口々に言う。私が心配しているのとは裏腹に，子どもたちはＳくんを大事に思う気持ちを次々に伝えてくれた。私は涙が出るほど嬉しかったが，ふと気がつくと，Ｓくんが私の体にしがみつくようにしている。そこで，子どもたちにお礼を言って，「Ｓくんが先生に話があるみたいやし，今日は朝の会は終わりにして，みんな先にお外で遊んでてくれる？」と声をかけた。

　子どもたちが園庭に出て室内で二人きりになると，Ｓくんは「あのな，うちでしばかれてばっかりやねん。うち出て行って，反省して来いって，いつもいうねん。出て行って泣いたら怒られるし，静かに反省したら，家に入れてくれるんや」と話し出した。私は「そうやったんか，Ｓくん，しんどい思いしてたんやな」と言ってＳくんを抱きしめた。「先生はＳくんのこと大好きや，先生，何が嫌いかしってるか？」と言うと，「人を叩いたり，蹴ったり，悪いことすることやろ？」とＳくん。そして「遊びに行く」と立ち上がると，「Ｋちゃんにごめんいうてくるわ」と言っ

て走って園庭に向かった」。

　書き手の書いた〈背景〉も〈考察〉も割愛しているので，エピソード記述全体がどうなっているのかと疑問に思われるかもしれませんが，このエピソード記述そのものを知りたい方は前掲書をご覧いただくとして，いまここでこのエピソードを取り上げるのは，「叱る」という「教育の働き」がいかに「養護の働き」と結びつけられる必要があるのかを考えたいからです。
　あまりにひどい暴力に，まずは子どもの思いを受け止めて（「養護の働き」），それから「保育者の願いを返す（「教育の働き」）という保育の基本の手順を守ることができず，強い調子で叱りつけてしまいました。あまりにひどい暴力だったので，保育者にとって，やはりこれはやむを得ない対応だったかもしれません。しかし，書き手のT先生は，いろいろと問題を抱えたSくんに対して，乱暴な振る舞いがあっても，できるだけ強く叱りつけないで，Sくんの思いを受け止めてこれまで対応してきていました。ですから，Sくんは本当はT先生のことが大好きで，SくんにとってT先生は大事な大人でした。その先生に強く叱られたとき，Sくんの気持ちはどうだったでしょうか。単に叱られたことへの腹立ちばかりではなかったはずです。「こんな保育園，出て行ったる！」という言葉は，周りの大人が日頃，「出て行ったる！」という会話を頻繁に交わすような生活をしているところから紡がれてきたものだったに違いありません。しかし，その怒り狂う言葉と，出て行こうとする行為の裏側で，Sくんには先生に引き止めてほしい，出て行かないでと言ってほしいという気持ちがあります。他方で，優しいT先生がこんなに怒っている，ぼくはいけないことをした，いけない子になったという思いも動いていたに違いありません。そこに「出て行ったらあかん。Sくんはこのクラスの大事な子どもや！」という先生の必死の言葉と強く抱きかかえる行為が返ってきます。それがいまのSくんにとってどれほど嬉しいことだったでしょうか。その気持ちが先生の腕のなかで大人しくなり，先生の体にしがみつくという行為になったのです。
　SくんとT先生の接面ではおそらく激しい情動の動きが行き交っていたに違

いありません。手順を前後して強い「教育の働き」を示してしまったけれども，それは一瞬のことで，すぐさま先生の「養護の働き」が立ち上がって，抱き止める行為になり，「Sくんはこのクラスの大事な子ども」というSくんを肯定する言葉が紡がれます。このとき，叱った怖い先生と，受け止めて肯定してくれる優しい先生がSくんのなかで二重になりますが，二人きりになって，いつもの穏やかで優しい先生に戻ったことが分かったSくんは，ようやくほっとして，家の様子を話し出します。それは，それほどいけないことをしても，先生はやはり優しい先生だったというふうにして，先生への信頼感がそれまで以上に強められた結果でしょう。そして最後に蹴った相手のKくんに自分から謝りに行くことができたのは，T先生への信頼感が甦ることを通して，それと連動して働くSくんの自己肯定感（ぼくは大事にしてもらえるよい子という確信）が立ち上がったからでしょう。

（3） 優しい保育者として生き残ること

　先のエピソードには，ウィニコットが「叱る場面で母親は怒り狂ってはならず，優しい母親として生き残らなければならない」と言っていたことが，文字通りのかたちで立ち現れています。T先生は強く叱ったけれども「優しい保育者として生き残った」から，Sくんの揺らぎかけた信頼感と自己肯定感が一段と強化されて立ち上がることができたのです。

　いま，すぐにキレる子，あるいは，このエピソードのSくんのように，まだ幼い子どもがここまで暴力を振るうのかと唖然とさせられるような子が，いろいろな場面で取り上げられます。そのような子どもが増えていることは確かです。こうした現実を前にしたとき，「子どもがいけないことをしたときに強く叱るのは当然，白黒をはっきりさせて強く規範を示さなければ，子どもは善悪が分からない子に育つ」とよく言われます。もちろん，いまのような場面で叱らないまま周りの大人が見過ごすのは，育てる営みとして明らかに逸脱しています。しかし，ただ大人が強い権力を示すかたちで一方通行の力の規範を示せば，子どもの心に残るのは大人の力で抑え込まれた不満と叱る大人への恨みの

感情だけで，そこから規範意識は決して育ちません。それが正しい意味の教育にならないことは，教育に携わる人たちがもっと真剣に理解しなければならないところだと思います。

この「優しい保育者として生き残る」という問題をエピソード記述のテーマに掲げた例がありましたので，ここに引用して，これまでの議論を再確認してみましょう。

❖エピソード：「優しい保育士として生き残る」

T保育士

〈背　景〉

　2歳児クラスのGくん（3歳2カ月）は，母子家庭の一人っ子だが，従兄がよく泊まりに来ているらしく，兄弟のように生活している様子である。その従兄の影響なのか2歳児とは思えないような大人びた言葉を使うし，体も周りの2歳児に比べて大きい。まだまだ，「自分だけ！」「自分の！」という思いが強く，自分の思うようにならないときや，人が間違ったことをしていたりすると，とっさに手が出てしまい，春は怪我につながるトラブルも多かった。そんなときは，Gくんの思いを受け止めてから相手の気持ちをGくんに伝え，Gくんの思いを言葉で友だちに伝えるように話すと，落ち着いて相手に言葉で伝える姿もあった。周りの子どもたちにとっては，突然大きな声を出されたり，勢いよくそばに来られたりするため，身構えたり，ちょっと怖いと思ったりするけれども，それでも，憧れてしまう存在，という様子であった。Gくんがいるときといないときでクラスの雰囲気がずいぶん変わる，というほどの存在であるが，Gくんには優しい所もあり，友だちが泣いていたりすると慰めたりしている姿も見られる。

　私は転勤してきて4月から担任となった。新しいこと，新しい人に対して不安の大きいGくんは保育士の私を試したりする，落ち着かない姿が見られたが，Gくんの気持ちを受け止め，スキンシップを図ったり，「好きよ」と私の気持

ちを伝えることで信頼関係も少しでき，落ち着いて過ごす時間も増えてきた。それでも月曜日など休み明けはイライラすることが多く，大声を出し，落ち着かない動きが多く，友だちを叩いたり，作っているものを壊して逃げたりする姿もあるので，私としても気をつけてGくんに目を向けるように心がけていた。

〈エピソード〉

　Gくんはお盆を一週間お休みし，久し振りに登所してきた。その日は朝から気持ちがイライラし，友だちに怒鳴ったり，通りすがりに叩いたり，友だちの作ったものを壊したりしていた。私も次々に起こるトラブルに，ついつい止めること，注意する言葉かけだけになり，Gくんの怒りは担任の私にも向けられていた。その日，担任保育士は私だけで，もう一人は応援の保育士だったので，ゆっくりGくんと向き合う時間がとれず，私自身の気持ちも素直にGくんに向けられずにいた。それでも午睡時に「背中掻いて」と言うので，しばらくもう一人の子どもとGくんの二人の背中やおなかをさすっていた。もう一人の子がスーッと寝入り，Gくんも心地よさそうにじっとしていたので，私もほっとし，Gくんの耳元で，「今日はいっぱい怒ってごめんな。でもほんとは先生がGくんのこと好きなんしってる？」と聞くと，「うん」とそこは迷いなくうなずいてくれた。「そうか，よかった，先生，Gくんのこと好きやから仲良くしたいんやけど，あかんこといっぱいしたら怒ってしまうねん……。お昼からはGくんと仲良くしたいな〜」というと，Gくんは「うん」と頷き，スーッと眠った。

　午睡後，Gくんは遊んでいるときに私のところに来て，「先生，赤ちゃんみたいに抱っこして」と言うので「あら，かわいい赤ちゃん，よしよし，だいすきよ〜」と抱っこすると，とてもうれしそうに笑い，「先生，大好きや〜」と言ってくれた。

　その後も，やっぱり通りすがりに友だちを叩くなどしていたが，表情は朝より柔らかかった。そして友だちを通りすがりに叩いた後，自らすぐハッと気づいたように「Hちゃんのこと叩いてしまった」と私に報告しに来た。これは日頃は見ない姿で，本人も「しまった」という顔をしていたので，「あ〜，そう

かぁ，じゃあなんか言ったほうがいいかな？」と言うと「ごめん言うわ」とＨちゃんの近くまで行き「ごめん」と謝っていた。

〈考　察〉
　日頃できる限りＧくんの気持ちを受け止めて，と心がけているつもりだが，お盆明けでみんなが落ち着かないなか，朝から次々とトラブルが起き，私自身もいっぱいいっぱいになってしまって，Ｇくんの落ち着かない気持ちを十分受け止める余裕がなく，Ｇくんに対して「なんでそんなことするの！」という強い調子の言葉もかけてしまったと思うし，そうは言わなくてもそんな気持ちを表す目でＧくんを見，責めるような言葉遣いにもなっていたと思う。
　そんな私の様子から，Ｇくん自身も「なんでわかってくれへんねん！」という気持ちになり，ますますトラブルが続発したように思う。そのことは頭の隅で分かっていながらも，私の気持ちもとげとげしく，余裕もなく午前中を過ごしてしまっていた。午睡時になってＧくんもやっと布団で落ち着き，その姿を見て，私もやっと少し優しい気持ちで向き合えるようになった。何を言ってよいのか，でも私も悪かったな〜という思いから素直に謝った。その後はちょっと言い訳，というか自己弁護のようになったが，午睡後の姿から，午前中の私は保育士としてひどいものだったけれど，いままでちょっとずつ積み重ねてきたことで，何とかかろうじて優しい保育士として生き残れたのかな，と思う。
　午睡後も友だちを叩く姿はあったが，いままで自分から叩いたことを私に言いに来ることはなかったので，私も少し驚き，そのときのＧくんの表情が「しまった，謝らなければ」というように見えたので，思わずごめんを言わせる言い方になってしまった。もう少し考えて言葉を選べばよかったなと後で反省した。いまから思えば，自分の机の位置が変わるなどの変化を嫌うＧくんにとって，毎週一週間過ごす保育所ではあっても，休んだ後の登所は「変化」であり，ストレスをもたらすものなのかもしれない。これからは，できるだけその不安な気持ちをしっかり受け止めていきたい。

◆私からのコメント

　叱ることがあっても，保育者が「優しい保育者として生き残る」ことが，Gくんの自己肯定感が立ち上がることに通じる，ということがよく分かるエピソードだったと思います。

　お盆明けで久しぶりに登所したGくんがイライラして，トラブルを次々に引き起こすので，どうしても先生は注意する言葉が増え，そのためにGくんは書き手の先生にも怒りをぶつけてきます。注意や叱責などの「教育の働き」がその場面でどのように示されたかの描写があれば，読み手にその様子がもっと分かったかもしれません。それはともあれ，午睡時に一対一で関わることができた折に，先生の方から「今日はいっぱい怒ってごめんな。でもほんとは先生がGくんのこと好きなんしってる？」と言葉をかけることになったのは，先生のなかでGくんの「思いを受け止める」という「養護の働き」が十分でないままに，「教育の働き」を何度も示してしまったという反省があったからでしょう。そこでかけた言葉の裏には，先生のGくんを大事に思う気持ちが溢れていて，それが接面を通してGくんに伝わったのでGくんとしても嬉しかったのでしょう。それらはまさに両者の接面で起こった目に見えない情動の動きです。それによって潰れかけたGくんの自己肯定感が立ち上がってきたので，午睡の後，友だちを叩いてしまった後に「しまった」という表情になって，「Hちゃんのことを叩いてしまった」と自分から報告しに来たのだと思います。その「悪かった」という気持ちを受け止めながら，どうすればよいかと問いを向けたので，自分から「ごめん言うわ」と友だちに謝りにいくことができたのでした。

　いけないことを注意し，叱り，そしてただ「ごめんなさい」を言わせて，それで規範を教えたと考える保育現場が多いなかで，いまのように接面で起こっていることを丁寧に振り返り，「養護の働き」と「教育の働き」が切り分けられないかたちで働いていることに気づくことこそ，信頼感や自己肯定感のような心の中核を育むうえに欠かせない対応であることが分かります。このようにしてGくんの願わしい姿が生まれた経緯を保護者にも伝え，そこから保護者の自己肯定感が立ち上がって，Gくんの思いを保護者も受け止めることができる

第3章　子どもを育てる営みの基本に立ち返る

ようになれば，と願いたいところです。

（4）「養護の働き」と結びつくとき「教育の働き」は実効をもつ

　叱る際の「叱り方」，規範を教える際の教え方など，「教育の働き」というとすぐさま「教え方」や「指導の仕方」など，目に見える次元でものを考えようとする傾向が強くありますが，これまでの議論からも分かるように，教え方というよりも，その「教育の働き」を子どもに示す際の大人の「養護の働き」の示し方，つまり，「教育の働き」を示す際の大人の心の動かし方が問題だということが分かると思います。

　確かに，いまの子どもたちの乱暴な振る舞いや，相手を傷つけるようなひどい言葉のぶつけ合いは，一時代前の人間には目を覆いたくなる光景ですが，どうしてそういう子どもが増えてきたかを考えるときに，すぐ持ち出されるのは，「ガツンと規範を示さないから」「ガツンと叱らないから」という言葉です。禁止や制止を丁寧に示したり，あまりにひどいときは叱ったりすることはもちろん必要なことです。その必要が見逃されて放縦に流れているという現実も一方にあります。しかし他方で，規範の示し方が間違っているので，それが規範として機能しないということもあるでしょう。

　実際，自分の子どもが人の嫌がることをしていても，平気で見逃して素知らぬ顔をする保護者がいます。そしてそれを周りの保護者が指摘すると，それに腹を立てて注意をした他の保護者を非難する保護者も目立つようになりました。そして，乱暴な振る舞いも子どものすることだからと言って，そういう自分の子育て観に賛同する保護者を集めてグループをなすというようなことも起こってきました。こうした動きは，「私は私たち」という主体のもつべき一方の心（その反対の一方が「私は私」の心）が育たないままに大人になり，社会通念や規範意識が共有されなくなってきたことも大きな要因の一つでしょう。要するに保護者の放任が子どもの放縦に流れているのに，それをよしと強弁する社会的に未成熟な大人が増えてきているという問題が一つです。しかしその逆に，真正面から強く規範を示して，有無を言わさず大人の考えに従わせ，監視する

目で子どもを見るという、「養護の働き」を忘れたままの強権的な「教育の働き」、つまり本来の「育てる」営みに含まれる「教育の働き」から逸脱したそれを「教育の働き」と信じて子どもに振り向ける保護者や教師が大勢いるという問題がもう一つです。

　前者は「教育の働き」が乏しいだけでなく、「養護の働き」も十分でないことが多く、要するに「育てる」営みそのものが希薄になっている場合だと言わなければなりません。これに対して後者は、一見、「育てる」営みは真剣になされているように見えますが、しかしそこには強権的な教え込みを本来の「教育の働き」と錯覚するという大きな考え違いがあるので、正しい意味での「育てる」営みとして機能していません。後者の場合、規範を示す「教育の働き」の裏側に本来は「養護の働き」が機能していなければならないのに、そうなっていないところが問題です。いずれにしても、この両方を十分に吟味して批判する必要があります。安易に一方だけを批判して終わりになってしまわないように注意しなければなりません。

第3節　子どもの興味が広がるために必要な「教育の働き」と「養護の働き」

　「養護の働き」によって信頼感と自己肯定感を育んだ子どもは、その自己肯定感から意欲が湧いてきて、身についてきた力を頼りに世界を探索し、興味を広げていきます。そのときに、その興味をもっと広げ、子どもが自らいろいろなことを周りから学び取っていけるように、大人が誘い、導き、教えるのが本来の「教育の働き」です。これまで私は「教え込む」かたちの教育のあり方を批判することに急で、さらにまた発達促進の考え方に凝り固まった「させる」保育の動向を批判することに急で、この本来の「教育の働き」を正面から取り上げて、子どもを「育てる」営みのもう一方の働きである「養護の働き」と繋げるかたちで十分に取り上げてこなかったという反省があります。それは私の内部で、それまでの保育者主導の保育を一刻も早く覆したい、それにはまず

「養護の働き」の大切さに気づいてもらう必要があると考えていたからでもあります。しかし，子どもらしい興味や関心が充溢する心の育ちも，信頼感や自己肯定感の土台ができればそのうえに積み上げていかれなければならないものです。本節ではその問題を取り上げてみます。

（1） 興味・関心を広げる「教育の働き」と「養護の働き」

　自己肯定感があって意欲が充溢している子どもであれば，遊具がなくても，砂と水があれば楽しく遊ぶことができます。棒切れ一本でも工夫して遊ぶことができます（私の幼少の頃は友だちが周りにいなかったので，そうして遊んでいました）。私の場合，その遊ぶ楽しさがさらなる遊びを生み，自分で興味をどんどん広げていったように記憶しています。では，子どもは放っておいても興味や関心をどこまでも自分一人で広げていけるかと言えば，やはりそうではありません。私の幼少の頃を振り返ってみても，いろいろな人が私の興味や関心が広がるように誘いかけや働きかけをしてくれていたことが思い出されます。

　現代の保育の世界では，特に3歳以上の子どもに対して，幼児期の教育に関して5領域を定め，その保育内容に沿って保育することが保育所保育指針にも幼稚園教育要領にも示されています。今般の幼保連携型認定こども園でも同じように5領域の保育内容が定められたところです。しかし，それをどのように実践するかは，小学校のカリキュラムのように細かく定められているわけではなく，かなりの自由度がある内容になっています。そこに，「教育の働き」をどのように振り向けていくかに関して，いろいろな考えが生まれ，実践の中身が大きく異なってくる事情があります。

1）一斉型課題活動を通して示された「教育の働き」と「養護の働き」

　一つは古典的な一斉型の課題活動を提示するなかで「教育の働き」が示されるもので，この場合，保育者はあらかじめ計画された保育内容に沿って保育を構想し，具体的な手順を組み立ててその課題を子どもに提示し，保育者が願っていた活動に導いていくというかたちになります。ただしそこにも，保育者が

思い描いた最終ゴールに全員が到達するように，つまり表現活動でも制作活動でも，同じ結果が得られるように事を手順通りに運ぶ画一的な保育者主導の対応から，全員に課題を投げかけた後には，子ども一人ひとりのイメージや発想を大事にして，むしろ一人ひとりの結果が違うことを半ば期待する対応まで，大きな幅があります。

　前者は，子どもたちが課題に沿って活動するように，保育者があらかじめ一人ひとりに同じ素材を準備したり，似たような結果になるように取り組み方の手順を決めておいたりするので，子どもたちは個性を発揮するというより，決められたことを決められた通りに行って，最後は「みんなよくできました」で終わるパターンになりやすいと言えます。画一的な保育は画一的な結果しか導かないのです。それでも多くの保育者には，「特定の時期に必要な経験をクラス全員ができたのでよかった」とまとめられて，それ以上に追求されないことが多いのではないでしょうか。この場合，ゴールに近づくことを促し，ゴールに近づけるように教えたり，導いたりし，全員が流れに乗ることを主眼に保育を展開することが多く，そこに保育者の「養護の働き」が姿を現すことはあまり見られないように思います。

　これに対して後者の場合，課題は同じように一斉に提示されても，その課題の受け止め方に個人差があり，また受け止めた課題にどのように取り組むかにも個人差があるので，一人ひとりが個性を発揮すれば，相当にばらついた結果が生まれることが予想されます。そして後者の場合はそうなることを保育者がむしろ歓迎し，子ども一人ひとりが個性的に育つことが目指されます。この場合，保育者の「教育の働き」は，課題を構想して子どもたちをうまく課題に誘うところに，またその保育の展開に関わって，個別に努力を促したり，行き詰まったところにヒントを与えたり，具体的に教えたりするところに見出すことができます。またその際，子どもの意欲の示し方を肯定的に映し返したり，頑張りを褒めたり，個性ある結果をその子の努力の結果であると肯定的に認めたりして，子ども一人ひとりに丁寧に「養護の働き」が向けられていくことが多いように思われます。

第3章　子どもを育てる営みの基本に立ち返る

　前者は時間を効率よく使ってみな同じ結果を生み出すことに主眼が置かれていることが多く，いわゆる「させる」保育や「頑張らせて褒める」保育はこの型に多く見られるものでしょう。これに対して後者は，子ども一人ひとりを尊重し，個性を認め，個性的であることを評価するもので，たいていの場合，「養護の働き」が「教育の働き」の裏に秘められていて，それがまた導く大人への信頼感を強めるかたちになっていることが多いように思います。

2）自由遊びに見られる保育者の「教育の働き」と「養護の働き」

　先の一斉型の活動とは違って，子どもたちがめいめい自分の遊びを自由に選んで活動しているときがありますが，そこに保育者が上手く入って，そこで「教育の働き」を示していく場合があります。この場合にも，子どもの自発性に委ねるのだと称して，実質的に放任になっている保育現場はまだまだあります。もちろん，子どもが自由に遊びを見つけることも，大人に干渉されずに自分なりの発想をとことん追求することも，子どもが自由な遊びを通して自己効力感を育むうえに大事なことです。しかし，自分で見つけた遊びが子どもの思い描いたように展開しなかったり，あるいはほとんど狙い通りにできかけているのに最後のところでくじけてしまったりしているとき，そこに保育者が絡んで，ヒントを与えたり，もう少しでうまくできるよと励ましたり，促したりすることも必要な対応でしょう。子どもにとって，やはりイメージした結果を手に入れたときに，成就感や達成感を抱きやすいからです。そのような絡み方で保育者が誘い，励まし，促し，教え，導くという「教育の働き」を示すことは，出来上がった結果よりも，忍耐強く頑張る気持ち，簡単にくじけない気持ちなど，さまざまな前向きな心が育つうえで大事なことです。

　そうしてみると，自由遊びにおいても放任に流れるパターンと丁寧に「教育の働き」を振り向けるパターンに分かれ，「教育の働き」が振り向けられる場合にも，大人の意向が先に立って「教育の働き」が「させる」に繋がる場合と，そこに「養護の働き」がうまく絡んで子どもの心が前に動くようにもっていく場合とに分岐することが分かるでしょう。

(2) 一斉型課題活動に見られた「教育の働き」と「養護の働き」の具体例

　これまでの長年の経験の蓄積から，それぞれの年齢や時期に，保育者の側から是非子どもに経験してほしいことがあり，それを一斉型の課題活動で展開を図るというのは，多くの園で取り組んできていることだと思います。ただ，そこに「させる」保育に流れるのか，子どもの心を耕すことに向かうのかの大きな違いが生まれます。これまで私が巡回指導などで見る機会のあった一斉型の課題活動は，たいていが保育者主導の「させる」保育に流れていて，制作活動や表現活動などでは，保育室の後ろに陳列されているものを見ても，ほとんどが画一的で，個性を感じさせないものが多かったように思います。この一斉型の課題活動に関して言えば，これは「教育の働き」としてよい内容だと思われる保育に出会うことはそれほど多くなかったと言わなければなりません。そうしたなかで，最近，私が訪れたある幼稚園で，これぞ願わしい一斉型の課題活動だと印象に残ったものがありました。そこで，その私の得た経験をエピソード風に述べてみたいと思います。

　当日の課題活動は，5歳の年長児組の赤組と白組が取り組んだもので，両クラスとも実物の鯛を見てそれを細かく描き，あとでそれに彩色するというものでした。

1）課題提示までの前段の積み重ね

　「鯛を見て描く」という活動名だけを見て，これを一斉活動でと考えると，何やら画一的な保育を想像するかもしれませんが，そうではありません。そうではない理由の一つは，この日の課題提示までのところで何日もかけて周到な手続きが踏まれ，子どもの鯛に関する興味や関心が十分に耕された後に本日の課題への取り組みが始められたところにあります。

　まずこの月の冒頭に年長児たちは就学を控えて身体検査があり，それを機に，「人の体」の特徴についての興味・関心を広げるという目的で，図鑑や人体模型を活用して，人の身体的特徴に子どもたちが目を向けるように課題活動を構想しました。それに引き続いて，「鯛にはどういう特徴があるか，人間とはど

こが同じでどこが違うだろうか，実物の鯛を見て観察しよう」というふうに子どもたちの興味・関心をさらに掘り起し，それから実物の鯛を使って魚拓を全員が取り，そこから鯛の特徴に子どもたちの目が向けられるように促していった模様でした。

2) 当日の課題活動：実物の鯛を見て，丁寧に鯛を描こう

　当日この幼稚園を訪れたとき，年長クラスの壁には赤組も白組も昨日作った一人ひとりの魚拓が貼られていました。さて，今日の一斉課題の投げかけは，「鯛を丁寧に見て，細かいところまで描いてみよう」というものでした。課題は両クラスとも同じなのですが，赤組は教室の前方中央にある先生の教卓の上に実物の鯛が一匹置かれています。先生はまず鯛の特徴に子どもたちの目が向くように，人間と同じところ，違うところを一人ひとりに発言してもらいました。前日に数匹の鯛を使って魚拓を取ったとき，実物の鯛のなかに口を開けているものがいたので，子どもたちのなかには鯛には歯があるばかりでなく，舌もあると気づいた子どももいたそうです（私はそのときまで鯛に舌があるとは知りませんでした）。子どもたちは目や口はもちろん，歯や舌，鰭(ひれ)は背鰭，尾鰭，尻鰭，腹鰭，胸鰭の5つがあることを実物を見て確認し，他に鱗もある，ウンチの穴もあるというところまで，次々に自分の発見を述べていきました。それが終わって，それぞれに鯛のイメージができた頃合いを見計らって，先生はいよいよ細いマッキーを使って丁寧に描くという課題を投げかけました。

　白組もほとんど赤組と同じ手順で鯛を描くという課題を提示することになりましたが，このクラスは，6人掛けのテーブルの中央にそれぞれ実物の鯛が一匹置かれ，その鯛を6人の子どもが取り囲むかたちになっていました。先生は「自分の方から見にくかったら鯛を回してもいいよ」と伝えていましたが，鯛を実際に回転させる子どもはいなかった模様です。当然，書きやすい位置に座った子は見ながらさっさと書くのに，いつも見るのと違う角度から見る子どもは，私が見ている限りでは書きにくそうでした。ともあれ，実物の鯛をよく観察して細字のマッキーを使って丁寧に描く，という課題が与えられました。

ここに導くまで，保育者はかなり周到な用意をしていることが分かります。人体模型を使って人の身体の特徴を子どもに伝え，それと鯛の身体の構造の違いを確認させて，子ども一人ひとりに鯛への興味が膨らむようにもっていっています。そこがまず「教育の働き」と捉えられる部分です。今回の課題活動の提示は，それまでに興味や関心を広げるための下地作りをじっくりとやり，そのうえで，大人の用意した課題が提示されるというかたちです。そこが一方通行の働きかけではない，子どもの興味や関心がそれぞれに深まるところを尊重した対応である，と指摘することができます。

　さて，いよいよ子どもたちの描画が始まりました。さっと実物の鯛の輪郭をかなり正確に描いたと思ったら，その内部を埋め合わせていくことにはなかなか気持ちが向かわない子どもがいました。他方，なかなか課題に取り組めず，何度もトイレに行って，周りの友だちのすることを見てからという子どももいました。しかし，多くの子どもは，自分にとって最も印象深かった鯛の部分を中心に描きはじめました。

　面白かったのは，全体にバランスの取れた写実的な絵を描こうと思う子どもは少なく，自分の興味・関心のあったところだけ，丁寧に正確に描こうとする子どもが多かったことです。ある子どもは，鯛の鋭い背鰭が気になって，まるでその背鰭を相貌的に知覚しているかのように，その鋭く尖った背鰭を何とか表現したくて，背鰭のギザギザを描こうとそこに注意を集中し，全体のバランスにはあまり興味が湧いてこない様子です。またある子どもは真正面から見た鯛の顔を描きたかったようで，たいていの子どもが横置きの鯛のフォルムを描こうとするのに対して，その子は自分の真正面に見える鯛の顔を描こうとします。そして，自分が発見した歯と，他の子どもが発見した鯛の舌を何度も描き直す子どももいました。

　その間，白組の先生は一人ひとりを巡回して，その子の着眼点を褒めて認めます。「よくこれに気がついたねぇ」とか，「そうか，Ｈくんは背鰭のギザギザが描きたかったのね，とても注意して鯛を見ていることが先生に分かったよ」と認める言葉（養護の働き）が返されます。私がその子の描画に注意を向けて

そこに接面ができると、背中の鋭い鱗を描く瞬間に、子どもが息をつめてその細いナイフのような部分を描いているのが伝わってきます。楽しんでいるというより、そのトゲトゲした感覚に導かれてそこを何としても表現しようという気持ちが伝わってきます。その子以外にも私は保育室をあちこち移動して子どもたちの描画活動を見て回りましたが、子どもたちはほとんど例外なく自分の興味を引かれた部分に注意が惹きつけられているのがありありと分かり、全体のかたちを描くというよりも、気になったところを丁寧に描きたい気持ちが溢れ、その限りでは保育者の用意した課題に乗って活動しているように見えました。立派な背鰭を丁寧に描いているけれども、他にはあまり注意が向かない子。輪郭はすばやく描いたけれども内部をどう描くかのイメージが湧かずに、それから先はじっと周りを見ている子、鱗に気持ちが引かれて、鱗を一枚一枚丁寧に描く子、というように、実に千差万別な子どもの姿があり、「鯛のかたちをもう少ししっかり見て、他はどうかな」というような言葉かけは、この保育者からは聞かれませんでした。

　保育者は各テーブルを巡回して、一人ひとり、その子が着目したところを取り上げて、「○○くんはここが興味深かったんだね」とその子の興味を確認する言葉を次々にかけて回っていました。

　私が見ているあいだはまだ彩色まではいかずに、一人ひとりが自分で納得のいくまで細部を描いていました。その活動を見て、保育者には最初から、「こういう鯛を描かせよう」という思いはなかったことが分かります。課題は一斉に投げかけたけれども、それをどのように受け止めるかはそれぞれの子どもに委ね、その子が表現したいと思ったことをあくまで尊重するという姿勢のようでした。ですから、ここでの「教育の働き」は、それぞれの子どもが興味をもてるように、子どもたち一人ひとりから各自の興味をどのようにして引き出すかに向けられていて、活動が始まると、保育者はむしろ子どもの表現を肯定的に映し返すかたちの「養護の働き」を丁寧に振り向けているように見えました。「できた」とつぶやいて先生のところにもってきた子どもの描画を、先生はロッカーの上に並べて置き、午後から彩色することを考えていたようです。でき

あがる速さ，表現の精密さ，ペン遣いの仕方，形のバランスなど，実に個人差が大きく，みな個性的で，就学前の表現活動はこうでなければと思えるほど，個性豊かな作品になっていたように思います。写実的な描画を意図したものではなく，子ども一人ひとりが鯛をどのように見ていたかが分かる表現になっていることが，たくさん並べられた描画を見て分かり，見ている私自身が心豊かになる思いでした。保育者の「教育の働き」と「養護の働き」がまさに切り分けられないかたちで子どもたち一人ひとりに向けられているという印象があり，久しぶりに安心して見ていられる一斉活動に出会えたという満足感に浸ることができました。

（3） 自由遊びを切り上げる際の「教育の働き」と「養護の働き」

　以下に紹介するのは，園庭での遊びに区切りをつけて集団全体を部屋に入れようと保育者がその意図を子どもたちに伝えたときに（教育の働き），一人の子どもがそれに応じず，いま興味をもった遊びを続けるという場面で，保育者がどのような対応をしてその子が入室するまでに至ったかを綴ったエピソードです。ここでこれを取り上げたのは，「教育の働き」と「養護の働き」が切り分けられないかたちで一体的に働いていることがこのエピソードに見て取れるからです。

❖エピソード：「Uくんの発見」

N保育士

〈背　景〉
　年少組のUくん（3歳9カ月）は，父・母・妹（1歳3カ月）の4人家族で，0，1歳児クラスからの進級児。妹とともに通園している。まだまだ母親に甘えたい2歳半ばの時期に妹が生まれたこともあり，その頃は，お迎えのときに母親があれこれ声をかけるにもかかわらず，母親の気を引くかのように勢いよく戸を開けて笑いながら保育室を飛び出し，母親が「U～！」と後を追いかけ

ることになったり、友だちや保育者との関わりのなかでも、突然友だちを叩いたり、なにかと保育者や友だちに「いや！」と自分の気持ちをぶつけたりするなど、周りを困らせる姿がいろいろ見られていた。昨年までは、正直なところ、担任は大変だなぁと思って見ていた。

　そんなパワー溢れるUくんを今年度私が担当することになり、これまであまり関わりもなかっただけに、Uくんに受け入れてもらえるかどうか少し不安に感じていた。4月から5月のあいだは、登園の際、「抱っこ、抱っこ！」と妹より自分の方を抱っこしてと母親にせがんだり、「先生いや〜うさぎ組いや〜ママの会社いく〜」と泣きながら母親にしがみついたりする姿があった。そんなUくんだったので、食事や昼寝のときにUくんの隣に行ってあげようと思って行くと、「先生いや、あっちいって」と言われてしまい、正直グサッときていた。それでも、遊びのなかで楽しいこと、嬉しいことを一緒に共感したり、泣きわめいたときにはしっかり抱っこして、落ち着いてからいろいろな話をしたりと、Uくんとの信頼関係を築けるよう心がけてきた。

　この日、遅番勤務の私は子どもたちと園庭に出ていたが、保育室に入る時間となり、ほとんどの子どもが入った後、園庭を片付けていた。Uくんは同じクラスのRくん（3歳10カ月）と一緒に砂場遊びをずっと楽しんでいて、みんなが保育室に入った後も、最後まで片付けないで遊んでいた。

〈エピソード〉

　「お片づけいや！」「まだあそんどる！」と拒んでいたUくんだったが、私は、一緒に遊んでいたRくんに、「明日も続きできるように、これとっておこうね」と促すと、Rくんは、三輪車の小屋の上に使っていた遊具を置いてもらうことで納得し、すぐ保育室に戻っていった。それを見て、Uくんの遊びに先ほどまでの勢いはなくなった。そこで私は、「Uくんのも置いておこうか？」と声をかけたが、Uくんは「置いとかんでいい！」と言って、持っていた遊具を砂場に投げつけた。そして今度はテーブルの上に置いてあったバケツに興味をもちはじめた。バケツのなかには泥が少し入っており、その上に水の入ったナイロ

ン袋がのせてあった。私は，"Uくん，何か見つけたな……。いま誘ったところで嫌がるだけだろう。園庭の片付けが済むまでそっとしておこう"と周りの片付けを先に済ますことにした。

　しばらくしてUくんを見ると，バケツのなかのナイロン袋を両手で押さえつけていたが，その瞬間"ピューッ"と水鉄砲のように水が飛び出た。水が飛び出した瞬間の驚いた顔！　そして面白いことを発見した嬉しそうな顔！　……何度か繰り返し水を飛ばしているUくんの表情がとても生き生きして見えた。「Uくん，面白いの見つけたね」と声をかけようと思ったが，いまはUくんが自分の世界にどっぷり入り込んでいるように感じたので，声はかけずにおいた。すると今度は，ナイロン袋を取り出す。ナイロン袋の隅に穴があいているようで，ポタポタとしずくが落ちている。Uくんはそれを見ると，袋を持ってクルクルとゆっくりその場を回りはじめた。そうするとポタポタ落ちるしずくで円ができる。そのことを発見したUくんは，今度はしずくが円を描いていく様子をマジマジと見つめながらクルクルと回っていた。その姿が実に印象的だった。私の片付けも終わったので，そろそろ声をかけようと思い，「Uくん，もう，みんなお部屋に入ったよ。Uくんもそろそろ行こうか？」と誘うと，バケツやナイロン袋はそのままに，自分からパッと走って入室していった。

　この翌日もUくんは最後まで砂場で遊んでいた。昨日同様，片付けを先に終わらせてからUくんに声をかけると，Uくんは走って保育室に向かい，入り口でズックを脱ぎ捨てながら「せんせい好き！」「ほいくえん好き！」と叫ぶと，遅番の保育室に走っていった。

　Uくんは保育者に甘えたくても素直に甘えられない，友だちと関わりたくても上手く関われない，あちらこちらの友だちを叩いては反応を見たり，強がったりするところがあった。そんなUくんが保育者の顔を見ないで走りながら「せんせい好き！」と叫んで去っていくあたりが，Uくんらしくもあり，微笑ましくもあり，私の胸にジーンと響いた。

〈考　察〉

　自分のちょっとした行為が引き起こした偶然の出来事に対するUくんの驚きの表情，面白さを発見した瞬間の表情，そのことを繰り返し確かめ自分のものにしようと夢中に取り組む表情がなんとも魅力的だった。子どもがそうなったとき，周りが見えていないというか，自分の世界に入り込んでしまっているように感じる。そんなとき，むやみに大人がその世界に入り込んではいけないのではないかと，今回，Uくんの表情を見て感じた。特に，ポタポタと垂れる水をジッと見つめながら，自分の体を中心に水で円を描くUくんの姿が心に残る。Uくんは滴るナイロン袋を持って，歩きながらではなく，自分が円の中心に立って，体を回転させることで，自分を取り囲むように円を描いていっている。そうしながら，円の内部空間にUくんの陣地というか，外界と区別した自分の領分を区切り，何か自分のなかでイメージする世界が広がっていたのかもしれないなと思った。そう思うと余計むやみに声をかけなくてよかったと思う。

　「最近の子どもは遊べない」と言われたりするが，それは子ども時代にふさわしい物の見方や時間の流れ方のなかで子どもに大人がつき合うのではなく，大人の物の見方や，大人の都合に合わせた時間のなかで，子どもを急かしているからではないかと思う。私自身，今回は①遅番の時間だったこと，②Uくんと二人だけという，ゆったりとした状況のなかだったこと，の二つの条件があったので，このようなUくんの子どもらしい姿に気づけたのかもしれない。これからも自分自身の日常の保育を振り返り，子どもたちのいろいろな発見の瞬間に寄り添っていきたいと思う。

　また，Uくんはここのところ登園時に母親の抱っこからすんなり私に手を伸ばして抱っこされるようになり，母親を笑顔で見送ったり，降園時には笑顔で迎えたりするようになってきた。異年齢で過ごすなかで，年上の子どもたちの遊びに刺激を受けたりしたせいか，他児をやたらと叩くこともほとんど見られなくなった。

◆私からのコメント

　このエピソードは，保育者による最初の入室の促し（教育の働き）をＵくんが拒んでから，最終的にその促しを受け入れて自分で入室するまでの経過を取り上げたものですが，その間に，Ｕくんの興味深い遊びの世界が展開され，それに書き手の保育者が引き込まれるように見守っているところが印象的です。

　保育者主導の「させる」保育では，「片付け」と先生が号令をかければ，一斉に片付けて次の活動に移る子どもたちの姿が目に飛び込みます。それは一見したところではよく統制が取れていて，それを歓迎する保護者もいれば保育者もおり，また保幼小連携などの場面では小学校の先生がそれを強く求める場合もあります。しかし，もしもその子がすっかりその遊びに入り込んでいたなら，保育者が「片付け，入室」と促しても，それを簡単に諦めて，次の活動に切り替えられるものでしょうか。そのときに，「だめ，もうちょっと」というように自分の思いを表現できるかどうかは，子どもに関わる大人の意向の強さや，子ども一人ひとりのそのときの思いを受け止める保育者の懐の深さに懸かっているのは明らかです。

　保育者の呼びかけに子どもが応じなかったとき，それに対して統制的な言葉をかけて大人の意思に従わせるのか，それとも子どもの「応じられない」という思いをまずは受け止めて（尊重して），どうすればその子が自分から応じられるようになるかを考えるかは，まさに保育者主導の保育になるか，子どもを主体として尊重し，その主体として持つべき二面の心（「私は私」と言える心と，「私は私たち」と言える心）を育む保育を目指すかの選択にかかっています。

　この書き手の保育園は，園長先生を筆頭に，子ども一人ひとりの思いを尊重し，子どもが一人ひとり主体としての心を育めるように，職員間で十分に連携を取り合い，自分の保育をいまのようなエピソードに綴ってみんなで読み合わせ，それを通して保育を振り返ってさらに保育に磨きをかけるという，私の目から見れば本当に願わしいかたちで保育が展開されている保育園，その意味では，まさに保育者主導の「させる」保育の真反対に位置する保育園です。

　そんな保育姿勢が職員間で共有されているからこそ生まれたと言えるエピソ

ードですが、ここでのUくんの振る舞いを、わがままな子、規範に従わない子と見るのではなく、家庭環境や友だち関係など、いまのUくんにとって思い通りにならないことがたくさんあって、それが負の行動に繋がっているのだと見ているところがまず一つの大事な点です。その裏には、自分のなかで納得できれば、Uくんなりに自分で動いてくれるはずという、保育者のUくんへの漠然とした信頼も背景にあったと思います。それが強引に入室を促すのではなく、いまUくんが見つけた遊びをしばらく見守ろうと書き手が思った理由だったのでしょう。

　バケツのなかの水の入ったナイロン袋を両手で押すと穴から水がピュッと飛ぶのに驚き、それを手に持ってみると滴が垂れ、それを持って体を回転させるとその滴がしたたって、地面に円を描くのに気づき、それに夢中になるUくんです。そのUくんの遊びの様子に引き込まれ、その発見の面白さを認める声をかけたいけれども、それはいまUくんが入り込んでいる世界を壊すことになりはしないかと慮って、そっと見守ることにしたというところには、書き手の「養護の働き」が充溢しています。その場面を外側から見る人には、ナイロンの袋を振り回しているUくんと、それを黙って見ている先生としか見えないかもしれません。しかし、このエピソードを読むと、その接面でいかにたくさんの思いと思いが交叉しているかが分かるはずです。書き手は自分が黙って見守っているときのその思いがUくんにどんなふうに伝わっているかについては書いていませんが、Uくんは自分の遊びに没入しながらも、先生が自分を見守ってくれていることに気づいていたに違いありません。つまり、先生はただ見守っているのではなく、自分の遊びの面白さに先生が興味を引かれ、それを肯定的に見てくれているというふうに気づいていたはずです。それはまた、自分の存在が認められている、肯定されているとUくんが思えるように先生が見守っていたからでしょう。そうした「養護の働き」がUくんに十分に届き、「こうしたい」というUくんの「私は私」の思いが十分に燃焼できたところで、再度入室を促すという先生の「教育の働き」が示されたので、Uくんはそれを素直に受け入れることができたのでしょう。それはまた、Uくんの内部に育ちはじ

めている「私は私たち」の心が立ち上がって，促しを受け入れられたとも考えられます。
　最初の促しから，最後の促しまでの数分間を考えるとき，保幼小連携の場面などでは，小学校の先生の大半はその「間」が耐えられず，どうしてさっさと入室を促さないのかと苛立ちを隠しません。それが「学校文化」なのでしょう。ベルが鳴って時間で動く小学校では，いまのエピソードのような事態は受け入れがたいことのようです。そして保育者主導の保育でも，いまのように待つことはあり得ないと言われます。Ｕくんの振る舞いは集団の流れからの明らかな「逸脱」とみられるからです。しかし私は，いまのエピソードこそ「学校文化」とは異質の「保育文化」を示すものであり，それを「学校文化」に早く塗り込めるような動きはその「保育文化」を壊すことだと思っています。というのも，いまのエピソードのように，就学前に先生への信頼感と自分の自己肯定感の基盤をしっかり作っておくことが，その後の心の育ちに大きく影響してくると確信するからです。
　現に，このエピソードの最後のところでＵくんが「せんせい好き！」「ほいくえん好き！」と叫んだのは，保育者の「養護の働き」がＵくんに届き，自分の存在が肯定された喜びがその言葉を紡がせたとしか考えられません。そうした目に見えない心の育ちによって，Ｕくんは次第に落ち着きを取り戻し，「乱暴な行為が減る」という好ましい結果を導いたのであって，強引に規範を示してその場での大人の願いに巻き込んでしまえば，なかなかこのような子どもの心の変化は生まれてこなかったはずです。
　「養護の働き」のなかにすでに「教育の働き」に通じるものが含まれている，「教育の働き」の背後で「養護の働き」が作動していると述べてきたのは，まさにいまのようなエピソードが念頭にあるからです。このエピソードを読んで，これでは規範的な行動が身についていかないとみるか，規範的な行動は「養護の働き」を介して子どもの信頼感と自己肯定感が動いてこそ身についてくるとみるか，まさにそこに分岐点があるように思われます。

＊＊＊

こうして「養護の働き」と「教育の働き」の両義的な関係を見てくると、いま我が国の文化のなかで「育てる」という営みがあまりに教育（それも本来の「教育の働き」ではない，大人の権力を背景にした悪しき「教育」）に傾いていて，しかも力をつける面の教育さえしていけば十分であると考え，子どもが一個の主体として成長しているかどうかが視野に入らないという現状に対して，私は深い危機感を覚えずにはいられません。これまでの議論を振り返ると，教育か保育かという議論の混乱は，手前味噌ながら，「養護の働き」と「教育の働き」という観点から整理できること，そしてその二つの働きこそ，「育てる」営みの基本であることが分かるはずです。

　今般の幼保連携型認定こども園の中身を定めた告示には「教育及び保育」という表現が頻発しますが，前者の「教育」は文部科学省の立場，後者の「保育」は厚生労働省の立場と考えて，それぞれの顔を立てて二つの立場を折衷したものと考えれば，ある意味で最も分かりやすいのかなとも思います。しかし，どうもそれほど単純ではないようで，どこかに教育は一段上，保育は一段下の意味も被せられているようです。それが「保育及び教育」と書かれない理由なのでしょう。3歳未満の子どもからその上の年齢を展望すれば当然「保育及び教育」と書いてよさそうなのに，その逆になるのは，小学校に上がる子どもからその下の年齢を展望するからでしょう。そこにこの告示を準備する人たちが事態をどのように見ているかが示唆されています。

　しかし，「教育」という言葉で覆おうとする中身も，広くは「育てる」営みに含まれるはずです。そして「保育」という言葉で覆おうとする中身は「育てる」という営みの全体に及んでいるはずです。ですから，第1章に示した「育てる」営みの概念図を踏まえれば，「教育」を語る人たちも，「養護の働き」と「教育の働き」の二面を視野に入れないとその営み全体を語り得ないでしょうし，「保育」を語る人たちは，もちろんこの二つの働きを視野に入れないとその営みを語り得ないはずです。ですから，私は就学前に「教育」と「保育」という言葉を混在させて用いるべきではなく，「保育」という言葉一本で，そして育てる働きとしては「養護の働き」と「教育の働き」を，さらにその内容は

「保育内容」という言葉で一貫すれば，行政管轄の違いを超えて議論できるのではないかと考えてきました。そしてその観点から，「養護の働き」と「教育の働き」のバランスを考えたときに，いまの我が国の「育てる」営みが，「教育の働き」の過剰，というよりも，本来の「教育の働き」から逸脱した「教え込む」型の歪められた教育の過剰になり，しかもそれが「養護の働き」と分断されて子どもに振り向けられている状況が問題なのであり，そこを見直して，本来の「養護の働き」と「教育の働き」の両義的な結びつきに立ち返ることが，いま必要とされていることだと思われます。

第4節　子どもを育てる営みの危機

『保育・主体として育てる営み』（ミネルヴァ書房，2010年）以来，『子どもは育てられて育つ』（慶應義塾大学出版会，2011年）でも，『子どもの心の育ちをエピソードで描く』（前掲書）でも，私は「主体としての二面の心」という言い方で，育てるという営みは，力をつけるだけではなく，むしろ主体としての二面の心を育てることだと主張してきました。それは本書でも述べてきたように，「力を，力を」という流れが主流になって，子ども一人ひとりの心に目を向けなくなった現状の流れを何とか変え，心の育ちを「育てる」営みの根幹とみなすことに立ち返らなければと思ってきたからです。本節では第1章の第3節での議論を踏まえて，再度主体としての心の二面を取り上げ，その二面が十分に育っていないことがいまの子どもを育てる営みの危機に繋がっていることに触れてみたいと思います。

（1）　主体は二面の心からなる

主体は活動の座でもありますが，何よりもさまざまな心が動く座です。その心の動きが活動を呼び起こしているのです。さまざまな心がなぜ起こるのかを考えるとき，私は人間という主体が二つの根源的な欲望からなると考え，その二つの欲望が満たされたり，満たされなかったりするところから，正と負のあ

りとあらゆる心が動くと考えてきました。その二つとは，**自己充実欲求**と呼ぶものと**繋合希求欲求**と呼ぶものです。

　自己充実欲求とは，「こうしたい」「こうしたくない」「こうしてほしい」という，個の内部から立ち上がってくる欲望のことで，これを満たそうとするのが，人間の（生涯を貫く）根本的なありようの一端だと考えます。また繋合希求欲求とは，特定の他者と気持ちが繋がれることを本源的に求める欲望（欲求）のことです。人間は一人では生きていけない生き物です。人間にとって，重要な他者と共にいること，気持ちのうえで繋がれることは，単に安心感をもたらすというにとどまらず，それ自体が満足や喜びになるというのは，人間にこの繋合希求欲求があるからだと考えます。この二つの欲望に住み着かれていて，その両方の充足を求めてあくせくもがくのが主体の生きるありようだと私は考えてきました。ここから主体の心が二面あるという事情が見えてきます。

　1）「私は私」と言える心，「私は私たち（の一人）」と言える心
　私の考えでは，主体とは，何よりも**「自分の思いをもって自分らしく周囲の人と共に生きる存在」**というふうに定義できるものです。そして「主体」をこのように定義してみると，そこに次のような二つの面があることに気づきます。つまり，**「自分の思いをもって自分らしく」**という面と，**「周囲の人と共に」**という面です。前者は「自分の思い通りにしたい」という自己充実欲求を基盤にした心，後者は「他の人と繋がっていたい」という繋合希求欲求を基盤にした心に対応するものですが，その二つの面を考慮に入れて，私はこれまで，**「一個の主体は「私は私」と言える心と「私は私たち（の一人）」と言える心の二面をもつ」**という言い方をしてきました。

　まず「私は私」と言える心とは，「こうしたい」「こうしたくない」という自分の思いを貫こうとする心の動きです。乳児期の「おっぱいがほしい」，幼児期の「この玩具がほしい」に代表されるように，自分の思いを主張し，自分の思いを実現するかたちで自分を前に押し出そうとする心の動きです。そこには，自分の思い通りにしたい，自分でやりたい，自分を認めてほしい，自分のする

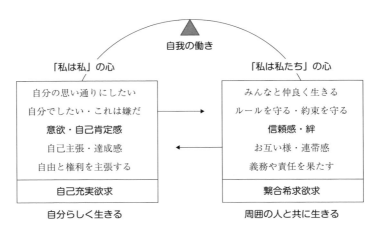

図4 一個の主体は「私は私」の心と「私は私たち」の心の二面からなる

ことを肯定してほしいという「私は私」の思いが根底にあります。それが現れてくるためには，周りの大人に愛され，大事にされて，自分は大事にされている，自分は肯定されているという自己肯定感が立ち上がり，そこから意欲が湧いてくることが必要です。そこから，こんなふうにして遊んでみたい，こんな工夫ができるようになった，自分はいろいろなことができる，というような自己効力感（自信）が生まれてくるのです。こうして自己主張や自己発揮，自己実現を目指す動きが生まれてきます。要するに，人の生涯を通して，心の動きの半分はこの「私は私」と言える心が実現されるか否かによって，自己肯定感が培われたり培われなかったりすると考えることができます。こうして成長した暁には，自由と権利を主張して自分らしく生きる姿勢が身についてきます。

他方，「私は私たち（の一人）」と言える心は，親や保育者など子どもから見て重要な大人が子どもの存在を肯定し，子どもを大事に思うことによって，子どもの内部にその重要な大人と「一緒がいい」「繋がっていたい」という心の動きが生まれることを端緒としています。それがその大人への信頼感を生み出すのです。誕生まもない頃は繋合希求欲求を満たしてくれる重要な他者と一緒にいることが，原初の「私は私たち」ですが（私とお母さんとで「私たち」），そこから次第に友だちと一緒がいい，友だちと繋がって遊びたいというふうに，

繋がることが喜びになってきて，本格的な「私は私たち」と言える心が成り立ってくると考えられます。要するに，繋がりを求める心，繋がりを喜ぶ心が「私は私たち」の心の中核にくるということです。こうしてそこには，自分が大事にされたいように相手を大事にすること，自分が尊重されたいように相手を尊重すること，トラブルの後に，自分から相手に「ごめん」が言えて，相手から「ごめん」と言われたときに，「いいよ」と許せること，というように，「お互いさま」の感覚が次第に生まれてきます。ルールを守るのも約束や規範を守るのも，仲間と共に気持ちよく遊んだり生活したりするうえにそれが必要だと自分に思えるようになるからです。こうして「私は私たち（の一人）」と言える心が育ってきます。そして成長した暁には，そこから義務と責任を果たす心が身について，社会の一員としての姿勢が身についてくるのです。この間の事情をまとめたのが図4です。

２）「私は私」「私は私たち」の心とは

図4の左の箱は「私は私」の心を表すもので，その基底には自己充実欲求が置かれています。「こうしたい」「こうしたくない」という「私は私」の心の根源には，自己充実欲求があるというのがこの図の一つの意味です。その中身については上に述べた通りで，重要な大人から自分の存在が肯定されている，大事に思ってもらえているという経験の積み重ねのなかから，「自分が大事」という感覚（自己肯定感）が生まれ，それが「私は私」の中核をなし，そこから意欲が湧いてきて，外界にさまざまに働きかけ，そこでの経験から自己効力感（自信）が生まれ，こうして自己主張や自己顕示の心が動いて……というふうにして，箱のなかが詰まっていくと考えることができますが，しかしこれは右の箱の重要な大人への信頼感と背中合わせになって実現されていくと考えられなければなりません。

他方で，右の箱は「私は私たち」の心を表すもので，その基底には「大事な人と気持ちを繋ぎたい」という繋合希求欲求があります。その中身も上に述べた通りで，大事な大人と一緒にいたいというのが原初の「私は私たち」の心で

すが、そこから生活が広がるなかで、周りから思いやってもらえてうれしい、周りを思いやって相手が喜んでくれたから嬉しいという双方向の気持ちを経験し、さらに一緒に遊ぶ楽しさや一緒に暮らす楽しさを経験して、次第に友だちと一緒がいい、一緒が楽しい、嬉しい、安心するという経験が積み重ねられ、「私と友だちとで私たち」と思えるようになり、謝る、許すというお互いさまの経験を重ね、また生活圏がどんどん広がるなかで、「私は私たち（の一人）」と思えるようになっていく経緯が考えられます。こうして遊びのルールや生活上の規範が身についてきます。ここでも、「私は私」の自己肯定感が立ち上がるから、友だちとの関係が好ましいものに思えてくるのであって、左の箱と無関係に右の箱の中身が充実していくわけではありません。自己肯定感が立ち上がらないようでは、「私は私たち」の心も育たないのです。

　確かに「私は私」と言える心と「私は私たち」と言える心は、「あちら立てればこちら立たず」の面がありますからヤジロベエで繋がれているのですが、しかし、いま見たように、左の箱の充実が右の箱が充実する条件になり、逆に右の箱が充実することによって、さらに左の箱が充実する可能性が開かれるというように、双方は互いに相手の充実の条件にもなっています。それが両方の箱を繋ぐ双方向の矢印の意味です。

　これまでの説明からも分かるように、「私は私」と言える心が充実していくためには、「私は私たち」と言える心の中核にある重要な大人への信頼感や安心感がしっかりしていなければなりません。重要な大人への信頼感や安心感から「私は私」の中核にある「自分は大事、自分は大丈夫」という自己肯定感の根が生まれ、またそこから意欲が生まれるのです。逆に、「私は私」と言える心が充実し、自分に自己肯定感をもって意欲的に周囲に関わることで、友だちと遊ぶことの楽しさが生まれ、そこから相手の思いを尊重したり、相手を思いやったり、謝ったり、許したりといった「私は私たち」と言える心が動くようになってくると考えられます。そうして考えれば、主体のもつ二面の心のあいだには、相容れない面と、相互が影響を及ぼし合ってお互いを強め合う面があることが分かると思います。

太古の昔から共同して助け合って生きてこなければならなかった人間は，こうした主体としての二面の心が育つことが一人前の人間なるうえに欠かせなかったはずだと考えます（現在の私たちでもそうです）。主体は単に自分の言いたいことを言い，自己実現を目指すだけの存在ではなく，それを追求しながらも，周りと折り合いをつけて生き，周囲と共に生きることが自分の喜びになることが視野に入ってこなければならず，その二面が自分の内部でバランスされてはじめて，一個の主体と言えると私は考えてきました。それが一方では自由と権利を主張しながら，他方で義務と責任を果たすという一個の主体のあるべき姿だと思うのです。

　その観点から現在の子どもたちの心の育ちを振り返ると，序章で指摘したように，大人は子どもに力をつけることが将来の子どもの幸せになると信じて，ひたすら大人が主導して子どもに力をつけることに邁進し，それによって主体としての二面の心を育てるという視点がぼやけ，その二面のバランスが著しく崩れた人間が大勢目につくようになりました。それは子どもを育てる大人の育てる営みが本来もっていたバランス，つまり第1章の第3節の図1の「養護の働き」と「教育の働き」のバランスが崩れたことと，「教育の働き」がその本来の中身とは異質なものになったこと（教え込むかたちの教育に偏ったこと）に拠っています。こうして，本来は願わしい世代間循環としてあったはずの育てる営みが次第に負の循環になり，その結果，主体としての二面の心の育ちを欠いた大人を多数生み出すことになったのです。この流れを逆転させて，本来の願わしい世代間循環に戻すためにも，まずもって，いま育ちつつある子どもの心の育ちをしっかりしたものにしていく必要があります。

（2）　主体としての心の育ちの危機

　私は保育所保育指針にあるような「発達の目安」が本来の子どもを育てることの目標ではなく（それは子どもたちの能力面の育った結果をまとめたものに過ぎません），先の図4に示される主体としての二面の心こそ，育てることの目標ではないかと考えます。そしてその観点から子どもの心の育ちの現状を見ると，

決して楽観視できる状況ではないと言わざるを得ません。

1）乱暴な子ども：行為よりもその心が大変

　メディアの影響なのか，ヒーローごっこでも手加減が分からないままにキックやパンチを平気でして，それが楽しいのか，いけないと分かってしているのか，それすら判然としない遊びをする子どもたちが増えています。特に保護者の生活環境が安定していない子どもにその傾向が著しく，保護者の子育てのなかですぐ手が出る環境もメディアと並んで子どもに負の影響を及ぼしているようです。それを保育者が指摘すると逆切れする保護者がいます。そういう保護者は自分と似通った子育ての姿勢をもつ保護者と同質集団を形成しやすく，「周りがみんなそうだから」という理由をつけて，自分の家庭での子育ての歪みを是正する動きを示しません。口を開けば，社会の子育て支援が不足しているという議論に流れますが，何よりも保護者自身が一人前の大人として十分に自己形成しておらず，主体としての二面の心の育ちが十分でありません。そうした保護者のありようも，これまでの育てられて育った結果なのです。そういう保護者は自分の成長の過程で，周りから十分に自己を尊重してもらえなかった，自分の存在を十分に認めてもらってこなかったという負の育ちを抱えています。それが現在の子育てに負のかたちで影響を及ぼし，それが子どもの育ちに繋がって，自分勝手で手加減を知らないかたちの乱暴を働く子ども，人が嫌がる言葉を相手にぶつけて喜ぶ子どもというような，ひどい負の行動をしてもなかなかそれを修正することできない子どもが増えています。

　そういう子どもに対して，強い規範を示す対応は明らかに逆効果です。そういう子どもがクラスに1人，2人なら，担任保育者も何とか収めていけるでしょうが，1クラスに5，6人もいて，その子たちがグループをなすようになると，単にその子たちを収められないだけでなく，周りの子どもたちがそれによって負の影響を受けて，ますます収拾がつかなくなるという悪循環に陥ります。

　一昔前に「腕白でもいい」というコマーシャルが流れたことがありましたが，この範疇の子どもはそのような肯定的な意味での「腕白な子ども」ではありま

せん。本当にしっかりした自己肯定感に裏打ちされた「私は私」と言える心から，腕白な活動が紡がれているわけではないからです。内面は不満，不信，いら立ちなどが渦巻き，それを自分で調整する力が備わっていないから，ひどい負の行動が立ち現れてくるのです。

確かにそういう気がかりな子どもに対してこそ，「養護の働き」をしっかり示すというのが保育者の基本ですが，いくら保育の場で信頼関係を築こうとしても，家庭に戻れば元の木阿弥のような生活のなかでは，それがなかなか功を奏しません。それでも，それを息長く持続するしか打開策は見出し得ません。その手応えのない焦りに駆られて，「厳しく規範を示して」という考えがまたもや復活する余地があるのでしょう。気がかりな子どもの乱暴を監視することが保育者の仕事の中身になれば，まず保育としては良い保育にならないことは確実です。保護者たちの子育てのあり方を一挙に変えることも難しく，保育の接面で子どもと心を結んでも，保育の場を離れるとたちまちそれがほころびてしまうという環境では，保育者に重い気持ちが溜まるだけのようにも見えます。この悪循環をいかに断ち切るかは本当に難しい問題で，これはまさに危機的な問題だと私には映ります。

2）意欲的に遊べず，大人の顔色をうかがう子ども：心が輝きを失っている

気がかりな子どものもう一群は，心の輝きを失った子どもたちです。大人の言いつけは守り，聞き分けもよく，集団の流れにも乗っているようですが，それは目立ってトラブルを引き起こさないという意味であって，願わしいかたちで積極的，意欲的に遊べない子どもたちです。表立ってトラブルを起こさないので前項で見た乱暴な子どものように保育者の目を引きませんが，その子の心に寄り添って接面から捉えられるものに耳を傾ければ，声にならない悲鳴が聞こえてくるタイプの子どもたちです。これらの子どもの大半は保護者の強い主導性の下で，自分の思いを受け止めてもらえない，したがって，自分が肯定されていると確信をもてない状況に置かれています。保護者の顔色をうかがい，それに合わせるかたちでしか振る舞えないために，「私は私」と言える心が十

分に育っていません。それというのも，重要な大人に対する信頼感が不十分なために，それと背中合わせになっている自己肯定感がしっかり立ち上がってこないからです。そのために意欲に乏しく，遊びで燃焼できないという状況が生まれているのでしょう。

　こうした子どもは突然キレることもあり，年齢が上がるにしたがって扱いが難しくなるように見えます。幼少の頃からの塾通い，お稽古ごとなど，全部親の言いなりで過ごしてきて，「これをしたいのは自分」とはっきり言える自分がなく，友だちと一緒に何かをしているようでいて，友だちと一緒が楽しいとは思えず，失敗を極度に恐れ，新しいことに挑戦する意欲が湧いてきません。それゆえに，一見聞き分けがよくて周りに合わせているように見えるのに，実は「私は私たち」と言える心も「私は私」と言える心も同じように十分に育っていません。それは，心の中核に重要な大人への信頼感が定着していないからであり，またそれと背中合わせになって生まれる自己肯定感も育っていないからです。

　乱暴な子どもは目立つのですぐ気がつきますが，このタイプの子どもは目立たないので，気づかれにくいところがあり，それが想像以上に難しい状況を生み出しているように見えます。この場合も，保護者主導の厳しい家庭環境を急には変えられないために，この状況をどうするかにも決定打がありません。保育者に自分の思いを受け止めてもらえ，存在を認めてもらえば，まだ主体としての心が育つ余地はありますが，保護者の対応にまで踏み込むことが難しく，また保育の場で相当な改善がみられても，学校に上がってからの教師の「養護の働き」を当てにできないいまの状況では，その先の展望がなかなか切り開かれません。心を育てるということは保育時代で終わるわけではないからです。そこにも私が大きな危機感を抱く理由があります。

　3）主体のもつ否定的な二面の心
　いま上に取り上げた二群の気がかりな子どもたちの心の動きを理解するために，図4の裏ヴァージョンを考えてみたいと思います。

第3章 子どもを育てる営みの基本に立ち返る

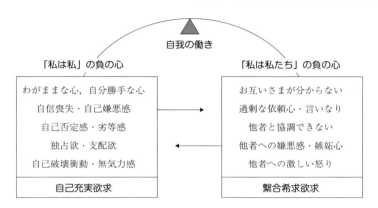

図5　主体のもつ否定的な二面の心

　私は『ひとがひとをわかるということ』（ミネルヴァ書房，2006年）ではじめて「主体」という概念に本格的に取り組み，本節の図4に示した主体の二面性を指摘しましたが，そのとき同時に，主体は正負両面の心をもつということをも指摘していました。というのも，人間は，自己充実欲求および繋合希求欲求の二つの欲求（欲望）が充足されたりされなかったりすることによって，ありとあらゆる正負両面の感情（喜怒哀楽の感情）が生まれると考えたからです。その議論からすれば，図4に示されているのは主体が経験する正負両面の心の内の肯定的な面だけだということが分かります。図4の箱に書き込まれている心や感情はそういう心が育ってほしいという，いわば目標を示すものであって，この図4に示されているような肯定的な心だけをもつ子どもや大人はどこにもいません。

　言い換えれば，人間は本来，図4に示される肯定的な心の裏側に，否定的な心を宿すことがあると見るべきです。自己肯定感が立ち上がる傍らで，それが揺らぐような自己否定的な感情が湧き起こることもあるでしょう。自己効力感（自信）を感じる傍らで，自信をなくして劣等感や嫉妬心に取りつかれることもあるはずです。そこで，上の図5で，主体がもつ負の心を図4に対応させて二面に分けて考えてみたいと思います。

図5を踏まえれば，主体はいつも図4に見られるような肯定的な心だけを動かして生きているわけではなく，図5に見られるような負の心に取りつかれることもままあることが分かります。これは対人関係のなかで，先に述べた二つの欲望が充足されるか否かによって生まれるもので，程度の差こそあれ，人は誰しも図5に示される負の心を経験することを免れ得ません。

　さて，この図4と図5を並べてみると，日々を前向きに意欲的に生き，良好な対人関係を営み，生活に満足を得て過ごしている人というのは，おそらくいろいろな局面で図5に示された負の心に取りつかれることはあるとしても，基本的には図4の表ヴァージョンの心を動かしながら生きている人だと考えることができます。それが主体としての願わしい姿だと言ってよいでしょう。つまり，いつも願わしい心で生きているわけではなく，ときには負の心に取りつかれることがあるけれども，何とか正の心で負の心を抑え込んで，おおむね図4の心で生きるのが主体の生きるかたちだということです。しかし，いま先に見た，1）の乱暴な子どもや，2）の大人の顔色をうかがう子どもの内面は，図5の裏ヴァージョンの心で満ち満ちていて，それが図4の表ヴァージョンの心を逆に抑え込んでいると考えれば，現在のその子どもたちの心の育ちの問題をよりよく理解することができるのではないでしょうか。

　そして，子ども一人ひとりの心が裏ヴァージョンで動くときに，保育者の「養護の働き」の重みがさらに増すと考えることができるように思われます。子どものものとは思えないような暴力や暴言も，この図5に示したような負の心の動きがもたらすものであり，それゆえにそれを鎮めるのは強い大人の圧力ではなく，大人の懐深い「養護の働き」だと思うのです。

　さらにこの図5を図4と対比すれば，「私は私」と言える心の中核にある自己肯定感と，「私は私たち」と言える心の中核に位置する信頼感によって，図5の負のヴァージョンのさまざまな心を抑えることができ，それによって願わしい生活を営むことができると考えられます。乱暴な子ども，手におえない子ども，扱いにくい子ども，気がかりな子どもと言われる子どもたちですが，その子たちはみんな，対人関係の軋轢のなかで心が傷ついたり，中核に宿すべき

信頼感や自己肯定感を宿していなかったりする子どもたちであるという認識を周りの大人がもてるかどうかが，その子どもたちへの対応を考える際に重要になってきます。暗黙のうちに子どもの存在を否定するような見方になっていないかどうか，大人が逃げ腰になっていないかどうか，要するに「養護の働き」が丁寧に向けられているかどうかが，その子たちへの対応の鍵を握ることは言うまでもありません。

4）難しい子どもの比率の問題

　最後に，気がかりな難しい子どもの存在は，確かに保護者も保育者も緊張を強いられ，良好な関係を築いて楽しく過ごすことが難しくなるのはその通りです。それでも気がかりな子どもの数がある範囲に収まっていれば，集団全体の生活のなかで，それ以外の子どもも保育者も保護者も何とか前向きに生きていくことができます。しかし，その気がかりな子どもたちの数がクラスのなかで一定限度を超えると，その保育の場は一気に過ごしにくい険悪な場に変貌します。なぜ私がいまの保育の状況にこれほどまで危機感を覚えるかというと，その一定限度を超える保育の場が急増しているように見えるからです。つまり，気がかりな子どもの数はもはや例外や少数派とはいえないほどの状況になり，それによって，穏やかに育つはずの子どもたちまでが落ち着かなくなり，次第に不安定な心の動きになって，それまでの生気を失っている現実があるからです。

　実際，ここ2，3年，通常の保育の現場を数々見るうちに，穏やかに育つ子どもと気がかりな子どもの比率がある限度を超えると，保育の場そのものが急に崩壊する感じになることに気がついて愕然としました。保育者に対する子どもの比率は国で定められ，障碍のある子どもには加配が認められるなどしています。しかし，たとえ加配がつけられても，障碍のある子どもと定型発達の子どもの比率がある限度を超えれば，この場合も明らかに保育がやりにくくなります。障碍児保育は，障碍のある子どもばかりでなく，定型発達の子どもたちの育ちにとっても有意義であることは広く認められていますが，それでも公立

保育所によく見られるように、障碍のある子どもを多数引き受け過ぎて、その比率が一定以上になると、通常の保育がきわめて営みにくくなります。

　これとも似て、気がかりな子どもの比率が一定以上になると、クラスが混乱し、しかも障碍児加配のような制度もないので、保育者がいかに努力を重ねても、保育の営みそのものが崩壊しかねない状況が生まれます。そういう状況に直面した保育の現場は、文字通り大変な苦労を強いられています。ところが、それを周りの保護者が理解しないまま保育園批判に傾いたり、行政がそのことを十分に理解していなかったりすることが多く、ますます現場を苦しい状況に追い込んでいます。そうなると、「養護の働き」を丁寧に示すどころではなくなり、強い強権的な態度で子どもを抑えにかかるしかないという状況に追い込まれてしまいます。そういう難しい事情が保育現場を取り巻いていることも、一人ひとりの心の育ちにいま私が危機感を覚える理由の一つです。

　序章の冒頭で述べた「子どもの最善の利益」がいまや物質面においてではなく、子ども一人ひとりの心の面において考えられなければならないと思うのは、この（2）項で取り上げたような心に問題を抱えた子どもたちの大幅な増加と、その子どもたちの厳しい生活状況を思うからです。「子どもの最善の利益」が図られるはずの保育の場で、能率、効率の観点から経費削減が語られ、その保障がとても得られないような保育環境が余儀なくされている現状を思うとき、やはりこの度の子ども・子育て関連3法案が本当に「子どもの最善の利益」を考えたものなのかどうか、改めて問わなければならないように思われます。

第 4 章
これまでの議論をエピソードを通して振り返る

　第1章から第3章を通して，子どもの心を育てるという観点からさまざまな議論をしてきました。とりわけ，「接面」という新しい概念を導入したことによって，「心を育てる」という問題が接面で起こっていることをエピソードで描くことと切り離せないことが見えてきました。目に見えない接面での出来事を，その接面の当事者である保育者が描かない限り，保育者と子どものあいだで起こっていることは第三者には分かりません。接面の当事者がそこを描いてはじめて，私たち読み手もそこで起こっていることに接近でき，それをあたかも自分に起こっているかのように思いなして，その出来事を書き手と共に考えていくことができます。いま全国で行われている「保育の営みをエピソードに描いて，それを職員や同僚と読み合せて保育を振り返る」という試みは，「保育を振り返ることが大切」と言われてきたことを最もよく具体化する試みであると述べてきましたが，そのエッセンスは「接面」を描くことだと言い換えることができます。

　そして「接面」で起こっている出来事を描こうとするときに，育てる営みの二面，つまり「養護の働き」と「教育の働き」が前景に出てくるとともに，接面の当事者である保育者の対応がその内面の動きを含めて描き出せるようになってきます。そこには「寄り添う」「子どもの目線になる」「思いを受け止める」等々と保育の世界で言われてきたことが，具体的に現れてくるはずです。そしてそれを通して子どもの心の育ちが具体的に見えてくるはずです。いま，厳しく難しい状況に置かれた子どもたちがいますが，それらの子どもたちがその状況のなかでいろいろな思いを抱えて生きている様が，接面を描くことを通

して見えてきます。子どもの心の育ちとは，まさに喜怒哀楽を伴った，正負両面の心の動きを取り上げることから明らかになるものです。

　本章には保育士さんたちの描いた都合21編のエピソード記述が収録されています。それらは，まさに子どもや保育者の「いま，ここ」での生き様を生き生きと描き出したものですが，そこにはこれまでの諸章で議論されてきたこと（概念や考え方）が具体的に現れています。ですから私は，それぞれのエピソードの固有の意味を読み手の一人として味わいながら，そのエピソードのなかに前諸章で取り上げてきたさまざまな概念や考え方がどのように織り込まれているかを併せて解説してみたいと思います。それは当該エピソードに対する私の立場からのメタ観察と言ってもよいものです。それによって，保育を振り返ることが一段と深められればと願っています。

❖エピソード1：「先生，できた！」

〇保育士

〈背　景〉

　Aくん（6歳4カ月）は母と父と姉（小学校3年生）の4人で暮らしている。時折，近所に住んでいる祖母が送迎などの手伝いをしてくれている。母親は，赤ちゃんの頃から，抱き癖がつくといけないのでAくんが泣いていてもあまり抱っこをしない等，あまり手をかけずに子どもを早く独り立ちさせたいという子育て観をもっている。送迎時は遠くからAくんに対して呼びかけ，厳しい言葉づかいで接していることが多い。Aくんと近いところで丁寧にやりとりする様子はあまりみられない。しかし，Aくんに対する愛情は感じられ，保育所でのAくんの素敵な姿や可愛らしい姿をこちらが話すと嬉しそうに聞いてくれている。Aくんはクラスのなかではやんちゃなほうで，よく友だちと一緒になり，ふざけすぎてよいことと悪いことの判断ができないことがあり，ときには友だちに手を出してしまったり，部屋を飛び出したりすることがある。特に4月当初から，まだ関係のできていない私には，さまざまなかたちでこちらを試した

り，気を引こうとしたりする姿が見られることがよくあり，どう対応したらよいものか悩んでいた。その都度，ダメなことはダメと伝えながらも，なぜそのことをしたのか，Ａくんの思いに耳を傾けるようにしてきた。話を聞いてみると，何かで困っていたり，友だちに自分の思いを言えなかったりする理由を話してくれた。困ったときなどに素直に言葉にできなかったり，誰かに頼れなかったりして，わざとふざけてしまったり，気を引く行動をしたりしてしまうのかなと感じながら，その都度丁寧にＡくんの思いを聞き，受け止めて，関係が築けるように関わってきた。Ａくんはそんななかで少しずつ，私に自分の思いや考えを話すようになってきていた。

　私の所属する保育所では，運動会に年長児が竹馬に取り組んできており，4月になると去年の年長児への憧れから竹馬に挑戦する子が多い。Ａくんも4月から竹馬に積極的に取り組んでいたが，一人でやりきりたいという思いからか，私が介助しようとしても，「いい，自分でする」と断ることが多かった。しかしどんどん仲のいい友だちが竹馬に乗れるようになる一方で，なかなかできずにいたＡくんは引け目も感じるのか，竹馬に乗ることがなくなっていた。

〈エピソード〉

　7月半ば頃，仲のいい友だちが竹馬に乗れるようになっていき，普段の遊びのなかでも友だちが竹馬で遊びはじめると，取り残されている姿が見られるようになった。私はそんなＡくんの様子が気になっていた。友だちがＡくんに「竹馬しよう！」と言っても「嫌や，竹馬嫌いやもん」といって拒む姿も見られた。

　そんな友だちとのやりとりを何度か見かけるようになり，ある日友だちと遊べずに一人でいるＡくんに声をかけた。「竹馬，嫌いなん？」「うん，だってＡできひんし」「そっか，できないと面白くないし？」「うん，おもんない」。Ａくんはそっけなく答えたが，表情がくもっていた。その表情から，Ａくんが本当は頑張りたいけれど，心のなかでさまざまな葛藤があるのかなと感じた。友だちがどんどんできていくなかで，自分ができていないところを見せたくない

という気持ちや，やってもできないかもしれないという不安な気持ちがあるのかなと感じた。私はそんなAくんの思いを感じながら，Aくんにも竹馬に乗れたときの嬉しさや楽しさを経験してほしいと思った。そしてAくんが，頑張ってみよう，やってみようと思えるにはどのような言葉をかけたらいいのかと考えた。無理に頑張れ，練習しようと言っても，心のなかで葛藤をしているAくんの心には響かないかなと考えて，かける言葉を考えた。

　私も昔同じような経験があることを思い出して，話してみることにした。「先生な，Aくんと同じ子どもの頃，何回練習しても竹馬できひんかってん」。私が話しはじめると，Aくんは興味をもって耳を傾けてきた。「それですごく悔しくて嫌やった。でも，友だちが一緒に練習してくれたり，先生が教えてくれたりして何度も練習したらできるようになって，すごく嬉しかってん」。Aくんはずっと静かに私の言葉を聞いていた。「Aくんは頑張ったらできると思うし，自分がしたいなと思ったときにちょっとずつやってみたら？」そう声をかけると，黙って聞いていたAくんは何かを考えている様子で「うん」とうなずき，その場から離れていった。

　次の日の朝，Aくんは登所し，朝の用意をするとすぐに，すっと竹馬を私の前に持ってきた。Aくんは「竹馬する」とだけ言うので，私は練習のための巧技台を準備した。いつもなら，「先生，持たんでいい」と言うのだが，その日は私が声をかけるのを待っている気がして，「Aくん，持とうか？」と声をかけた。すると，「うん，先生もって」とAくんが答えた。「いいよ」と答えて，竹馬の介助をはじめた。そんな様子に気がつき，仲のいい友だちが集まってきた。「A頑張れ！」と応援したり，「前にちょっと倒したらいいねん」とアドバイスしたりしてくれた。そんな友だちの励ましにAくんはとても嬉しそうで，さらに気持ちが前向きになっている様子を感じた。

　その日から毎日練習を重ね，Aくんは竹馬に乗れるようになった。乗れたとき，「先生できたで！　A竹馬乗れた！」と本当に嬉しそうに教えてくれた。「ほら，3歩乗れたで」「すごいね！　Aくんすごく頑張ってたもんね」「うん。A頑張った」「次は10歩に挑戦やな」「そうするわ」。そのやりとりのあと，A

くんはまた練習をもくもくとはじめた。私はそんなAくんの前向きな姿がまぶしく、そしてとても嬉しく感じた。

〈考　察〉

　私はこのエピソードのあとから、私とAくんの関係が変化していくのを感じた。Aくんが自分から自分の思いを話したり、前向きに頑張る姿を「先生、みててや！」と言って見せてくれたりするようになった。Aくんは家庭で自分の思いを丁寧に受け止めてもらう経験が少なく、保育所でも友だちや保育士に自分の思いを素直に話したり、頼ったりすることが難しいところがある。そのことでふざけてしまったり、頑張ることをやめてしまったりする姿が見られる。しかし、その姿を叱ったり、後ろ向きに捉えたりするのではなく、本当のAくんの思いに耳を傾け受け止めたり、思いを引き出したりすることの大切さを感じたエピソードだった。また、それぞれの子どもたちの素敵なところ、頑張っているところを見つけ、褒めたり、認めたりしていくことがその子自身を受け止めることに繋がり、より関係も深まっていくのかなと感じた。これからも日頃から、子どもの頑張りたい気持ちにこちらが気づけるようにして、そばで励ましたり手助けしたりしていけるようにしていきたいと思う。

◆私からのコメント

　このエピソードは憧れの竹馬に挑戦してもなかなか乗れないAくんが最後に乗れるようになるまでの経過を取り上げたものです。これを読むと、「嫌や、竹馬嫌いやもん」「だってAできひんし」と言いながら、周りのできる子を見て羨ましく思い、自分も乗れるようになりたいというAくんの気持ちがよく分かります。その乗りたいという気持ちがAくんのなかに湧き起こることが大事で、頑張って乗れたという結果を作り出すことが問題ではないことを、まずしっかり肝に銘じてほしいと思います。というのも、このタイプのエピソードは、「ほら、頑張ればできたじゃない、だから他のことも頑張ろうね」というかたちで、「頑張らせる保育」に傾いていく危険性をもっているからです。行事が

近づくと，保育士としてはとかく「この日までに全員竹馬に乗れるようにしたい」と気持ちが焦り，褒めて頑張らせる保育に傾きがちになりますが，ここでは，乗れないからやらないというＡくんに対して，「頑張ろうよ」と働きかけるのではなく，書き手も似たような経験をして悔しかったことを伝え，それをＡくんが真剣に聞いてくれたところがポイントでした。

　このエピソードは接面でＡくんの心の動きをどのように捉えるかが先生の対応の鍵を握っています。接面で書き手が感じ取った部分をエピソードから抜き出してみましょう。

　「表情がくもっていた。その表情から，Ａくんが本当は頑張りたいけれど，心のなかでさまざまな葛藤があるのかなと感じた。友だちがどんどんできていくなかで，自分ができていないところを見せたくないという気持ちや，やってもできないかもしれないという不安な気持ちがあるのかなと感じた」「私が話しはじめると，Ａくんは興味をもって耳を傾けてきた」「黙って聞いていたＡくんは何かを考えている様子で「うん」とうなずき」「私が声をかけるのを待っている気がして，「Ａくん，もとうか？」と声をかけた」。

　抜粋したこれらの文章は，みな接面で書き手が感じ取ったことを表現したものです。その感じ取った部分に対しては確かにその真偽を確かめることはできませんが，しかしそれが書き手のＡくんへの対応を導いていることは明らかです。

　言葉では「嫌い」「できない」「面白くない」とＡくんは言っていますが，しかしＡくんの内面では，自分もみんなのようにやりたい，自分だけできないのはカッコ悪い，できなかったらどうしよう，というようなさまざまな思いがうごめいています。それは目には見えませんが，書き手はそれを接面で感じ取っていて，それが誘う働きかけを生み出しています。それは「さあ，Ａくんも頑張ってやってみよう」という単純な誘いかけではありません。Ａくんのなかに立ち上がってきている「やりたい，できるようになりたい」という思いを受け止めながら（養護の働き），その気持ちをさらに引き出すように誘っている（教育の働き）ところがまさに二つの働きの絡み合いと述べてきたことを具現して

います。繰り返しますが、Aくんの気持ちの動きと無関係に「やってみよう、できないのはAくんだけだよ」と「教育の働き」だけを振り向けているのではないというところに注意してほしいと思います。闇雲に頑張れと号令をかけ、どうしてもっと頑張らないの？　と後ろを押し、しぶしぶやりはじめたら、褒めてもっと頑張らせるという、いわゆる「教え込み」型の「教育の働き」になっていないところが、Aくんの「やってみよう」という気持ちを引き出しているのです。そして先生と一緒に練習をしているとき、このエピソードには書かれていませんが、頑張るAくんの思いと、それを支える先生の思いが何らかの「力動感」を通して通じ合い、それによってAくんの頑張る気持ちがさらに強められていたに違いありません。一人で頑張っているのではなく、一緒に頑張っている感覚がAくんを支えていたのでしょう。頑張るのはAくんという「私」ですが、その「私」を「先生と私で私たち」という意味の「私たち」が支えていると言えばよいでしょうか。

　一斉型の課題活動というとすぐさま「させる保育」と混同されがちですが、そうではないことをこのエピソードを通して感じ取っていただきたいと思います。しかし、このエピソードのようにAくんの心を育てることに繋がるか、それとも頑張らせて褒めて、全員が竹馬に乗れるかたちにもっていくかは、まさに紙一重のところで、そこに保育の難しさがあると言ってもよいのかもしれません。

❖エピソード２：「さみしい気持ちになってた……」

M保育士

〈背　景〉

　Ｓちゃん（３歳５カ月：女児）は０歳児から入所している。母と父の３人で暮らしており、両親ともに働いていること、どちらの祖父母も近くにいないことから、特例保育や延長保育を利用しており、保育参加などの行事は参加できないことも多い。しかし、家庭でのＳちゃんと両親との時間は充実しているよ

うで，一緒に遊んだり会話のやりとりを楽しんだりと，両親は子育てを楽しみ，協力し合っている。Ｓちゃんの思いをしっかり受け止めつつ，伝えるべきことは，Ｓちゃんが納得できるように丁寧に伝えるなど，1人目の子どもであるが，余裕をもって子育てをしておられる印象を受ける。Ｓちゃんは朝7時半〜夜7時近くまで保育所におり，日頃両親と一緒に過ごす時間は少ないが，その両親との時間が充実していること，またＳちゃん自身，保育所が好きであることから，毎日保育所を楽しみにし，元気に登所している。保育所生活のなかで涙を見せることもあまりなく，好きな遊びをじっくり楽しむ姿が見られる。一方で，自分の思いをうまく言葉で伝えられないときなどにすねてしまうこともある。私はまだＳちゃんとの関わりが浅く，Ｓちゃんの思いをまだ十分には受け止めきれていないと感じており，Ｓちゃんの思いを代弁してみたり話しかけたりするのだが，それを嫌がる姿も見られたりするので，Ｓちゃんとの関わりに迷いながら保育をしていた。

　11月の保育参加では，Ｓちゃんだけ保護者の参加がなかった。Ｓちゃんはさみしそうにしながらも，「お母さんお仕事やから，Ｓちゃん保育所で待ってるねん」と，自分に言い聞かせるかのように話す姿が見られた。その日以降，甘えたい思いを我慢しているような，Ｓちゃん自身，気を張っているような姿に気づき，気になりはじめた。もしかして，自分に言い聞かせるようにしてさみしさを我慢していたのではないかなと思いはじめた私は，Ｓちゃんにとって保育士や保育所が甘えられる場所になればいいなと思っていた。

〈エピソード〉
　11月半ばのある日の夕方，戸外での遊びを終え，室内での着替えの済んだ子から好きな遊びをして過ごしていた。特例保育の部屋へ移動する時間が近づき，大型絵本を見ようと片付けをしていたときの話である。
　Ｓちゃんは入室が遅かったため，ちょうど着替えが終わったところであった。片付けへ誘うと，「Ｓちゃん何も使ってへんし片付けへん」と，みんなが片付けている様子をじっと見つめていた。そこで，「そしたら，手伝ってくれへ

ん？」「Ｓちゃんも一緒にお片付けして，絵本見よ」などと誘っていたのだが，Ｓちゃんの気持ちが変わることはなく，私は「Ｓちゃん，絵本見ないの？」と，声をかけた。するとＳちゃんは「Ｓちゃん，もう怒ってくるわ！」と，部屋の入り口の方へ行ってしまった。そのときは，１対１で関わることができる状態ではなく，Ｓちゃんの様子を見守りながらも，私は室内を片付け，絵本を見る子どもたちについていた。絵本がはじまり，子どもたちが落ち着いたところで，私はＳちゃんに声をかけに行くことにした。Ｓちゃんは入り口の戸のところから外をさみしそうに見つめており，私は，絵本がはじまってしまったこと，保育士が迎えに来てくれないことでさみしくなったのかなと思い，明るく「まだ怒ってるの？」と，声をかけ，後ろからぎゅっと抱きしめてみた。するとＳちゃんは，「Ｓちゃんな，Ｓちゃんな……，お母さん……」と，少し涙目になりながら訴えはじめた。Ｓちゃんの視線の先を見ると，そこには園庭で遊んでいる子どものもとへお母さんが迎えに来ている姿があった。私はＳちゃんを膝の上に抱っこしながら，「どうしたん？　さみしい気持ちになってたん？」と尋ねると，Ｓちゃんはさらに目を潤ませ，目に涙を浮かべながら「Ｓちゃんな，さみしい気持ちになってた……」と答えてくれた。私は胸がつまり，思わずぎゅうっと力強くＳちゃんを抱きしめ，「先生と一緒にお母さん待ってような」と，声をかけた。Ｓちゃんも「うん」とうなずき，泣きながら私を抱きしめ返してきた。

　その日はちょうど私も特例保育の担当だったため，一緒に過ごすことができた。Ｓちゃんはずっと私に抱きついたまま離れなかったが，特例の子どもの人数も少なく，私はＳちゃんが安心できるまで一緒にいたいと思い，抱っこをしながらパズルや積み木で遊んでいた。そのうち，私がそばにいなくても好きな遊びに集中する様子が見られ，私はほっとしていた。その日，Ｓちゃんの母の迎えが早かった。母が来ると，いつもならばすぐに抱きつきに行くのだが，ちらっと母を見ただけで少し恥ずかしそうに遊び続けていた。私は母にＳちゃんがさみしい気持ちになっていたことを伝えた。すると母が，「そうやったん？　今日は早く来たよ」と声をかけたが，Ｓちゃんはさらに照れくさそうにしなが

ら遊び続けており，私と母は笑いながらその様子を見ていた。母は，「家やと延長がよかったーとかって強がるんです」と，笑いながら話された。そして，「でも，お母さんはSと早く帰れて嬉しいけどな」と，Sちゃんに声をかけたところで，やっとSちゃんはいつものように母に抱きついた。「よし，じゃあ，お母さんと一緒に片付けして帰ろっか」と母に言われ，一緒に片付けながらも，Sちゃんの表情はとても嬉しそうであった。

〈考　察〉
　子どもと関わるなかで，スキンシップを図ることは多く，ぎゅっと抱きしめることもよくあるのだが，「大丈夫だよ，先生がいるからね」と，思いを込めて，こんなにも力強く子どもを抱きしめたのははじめてで，私自身胸がいっぱいになった。まだまだ2，3歳の子どもであり，甘えたいしさみしい気持ちをたくさん抱えていることを私は忘れてしまっていたように感じた。2歳児になり，言葉のやりとりがぐんとできるようになり，さまざまなことが少しずつ理解できるようになった子どもたち。子どもたちのそのようなできる姿が分かっているだけに，常に同じように求めてしまうことが増えていたように思う。片付けの場面においても，特例の部屋へ行く時間が近づき私自身焦る気持ちがどこかにあった。さらに，クラスのなかでさまざまなお手伝い活動をしていたことから，片付けを手伝ってほしい思いや，みんなで一緒に片付けをしてすっきりした気持ちで落ち着いて絵本を見られれば，という思いが私のなかにあった。しかし，保育士の思いばかりが先行し，Sちゃんの片付けたくない思いや，いつも頑張れるわけではないという思いに寄り添えていなかったように思う。子どもの甘えたい，さみしいといった心の根っこにある思いをしっかり受け止められていただろうかと考えさせられた。保育士の思いや求めで，子どもたちに我慢をさせることもあったのではないだろうかと反省した。特にその時期，Sちゃんがさみしい思いを我慢して頑張っていることを感じながらも，日頃その思いを丁寧に受け止め，気を張った心をほぐし，安心できるようにゆっくりと関われていなかったように思う。「さみしい気持ちになってたん？」と，Sち

ゃんの思いを代弁し，ぎゅっと抱きしめた瞬間，Ｓちゃんの涙があふれ出すのを見て，気を張っていた心がほぐれていくように感じた。そして，子どもの楽しい，嬉しいといった感情だけでなく，怒りや悲しい，甘えたいなど，子どもの素直な思いに寄り添い，ありのままの子どもを受け止めることの大切さを感じた。また，Ｓちゃんのこのような様子を母に伝えるべきか迷ったのだが，Ｓちゃんの母ならば，きっとＳちゃんの思いを受け止めてくれるだろうと思い，伝えることにした。結果，母自身も母の素直な思いをＳちゃんに伝えてくれ，私は伝えて本当によかったと思った。保護者との会話や対応において，何を話そうか，どう伝えればよいのだろうかと考えることは多いが，保護者に安心してほしいという思いから，子どもが楽しんでいたことや遊びの様子が中心の会話になっていたように思う。しかし，子どものありのままの素直な思いを伝えることも保育士としての大切な役割であると気づくことができた。今回のエピソードから，子どものありのままの思いや姿を受け止めることに加え，その思いや姿を保護者に伝え，子どもと保護者を繋ぐことも，子どもの主体としての心を育てることへ繋がると気づいた。

◆私からのコメント

　〈背景〉から，両親とも忙しくしていて朝７時半から夜７時近くまでの長時間保育だけれども，しっかり愛情をもって子育てしていることが分かりますが，11月の保護者の保育参加の日に，Ｓちゃんのところだけが参加しなかったことをＳちゃんはどのように受け止めていたのでしょうか。「お母さんお仕事やから，Ｓちゃん保育所で待ってるねん」と自分に言い聞かせるように言ったときに，書き手はその接面で何かを感じなかったのでしょうか。その後の文章では，「甘えたい思いを我慢しているような，Ｓちゃん自身，気を張っているような姿に気づき，気になりはじめた」とあります。そういう〈背景〉の下で起こったエピソードでした。

　片付けのとき，書き手はＳちゃんを片付けに誘いますが，Ｓちゃんは片付ける気持ちになれません。その思いを受け止め損ねて絵本読みに誘うと，Ｓちゃ

んは怒って部屋の外に出てしまいます。その間，書き手は他児たちへの対応でSちゃんに関わることができません。そして，一段落してSちゃんの様子を見ると，さみしそうに外を見ています。それを見て書き手は自分が迎えに行けなかったからSちゃんはさみしくなったのかなと思いますが，後から振り返れば，そこでの感じ取り方が十分でなかったことが分かります。

　書き手は「まだ怒ってるの？」と言いながら抱きしめますが，その後で書き手とSちゃんとで創るその「接面」から実に濃密な思いが交わされます。そこでようやくSちゃんは「さみしい気持ちになってた……」と言葉を紡ぎ，Sちゃんの視線の先に他児のお迎えに来た母親の姿があるのに気づいた書き手は，そのSちゃんの言葉に，これまでのことが一瞬のうちに振り返られたのでしょう。胸が詰まる思いに駆られて，かつてしたことのないかたちでSちゃんを強く抱きしめます。ここは保育のエッセンスが詰まった一瞬です。その出来事をお迎えに来た母に伝え，母もそれを受けてSちゃんに声をかけてくれます。照れるSちゃんを前に「でも，お母さんはSと早く帰れて嬉しいけどな」という母の言葉には，〈背景〉にあるように母の愛情がにじみ出ている感じがします。

　〈考察〉は，自分の保育をしっかり振り返っていてとてもよかったと思います。表向きは泣かずに元気そうに過ごしていても，内面はさみしい思いをしていて，それがふと顔を出すというのは，これからもいろいろな子どもに関わるなかで経験することだと思います。心を育てる保育がなぜ必要かと言えば，そのような子どもの目に見えない内面に沿った保育をしてほしいからです。また，この日の一件を母に伝えるべきかどうかを思案し，母の人柄や力量を推し量りながら伝えようと判断した経緯も，よかったと思います。保育参加に行ってあげたいけど，行ってあげられなかった，Sちゃんに可哀想な思いをさせたということは，母なりに思っていたはずで，それを伝えられることが重荷になる母親もいるでしょう。ですから，伝えるべきかどうかは難しいところですが，母の懐の深さを信じて伝えようと思ったという判断も母との接面から促されたものだと思います。Sちゃんにとって，さみしい気持ちになったところをしっかり抱えてもらえた経験は，これから書き手の保育者を信頼する気持ちを強め，

第4章 これまでの議論をエピソードを通して振り返る

その信頼感と背中合わせになっている自己肯定感が立ち上がるうえにも，意義深い経験だったと思います。子どもの心の育ちはこういう経緯を経て展開されていくのだということがよく分かるエピソードでした。

❖エピソード３：「ほんとはさみしいの」

Ｈ保育士

〈背　景〉

　Ａちゃんは３歳６カ月の女児である。父・母・兄（年長児）の４人家族であるが，今年度はじめから父が関東での勤務になり，現在は父と離れて母・兄・Ａちゃんの３人で暮らしている。週に何度か隣の県から祖母が助けに来てくれており，保育所の送迎などを手伝っておられる。母は仕事が忙しいなかでも愛情をもってＡちゃんに接しており，思いを受け止めようと丁寧に関わっておられる姿がある。しかし母自身も，父と離れた環境での子育てや，療育に通うＡちゃんの兄のことで悩んだり不安を抱えておられたりすることも多く，そのようなとき，敏感なＡちゃんは母親の不安な気持ちを察知して不安定な様子で登所し，「保育所いやや，ママと一緒にいたい」と泣いてなかなか母親と離れづらかったり，遊びのなかでイライラして友だちにきつい言葉で怒鳴ってしまったりすることもあった。

　Ａちゃんは大人の表情や様子をとてもよく見ており，その分保育士への警戒心も強い。また家庭では母親が，支援の必要な兄に対して一つひとつの物事や状況を丁寧に言葉にして説明しているため，その姿を常に見ているＡちゃん自身，心のなかの思いとは別の言葉で表現してしまうような面がある。年度当初は新しい環境のなかで不安な気持ちが大きく，思いと反対のことを言ってしまうこともよくあった。その度にＡちゃんのその日の様子や背景を踏まえて考えながら，本当の思いはどこにあるのか手探りしながら関わってきた。

　９月も終わりかけの頃，Ａちゃんの引っ越しが決まった。来年度からは保育所を退所して父の住む関東方面に移り，そこでまた家族４人で暮らすという。

その話が決まったとき，Ａちゃんは自分から「Ａちゃんはな，来年から保育所にはいいひんねん。だからもうお友だちとは遊べへんねん。さみしい？」などと保育士や友だちに話すことが増えた。しかしその表情はニコニコとしており，私がさみしい気持ちを伝えても「Ａちゃんはさみしくない～」と笑顔で返す姿があった。私は父と一緒に家族４人でまた暮らせることが嬉しいのだなと解釈して，自分からＡちゃんにその話について深く尋ねようとはしなかった。

〈エピソード〉

　引っ越しが決まりしばらく経ったある日の夕方，隣のクラスでの特例保育の時間が近づいてきたのでそろそろお片付けしようかと子どもたちに声をかけていると，Ａちゃんが「先生，いまからお部屋を掃除機ぶい～んってするの？Ａちゃんも先生と一緒にお掃除したいな」と声をかけてきた。以前からＡちゃんはあまり特例の部屋に行くのが好きではなく，（１歳児クラスの部屋のため）おもちゃが幼いから面白くないのかな，などと考えていた。しかし特例の部屋に移る子どもは数人おり，そのなかにＡちゃんの一番の仲よしのＳちゃんもいたため，「お手伝いしてくれるの？　ありがとう。でもＳちゃんもいるし，一緒にお部屋で遊んでおいでよ。その間に先生，お部屋をピカピカにしておくから！」と話すと，Ｓちゃんの誘いもありＡちゃんは隣のクラスに行く気持ちになったようで，私は２人を見送った。

　次の日，Ａちゃんはおやつの後すぐに「先生，Ａちゃんお隣いきたくない。先生と一緒に掃除機する」と伝えてきた。特例の時間までまだ１時間以上もあるのにどうしたのだろうという気持ちと，もしかしたらＡちゃんは私の思う理由で行きたくないのではないかもしれないという思いが浮かんだ。だんだんとお迎えが来て人数が減り特例の時間が近づいてくると，Ａちゃんはどことなくそわそわして不安そうにしている。その様子を見ながら，最近Ａちゃんと２人でじっくり関わる時間をあまりもてていなかったことを思い，またそう考えているうちにＡちゃん以外の子は特例時間を待たずみんな降所してしまったため，今日はＡちゃんを特例の部屋に送らず，母のお迎えが来るまで２人で過ごそう

第4章　これまでの議論をエピソードを通して振り返る

と決めた。
　一緒に掃除機を取りに行き，私がクラスの椅子をあげているとAちゃんはその様子をじっと見つめていたが，どことなくその表情がくもっているように感じた。「Aちゃん，お手伝いしてくれてありがとう。いつも先生一人でお掃除してるけど，今日はAちゃんがいてくれるからさみしくないよ」と声をかけると，Aちゃんは突然小さな声で「あんな，ママしんどいの。でもおばあちゃんが今日，帰るねん」と話した。その言葉を皮切りにどんどん表情が崩れてきて泣きそうなAちゃんを見て私は手を止め，Aちゃんと目線を合わせて向き合った。「そうやったの。ママしんどかったんやね。それにAちゃんおばあちゃん大好きやもんね。さみしいなぁ」と両手を差し出すと，Aちゃんはぎゅっと抱きついてきて「Aちゃん，いきたくない。パパにこっちに来てほしいの」。「保育所にいたい。おばあちゃんと離れるのも嫌や。こっちで，パパとママとおにいちゃんとおばあちゃんと，5人で暮らしたいの」と泣きながら，いままで我慢していた思いをすべて流すかのように一気に話してくれた。肩にぎゅっとしがみつく感触と，涙を流しながらも一生懸命気持ちを伝えてくれるAちゃんの姿に私は思わず涙が出そうになった。そしてAちゃんの「さみしくない」という笑顔は本心でなかったこと，それに気づけなかった自分，この2カ月間，Aちゃんはどのような思いや葛藤のもとで過ごしてきたのかと考えると，申し訳ない気持ちでいっぱいになった。「そうだよね，Aちゃんみんなのことが大好きなんだもんね。お別れしなくちゃだめなのはさみしいよね。先生もAちゃんとずっと一緒にいたいし，さみしいよ」と，ぎゅっと抱きしめた。そう言ってしばらく抱っこしながら，ぽつりぽつりとさみしいと思いを話すAちゃんの言葉をうんうんと聞いていた。でも，引っ越すことに不安な気持ちだけをもつのでなく，再び家族4人で暮らせる生活への楽しみな気持ちももっていてほしいという願いが私のなかにあった。Aちゃんの涙がとまり，少し落ち着いてきた頃合いを見計らって「でもね，Aちゃん。先生がAちゃんのこと大好きなように，Aちゃんと遊べるのを楽しみに待っているお友だちや先生はたくさんいると思うよ」と目を見て伝えた。Aちゃんは「ほんとに？」という疑いの目をし

ていたが「先生はAちゃんがどこに行っても，ずっとAちゃんのことが大好き
だよ」と伝えると，少し照れくさそうに表情が和らいで，いつものAちゃんの
様子に戻ってきた。と，そのときちょうど扉が開き，Aちゃんのお母さんがお
迎えにやってきた。「遅くなってすみません，Aちゃんおまたせ！」という母
の声を聞き，Aちゃんははじけたような笑顔になり，私の腕から飛び出して
「ママー！」と嬉しそうに駆け寄っていった。私は一瞬母親にこの出来事を伝
えるか悩んだが，「ママはしんどいから」とAちゃんが気遣っていた気持ち，
そしてAちゃんが2人だけの時間で伝えてくれた意味を大切にしたいと思い，
あえてそれには触れず，一日の様子を伝えた。準備をすませ「先生ばいば
い！」と挨拶してくれたAちゃんを扉をあけて見送ろうとしたとき，Aちゃん
が振り返って「またぶい〜んしよな」と言った。先ほどより明るくなったその
表情を見て私も思わず笑顔になり，「ばいばい。また明日だね，まってるよ！」
と声をかけ，見送った。

〈考　察〉
　4月から一緒に過ごしてきたなかで，Aちゃんがだんだんと私のことを頼り
にしてくれることが増えて，信頼関係ができてきたかな，と感じていた矢先の
出来事だった。Aちゃんはいろいろなことに敏感な心の持ち主であることは分
かっていたつもりだったのに，「さみしくない」と笑顔でいながらもどこかで
「さみしい気持ちに気づいてほしい」と思っていたAちゃんの心のうちに気づ
いてあげることができなかったことを，深く反省した。Aちゃんなりの助けて
の合図を，もしかしたら私はこれまで見逃し続けていたのかもしれない。かた
ちだけの"受け止める"になっていた自分の保育を振り返って，子どもの心の
うちを推察して汲み取り，思いを受け止めて返していくことの難しさを改めて
感じた。Aちゃんが発信してくれたサインは小さなものであったが，そういう
小さなサインを見逃さずにキャッチし，受け止めて返していくことの積み重ね
が，Aちゃんの気持ちの安定，そして心の育ちに繋がるのだと思う。
　Aちゃん自身，もしかしたら"引っ越す"ということに関して明確な理解は

なかったかもしれないが、家庭でのやりとりや説明を聞いて、自分の居場所を離れなければならないという漠然とした不安が生まれていたのかもしれない。その漠然とした不安の訴え方の分からなさと、気づいてほしいけど伝えられないもどかしさが、Aちゃんの心に積み重なっていたのだろう。その積もった思いの表れが、本当の気持ちとは正反対の「さみしくない」という笑顔だったのだと考える。この出来事をきっかけにさみしい思いを伝えてくれたAちゃんの心に、悲しいことだけじゃないよ、希望だってもっていてねという私の願いがどこまで届いたかは分からないが、帰り際の「またぶい〜んしよな」という笑顔と言葉に、話してよかったというAちゃんの思いがあったように感じた。まだまだ未熟な私であるが、日々を共に過ごし、保育所のなかで一番近くにいる担任の保育士にしかできない役割がきっとあると思う。Aちゃんの気持ちに寄り添い、思いを汲み取った関わりをするなかで、Aちゃんの不安が少しでも解消されて、Aちゃんらしく過ごせることを願う。子どもの思いのうちにある隠れた思いに気づくことができるよう、日々の保育のなかでの丁寧な関わりをこれからも大切にしていきたいと思った。

◆私からのコメント

〈背景〉を読むと、関東への単身赴任の父、療育に通う兄、仕事をもちながら障碍のある兄の世話に関わらなければならない母と、祖母の支えがあるとはいえ、大変な家族関係であることが示唆されます。そこにもってきて家族の引っ越しが絡み、Aちゃんの気持ちが大きく揺らぐのは当然だと思われるところです。ところが、Aちゃんは「お友だちとは遊べない」と言いながら、笑顔で「さみしい？」と尋ねるようなところがあり、書き手は家族4人が揃って暮らせるから嬉しいのではと考えています。それらがエピソードの展開の伏線になっています。

〈エピソード〉は特例の時間の折に、Aちゃんが盛んに掃除の手伝いをしたいと言ってきます。その真意を測りかねながらも、書き手はAちゃんの様子に何か感じるものがあります。それは「接面」から書き手に伝わる何かの力動感

によるものでしょう。そこで「Aちゃんがいてくれるからさみしくないよ」と言葉をかけると，それが引き金になったかのように，Aちゃんがそれまでの思いの丈を話してくれます。その話から，実は母がしんどいこと，Aちゃんがさみしいと思っていることが分かり，そこでAちゃんをしっかり抱きしめるとAちゃんも抱きしめ返してきたという感動的な場面が生まれます。そこから少し落ち着いて話し合ううちに，母がお迎えにきて，Aちゃんに笑顔が戻り一緒に帰っていったという内容です。

　このエピソードを読むと，子どもの思いと言葉との乖離や思いの複雑さなど，子ども理解が単純ではないことを教えてくれるものが溢れている感じです。だからこそ，言葉の表面的な意味に引きずられるのでなく，接面を通して感じ取られる力動感に基づいて，子どもの思いに気づくことが必要になるのです。Aちゃんの内面は，3歳児とは思えないような複雑な感情が渦巻いています。苦労している母への思い，祖母と別れたくない思い，父と一緒に暮らしたい思い，みんなと一緒に保育所で遊びたい思い，それらが入り乱れて，小さい胸を痛めていたに違いありません。「さみしい？」と保育者の思いを尋ね，自分は笑顔で「さみしくない」と言いながら，実はその内面は上に述べたような中身なのです。それに気づくのは難しいかもしれませんが，Aちゃんの置かれている背景を念頭に置き，接面から感じられてくるものに気持ちを向けていれば，何か摑めるものがあるのではないでしょうか。

　このエピソードで言えば，特例の部屋に行きたがらないときに，「**もしかしたらAちゃんは私の思う理由で行きたくないのではないかもしれないという思いが浮かんだ**」という部分や，「**どことなくその表情がくもっているように感じた**」という部分です。接面から感じ取られたことが下地になって，そこにAちゃんの言葉が重なると，書き手のなかにいろいろな思いが湧きあがってきて，そこから対応が導かれていきます。逆に，そこで感じ取るものがなければ，こういう展開にならなかったかもしれません。その意味では，上に太字で書いた部分がその後の展開の鍵を握っている部分だったと言ってよいでしょう。第2章で，接面で起こっていることが保育を動かしていくと述べたのはいまのよう

第 4 章　これまでの議論をエピソードを通して振り返る

なことが念頭にあったからでした。〈背景〉から読み進めると，もっと早くＡちゃんの思いに気づいてもよさそうに思われますが，実際には〈エピソード〉にあるような展開になったわけで，その展開の鍵になるのが，いまの接面でのちょっとした気づきなのです。そこから考えれば，子どもとのあいだに接面を創れるかどうかが，保育の中身を左右する事情がよく分かると思います。

　ともあれ，Ａちゃんはまだ３歳なのですが，しかし，もういろいろに考える力が身につき，複雑に心を動かすことができるようになっています。それは「３歳になるとこういうことができる」という従来の「発達の目安」にまとめられている中身とはずいぶん違います。いまの例のように，一人ひとりの子どもの様子を具体的にエピソードに取り上げていってみれば，これまでとは違った３歳児イメージができあがるかもしれません。

　最後にもう一点。書き手が，引っ越しがさみしいなどの負の出来事ばかりでなく，前向きの意味もあるのだというかたちで，「**Ａちゃんと遊べるのを楽しみに待っているお友だちや先生はたくさんいると思うよ**」「**先生はＡちゃんがどこに行っても，ずっとＡちゃんのことが大好きだよ**」と伝えたところは，「教育の働き」としてとても大事なところだったと思います。つまり，「さみしい」気持ちを受け止めて共感する「養護の働き」の大切さと，そこで終わらずに前向きの気持ちになれるように大人の願いを伝える「教育の働き」の大切さが，切り分けられないかたちでＡちゃんに向けられたところが，新規採用されたばかりの人とは思えない対応だったと思いました。

❖エピソード４：「ごめんはいらん」

Ｋ保育士

〈背　景〉

　Ｍちゃんは10月生まれ（５歳８カ月）の女の子。小学生の姉と両親の４人家族である。７月に引っ越しのために民間保育園から転所してきた。母も父も福祉の仕事で互いに変則勤務をされており，父が送迎に来ることも多い。入所し

たてで，緊張もある。給食など，席が決まっている場所ではおどけて笑いをとったりしているが，自由遊びや話し合いの場面では所在なさげで，そうしたときには保育士のところに来て甘えてみたり，ちょっかいをかけたりして過ごしていた。好きな遊びはままごと……と母から聞いていたが，誘ってみても，気持ちが楽しむところまでいかず長続きしない。クラスの子どもたちも最初は目新しさから関わりにいっていたが，うまく遊びが続かないので，子ども同士だけでは遊ばない様子が見えてきている。保育士が仲介役になり遊んでみるが，Mちゃん自身が友だちと遊ぶ充実感よりも先に，保育士のような安定した存在とのスキンシップをまだまだ必要としているようだ。父は「好きな子といても気になることを見つけてはバーッと走り出していってしまう，自分の世界が強い。その世界を崩されるのを嫌がる子」とおっしゃっていた。

　MちゃんとRちゃんは給食の時間は席が近く，それなりにやりとりもあるが，普段はそれほど直接触れ合うことがなかった。

　7月，朝の受け入れの時間。特例の保育室で，Rちゃん（5歳1カ月）が朝早くに登所して描いていた絵が，ことの発端になる。可愛い女の子をペンで描き，描いたことで満足したRちゃんが自分の棚にその絵を片付けずに置きっぱなしにしていた様子。それを見つけたMちゃんが，その絵を拾って大事に手に持っていた。Rちゃんが「それ，あたしのやんか！　勝手に取らんといて！」と叫び声をあげる。

〈エピソード〉

　Mちゃんは表情も変えず，無視している。その様子に余計に逆上し「返せ！返せ！」とRちゃん。自分の声に怒りが絡み，泣き叫びになっていく。無視するMちゃん。ガッと無理矢理手から奪い取ろう，叩こうとするRちゃんの様子を見て相方のT保育士があいだに入ってくれる。互いに手を出し傷つけてしまうことは避けられたが，どうにも納得がいかない2人。私の方は，母と離れられず，また入室しきれず大泣きしていた2歳児の子や3歳児の子の気持ちを受け止めながら，母をその子と見送る対応をしていた。その2歳児，3歳児の子

らが落ち着いたところで，2人の話を聞きにまわる。

　他の子たちは園庭に出て遊ぶ時間になった。

　Ｒちゃんと持ち上がりの担任である私のあいだには一定の信頼関係があり，Ｒちゃんなりに気持ちを切り替え「あたしの絵を勝手に持っていったのが嫌やった」とＲちゃんなりに言葉にして伝えてくれる。Ｍちゃんの方はそれを見ながら，グッと表情が硬く険しくなり，私とＲちゃんの側に近寄ろうとしなくなる。……が，離れすぎることもなく付かず離れずの位置にいる。

　Ｍちゃんは入所してまだ間がないということもあり，対応も探り探りだったのだが，Ｍちゃんのその様子を見て，"ああ，Ｍちゃんは，「きっと，「人のもの勝手に取ったらアカンやろ！！」と言われる」と思っている"と直感した。いまの段階ではＲちゃんとＭちゃんが一緒では，Ｍちゃんの気持ちは表に出てこないと感じ，「Ｒちゃんの気持ちはよーくわかったよ。Ｒちゃんからするとそういう気持ちやったんやな。ちょっとＭちゃんの話も聞きたいし，それまでのあいだ遊んでもらっていいかな？　お話聞けたら必ず呼ぶから。そのときは来てな」とＲちゃんに声をかける。私の目をじっと見て「わかった」とＲちゃん。「あとでなー」と手を振りＲちゃんは駆けていく。

　Ｍちゃんは固まって靴も履こうとしない。「だっこでもいいか？」と聞くとコクリとうなずき，私の腕のなかに入り込む。おでこを肩に擦りつける。しばらく園庭を抱っこしながら，しがみつく手から自然と力が抜けていく。抱っこしたまま立ち上がり，しばらく歩きながら「Ｍちゃん，ほんまはあの絵，Ｒちゃんの絵って知ってたん違うかな」とそっと聞いてみる。目は合わさない。しばらくの間のあと，おでこをぐっと押しつけてくる。Ｍちゃんなりのうなずきのサインであるらしいことが何となく伝わってくる。抱っこしたまま歩いていくと，Ｍちゃんの方から細く漏れ出すような声で「……だってな，だってな，Ｍちゃんのロッカーの近くにな，落ちてたんやもん」と知らせてくれる。目線も合う。"あー，よく自分から伝えられたなあ"という気持ちを込めて抱きかかえなおし，「そっかー，落ちてたし拾ってみたんやな，Ｒちゃんの描いたのってすぐわかった？」また顔を合わせず肩におでこを押しつけるＭちゃん。

「……もしかして，渡してあげようと思った？」しばらくの間のあとおでこを押しつけるMちゃん。「でもできなくなっちゃったんやなー。どうしたんやろ」。Mちゃんの表情も身体もまだまだ硬く強張っていて，どんな言葉であれば，その気持ちに一番近いのだろうと，こんな気持ちかな？　これかな？　と投げかけてみる。「……こわかったんかなー」そう私が投げかけたところでおでこを押しつけてくるMちゃん。「……だってな，すごく怒るんやもん」と気持ちを自分で伝えられてからしばらくの間。ほっとした気持ち。今度は短い時間のなかで浮き上がりかけたりまた沈んだり，気持ちの細かい波が立っているのが目線や緊張から伝わってくる。ほっとした気持ちとないまぜになって今度はいまからどうしていいかを考えあぐねはじめ，またこんがらがって分からなくなってきた様子でいる。（Mちゃんは自分が謝りたい，仲直りしたいという気持ちをもっている……そのことに感動しながら）あえてポンと言ってみる。「じゃ，先生と一緒に伝えてみよっか」。止まったままのMちゃん。Mちゃんが一人では身動きが取れず私の次の言葉を待っているのを感じ，私は続けて「先生と一緒になら伝えられるかな。Rちゃん，Mちゃんの気持ち知りたいと思ってるよ」と言葉を重ねてみる。Mちゃんはすーっと肩の力が抜けてうなずく。

　Rちゃんも呼んで，3人で互いの"気持ち"を話す。さてMちゃんは「ごめん」をいまから言おうとしている。でも葛藤がある。気持ちの細かい波は続いていて，私を摑む手の力は強い。そのなかでRちゃんがさらりと言う。「ごめんはいらん，もういいねん」。Mちゃんは「へ？」と一瞬びっくりした顔。怪訝そうにゆっくりだが私に抱えられながら右手を伸ばしRちゃんに近づける。「あ，これって……」と私が思うが早いか，2人は手をつないでシシシと笑う。2人の顔がぱあっと明るくなる。一緒に走り出そうとするRちゃんとMちゃん。「あ！」とMちゃん。「あたし，靴履いてない……」「あたしが持ってきてあげる！」と最高の笑顔で走り出すRちゃん。（いまさっきまで曇ってた顔してたのに）。Mちゃんと顔を見合わせ私もMちゃんも笑う。「Rちゃん，やさしいなー」「うん！」。Mちゃんは，嬉しくてぎゅ〜っと保育士にお礼の？　ぎゅうをしてくれた。

第4章 これまでの議論をエピソードを通して振り返る

〈考　察〉

　MちゃんとRちゃんはそこから劇的に仲よくなった，ということはない。でも週単位で見ていくと，ふと興味が重なって遊びで一緒にいるときの表情が以前より少し和やかだったり，帰りに「手つなごう」とRちゃんの方が誘ってきてくれたりしている。互いに存在を感じる点だった時間が，2人のなかではあたたかい記憶としてどこかに残っているような気もする。あたたかい点が繋がり線になる……そうなったらいいな，と2人のことを見ている。

　「ごめん」という言葉以上に気持ちが繋がることの大切さを感じる，いっときだった。毛頭「ごめん」をかたちだけで言わせる気はなく，互いに気持ちが楽になり次の遊びに繋がるなら「ごめん」があってもいいか，という思いで臨んでいたが，Rちゃんが自身の感性で「ごめんはいらん」と言えたことにRちゃんの素敵さと，母の葛藤とそのなかでも娘に届けている愛情を感じ感動していた。

　Mちゃんについて言えば，負を引き寄せようとするかのような行動を何かと無意識に続けている。いまはそんなとき，という認識のもと，ゆったりと「Mちゃんが大切だよ」というサインを送り続けられれば，と思う。そのなかで，上記のような短い時間だけれど子ども同士の繋がりを支えにして，ほっこり遊ぶ時間も増えてきているようにも思う。

　行事も多い年長だから，集団の動きが気になったり，懸命になり過ぎて保育士の側が心の余裕をなくしたりしてしまうこともある。しかし，そうしたことの前に，その子がどういう心の状況にあるか，どこを支えてほしいのか，といったことを汲むことも見失わず，子どもの心と保育士の心が丁寧に紡がれる保育をしていきたいと思うし，それを省みながらすすめていきたいと思う。

◆私からのコメント

　男性保育士さんならではの語り口で，しかもきわめて鋭い感受性でもって接面での出来事を感じ取っているエピソードでした。

　エピソードの場面は，転所してきたばかりのMちゃんがRちゃんが描いたま

ま置きっぱなしにしていた絵を手に持ったところで，Rちゃんがそれを見つけ，トラブルになったところからはじまります。「返せ！」というRちゃんの要求を無視するMちゃんと，「返せ！」と実力行使に及ぼうとするRちゃんとが正面衝突しそうなところにもう一人の担任が入って何とか収めたようですが，それまで小さい子どもの受け入れに回っていた書き手が一段落したところでそれぞれの話を聞くことになりました。Rちゃんは書き手に自分の思いを伝えてくれますが，Mちゃんは無言です。しかし書き手はMちゃんがどう思っているかが摑めた感じがしたので，2人一緒ではMちゃんから話を聞けないと思い，Mちゃんから話を聞くまで遊んで待っててとRちゃんに伝えます。それからMちゃんを抱っこしながらゆっくり話を聞くと，書き手からの話しかけにMちゃんはおでこを書き手に押しつけるかたちで応答し，次第にMちゃんはそういうかたちで自分の思いを書き手に伝えてきます。それを受け止めながら，またMちゃんの思いを代弁するかたちで伝えてみると，それを肯定するときにはMちゃんはおでこの動きで応答します。書き手はMちゃんの思いを探りながら，Mちゃんの思いをあれこれ推測して投げかけ，それがヒットしたときにMちゃんはまたおでこの動きで応じてきます。この微妙なやりとりは，まさに「接面」で生じていることに基づいていて，おでこで接しているところからMちゃんの思いが書き手に伝わってくる様子が実によく表現されています。こうして，「本当は落ちていた絵をRちゃんに渡したかったけど，Rちゃんはすぐ怒るので，それができなかった」とMちゃんが思っていたことが分かり，先生と一緒にならばその思いをMちゃんに伝えることができるということで，またRちゃんを呼びました。そしてMちゃんが「ごめん」と言おうとしながら，言いそびれているところで，Rちゃんが「ごめんはいらん，もういいねん」と言い，2人が急接近して仲直りしたという転末です。

・〈考察〉を読むと，一足飛びではないけれども，2人が次第に仲よくなっていく様子が紹介され，「ごめん」という言葉がなくても，保育者の仲立ちがうまくいけば，子ども同士が納得して仲直りができること，5歳児にもなると相当に複雑な思いを子どもたちはそれぞれにもつようになることなどが考察され

ています。

　このエピソードを振り返るとき，5歳の子どもにとって転園がどれほど大きな意味をもつかが分かる感じがします。すでにできあがった友だち関係のなかに，後から割り込んでいくのは子どもにとってなかなか難しいことです。ここで書き手はその事情を踏まえて，Mちゃんに丁寧に関わります。それは接面を通したコミュニケーションと言ってよいものです。ここでは書き手が接面の当事者らしく，まるでそこでの出来事を実況中継するように描いてくれるので，私たち読み手もその展開についていくことができます。最後にRちゃんが「ごめんはいらん」と言ったのも，書き手とMちゃんのやりとりを見て，その接面から何かを感じ取っていたからでしょう。

　こうして見てくると，「接面」で保育者に感じられるものがどれほど豊かであるかが分かります。また子ども同士も「接面」で感じるものがあるからこそ，対立が深まったり，対立が解けたりするのでしょう。保育の機微がこのうえなくよく分かるエピソードだったと思います。

❖エピソード5：「Rくんの思いを受け止める」

K保育士

〈背　景〉

　私は保育所勤務歴2年目で，今年度は4，5歳児混合クラスの担任をしています。特別の支援を要する子どもが3名いるため，加配保育士3名と4名で保育をしています。

　Rくんは9月生まれの男児で父，母，姉（小2），弟（1歳児）の5人暮らしです。現在の父とは姉やRくんと血の繋がりがありません。Rくんは母にもっと甘えたい，もっと関わってほしいという思いがあるようですが，母はいまの父とのあいだに生まれた1歳児の弟のことがとても可愛いようで，Rくんに対しては，登所時に「早く来て！」「R！」ときつい口調で言ったり，降所時にRくんが少し遊んでいると「早く！　行くよ！」と急かしたりと，Rくんを

可愛がる感じがあまりなく，Ｒくんとの情緒的な関わりが希薄なように感じています。また保護者懇談のときに，Ｒくんが母の言うことを聞かなかったり，母にとって嫌なこと（弟の遊んでいるものを取り上げたり，姉とケンカしたりすること）をしたりしたときには，母が結構強く怒るということを聞かせてもらいました。どうやら家庭のなかで，（特に母との関係のなかで）Ｒくんがさみしい思いをしたり，自分のことを見てほしいという思いを抱えているらしく，Ｒくんのそういう思いをしっかり受け止めて関わっていかなければならないと思ってきました。

　Ｒくんは一番に登所してくるので，登所してすぐの朝の時間（その時間は私も気持ちに余裕があるように思っています）にＲくんに関わると，Ｒくんは私におんぶを求め，それに応じると，Ｒくんは安心したように落ち着いた表情を見せてくれます。また，午睡時に私が傍に行くと，午前中遊んで楽しかったことをすごく嬉しそうな表情で話してくれます。こういう私とのちょっとした繋がりを大切にしていきたいと思っています。

　Ｒくんは同じ５歳児の男児と一緒に遊ぶことが多く，ブロックで剣や乗り物を自分なりにイメージして作ったり，ポケモンの玩具を戦わせたりして遊ぶことや，戸外で生き物を探して虫カゴに虫の家を作るなどの遊びが大好きです。戸外での生き物探しのときには一緒に探し，「こんな所にいたんだ！」と虫を捕まえたときには一緒に喜び，石や木などで一緒にカゴに虫の家を作るなどして，Ｒくんと楽しみを共有してきました。

　そういうＲくんですが，自分の「こうしたい」という思いを友だちに伝えて他児がそれを受け入れてくれないときは，怒ったり，叩いたりなど手が出ることがあり，トラブルになる場面がしょっちゅうあります。そんなとき，Ｒくんは「これがしたかった」「俺がこれで遊んでた！」など，自分の思いをしっかり伝えてきます。しかし１日に何度もトラブルになることが多く，そんなとき，私はＲくんの気持ちを分かろうとする前に「叩いてほしくない」「他の子どもの気持ちも分かってほしい」という私の気持ちが先行し，「それをしてはダメ」「こうするのは危ないよ」など，Ｒくんを注意したり，制止したりする関わり

がついつい多くなっていました。そんなとき，Rくんは私の方を見ようとしなかったり，ふざけるようにして逃げていったりする姿があり，こういう関わりではいけないと反省することが毎日のように続いていました。

〈エピソード〉

　この日，Rくんは保育所に来る前に母の携帯で遊んでいたようでした。しかし，その携帯が見えなくなってしまったようで，Rくんの登所後に母が保育所で遊んでいるRくんに聞きに来ました。母はRくんに「どこにやったの？」と険しい表情で聞き，Rくんが「お母さんのかばんに入れた！」と説明しましたが，かばんの中にはなく，母はいらいらした様子でRくんと話をしていて，「分かった！」とそのまま帰ってしまいました。Rくんは母に信じてもらえず悲しかったようで，その後しばらくモヤモヤとした気分で周りに八つ当たりする姿が見られました。私は"お母さんに信じてもらえなかったからだよね"と思ったので，Rくんの気持ちが落ち着くまでそっとしておこうと思い，しばらく一人にして見守りました。

　しばらくして，クラスの活動の時間になるとRくんはみんなのところへやってきました。この時には表情も穏やかになり，気持ちが落ち着いたのかなと思っていました。Rくんはいつも一緒に遊んでいるSくんと一緒にこびと探しを4，5歳児の部屋でしていました。こびとを見つけて捕まえて，RくんとSくんで作った家に連れて帰るような遊びを自分たちで考え，とても楽しく遊んでいました。今日もいつもと同じように11時15分に片付けることを事前に伝えていましたから，その5分前位に，Rくんが遊んでいるところへ行き，「長い針が3になったら片付けるよ〜！」と知らせると，「は〜い！」と返事をし，「ねえ，これとっておいてもいい？」とRくんとSくんが作った家を見せてくれました。"この遊びが楽しかったんだ"と思い，「じゃあとっとくか！　でも次給食だからこっちに寄せといてよ」と伝えると，嬉しそうな表情で「うん！」と言ってくれました。

　11時15分になり，私が戸外遊びの片付けをして部屋に戻ってくると，Rくん

とＳくんはまだ遊んでいました。"あら～もう給食なのにな～"と思い，「もう給食だから片付けるよ」と少しせかすように言うと，まだ遊びたそうな表情ながらも，「うん」と言ってくれたので，"あとは２人に任せよう"と思い，「Ｒちゃん，Ｓちゃん，頼んだよ！！」と言い，私は他児と一緒に給食の準備に向かいました。しばらくしてＲくんのいる方を見ると，Ｒくんは泣きながら，「いま片付けるから，こっちに入らないで！」と周りの子どもに言っていました。どうやらＲくんが片付けようとしていたところに他児が入ってきて片付けを手伝おうとしたようでした。

　私は給食の準備の最中だったので，"いまはゆっくり話が聞けないな"と思い，泣いているＲくんに「こっちにおいで」と言い，みんなと離れたところに呼んで，「先生，Ｒくんの話を絶対に聞くから，少し待ってて！」と強く伝えました。その間もＲくんは涙が止まりませんでした。給食の準備が一段落したので後のことを他の保育士にお願いして，Ｒくんのところへ行きました。

　"朝のこと（母との携帯のやりとり）があったから今日は余計に気持ちが崩れてしまったのかな"と思いながら，いつになく"今日はどんなＲくんでも認めてあげたい""Ｒくんのことをもっと分かってあげたい"と思っていました。Ｒくんに近づくと，「片付けようとしてたのに……」「みんなが勝手に入ってきて嫌だった」など自分からいろいろ話をしてくれました。その様子も最初は涙いっぱいで怒っている感じでしたが，私が真剣に聞いているうちに，少しずつ優しい口調になり，私の目を見るなど気持ちが落ち着いていくのが分かりました。Ｒくんの気持ちが落ち着き，自分で納得したように感じたので，「給食にいくか！」と誘うと，手を出してくれて，一緒に部屋に戻りました。

〈考　察〉
　いつもは禁止や制止や注意になっていたところですが，今回のこの場面で私は"どんなＲくんでも認めてあげたい""Ｒくんのことをもっと分かってあげたい"という思いでＲくんの側に行きました。いつもこういう場面になると，Ｒくんは視線を逸らせたり，離れて向こうに行ってしまったりしていましたが，

今日は私が何も言わなくてもRくんから自分の思いを話してくれました。Rくんが自分から"話してみよう""先生は自分のことを分かってくれる"と思ってくれたことがとても嬉しかったです。そこから振り返ると，いつもトラブルの場面ではRくんのことを全然分かってあげられていなかったな，自分の思いばかり伝えていたなと思い反省しました。Rくんにとって，いままでの私は"分かってくれない先生""何も言いたくない先生"という思いが大きかったのだと思います。

　しかし今日は，朝の母とのこともあって，私の方が"どんなRくんでも認めてあげたい""Rくんのことをもっと分かってあげたい"と腹をくくっていたので，それがRくんに伝わり，Rくんが私に気持ちを向けてくれたのだろうと思います。Rくんとのよい関係を築いていくためには，Rくんの思いをしっかり受け止めることが大切なんだと改めて思いました。そのうえで，「こうすると友だちはいやな気持ちになるよ」「それすると危ないよ」などの私の思いを伝え，してほしくないことにRくんが気づくことができるように，また友だちの思いを感じていけるように，関わっていきたいと思います。

◆私からのコメント

　保育のなかでは，子どもに早く自分の思いを言葉で言わせようとすることがよくありますが，そうではなく，子どもが自分の思いを言葉にできるようにもっていくのが保育の基本です。このエピソードはその保育の基本がよく分かる内容だったと思います。

　まず〈背景〉から，複雑な家族関係のなかで，Rくんは母の気持ちが弟ばかりに向かい，自分の甘えたい気持ちが通らずにいるらしいこと，自分が認められているという感じをもてていないらしいことがうかがえます。そんなRくんなので，書き手は何とか自分がRくんのさみしい思いを受け止めてやってと思っていたようですが，しかし，Rくんがしょっちゅうトラブルを引き起こすので，どうしても注意や禁止や制止の言葉をかけてしまい，そうするとRくんは書き手を避け，目を合わせない態度に出ることが多かったようです。〈背景〉

は読み手をエピソードの場面に招き入れるためのものであると述べてきましたが（『エピソード記述を読む』前掲書），読み手としてこの〈背景〉を読むと，これからどういう展開になるのかと先を読みたくなります。

　〈エピソード〉は登所後に母がやってきて，Rくんに携帯はどこにやったのかと尋ねますが，Rくんは「お母さんのかばんに入れた！」と答えます。しかし携帯は母のかばんにはなく，母は怒った様子のまま帰ってしまいます。Rくんは母に信じてもらえなかったというモヤモヤした気持を引きずってしまったようです。それでもしばらくすると気持ちを取り直して遊びに熱中していましたが，お片付けの時間になり，大事に作ったものを片付けるのを周りの友だちから邪魔されたくないという思いからかRくんは泣き出してしまいます。書き手は給食の準備があってすぐには対応できません。そこで書き手は「先生，Rくんの話を絶対聞くから少し待ってて！」と伝え，準備が一段落してから話を聞くと，Rくんが自分の思いをしっかり話してくれたという内容のエピソードでした。

　〈考察〉で書き手は，「どんなRくんでも認めてあげたい」という思いでRくんから話を聞こうとしたこと，それがあって，Rくんがしっかり話ができたのではないか，そしてそこから翻って考えれば，これまで禁止や制止の言葉かけが多く，Rくんの思いを受け止めるところが十分でなかったことが反省されると結んでいます。

　その通りだと思いました。給食の準備でばたばたしているときにRくんの話を聞こうと思っても，聞く側に余裕がなく，早く話をさせて区切りをつけたいという思いが先行しがちです。これまでならそうしてしまっていたのでしょう。今回は，「絶対に聞くから，少し待ってて！」と強く言って時間を置き，準備が一段落したところでゆっくり話を聞こうとしたところがよかったと思います。その時の保育者の腹をくくった思いが接面を通してRくんに伝わり，先生は本気で聞いてくれる，自分の思いを分かってくれるとRくんには思えたのでしょう。分かってくれそうで分かってくれない先生のいつもの態度は，家庭の母の態度と似ていたのかもしれません。それが今日は何か違うという感じを接面か

第4章 これまでの議論をエピソードを通して振り返る

ら感じさせたのでしょう。

　このエピソードをその観点から振り返ると，やはり母に携帯電話のことで疑われて嫌な思いをした時点で，何とかRくんのその口惜しい思いに寄り添えなかったものかと思います。Rくんの複雑な家庭事情を思って，何とか支えていこうと思っていたのであればなおさら，その負の場面でしっかりRくんの思いを受け止めることが必要だったのではないでしょうか。それと，Rくんが自分から泣いている理由を話しはじめたとき，書き手は**「涙いっぱいで怒っている感じでしたが，私が真剣に聞いているうちに，少しずつ優しい口調になり，私の目を見るなど気持ちが落ち着いていくのが分かりました」**と書いていますが，それ以上に，もっといろいろなことをその接面で感じ取っていたはずで，そのとき自分の胸に去来するさまざまな思いを言葉にできていれば，その時のRくんの気持ちがもっと読み手に伝わってきたのではないかと思います。そこが少し残念な感じがしました。

　いまRくんのような複雑な家庭事情の下にある子どもが増えていますが，ほとんどの子どもが何か満たされないものを感じてモヤモヤしているようです。そういうとき，保育者がゆったり構えてすっぽり包むようなオーラのなかに子どもを浸すことは，子どもから見れば安心し，満たされるものを感じる経験になるはずです。このエピソードのように，一対一で，しっかり話を聞いてあげよう，先生はあなたのことを認めているよという保育者の姿勢が子どもに届けば，その安心感のなかで，子どもの内面が言葉になることもあるのではないでしょうか。

❖ エピソード6：「友だちっていいな」

N保育士

〈背　景〉
　そら組（32名）は3，4，5歳の異年齢で過ごしている。日々，異年齢で遊んだり，年齢別で気の合う友だちと遊んだりと，好きな遊びをして楽しむ子ど

もたちの元気な声や姿が見られる。

　8月末，Tくん（5歳児）の急な退園が決まった。健康上の問題で入院ということになったからである。あまりにも突然のことだったので私も戸惑ったが，クラスの子どもたちにはTくんの退園のことを私から伝えた。それから退園までの1週間程のあいだにTくんと友だちや私との関わりを描いたエピソードである。

〈エピソード〉
　「保育園では絶対に安静に」と告げられた日から，私は十分な注意を払いながら，しかしTくんのできることやしたいことを最大限にさせてあげようと思い，できれば一緒にしようと思っていた。ホールに出れば，大好きだったドッチボールを友だちがする姿を見て「あーいいな，俺もドッチしたいなあ」とTくんは呟く。そこで私は「うん，足が治ったらいっぱいできるからね。いまはTくん我慢やわ。じゃあ先生と座ってキャッチボールする？」と尋ね，Tくんが「うん」と答える。体を動かすことが大好きなTくんにとってはつらいだろうなと思いながら，一緒にキャッチボールをする。食事の片付け当番では，責任感が強いTくんはいつも床拭きを手伝ってくれていたが，今日もいつものように床拭きをしようと雑巾を絞っている。そこで私は「Tくん，雑巾がけはちょっと足によくないかもしれないし，テーブル拭きお願いしていいかな？」と言うと，Tくんは「うん，いいよ」とテーブルを拭いてくれた。

　いままで何も考えずにしてきたことだった。ごく普通に生活していたのに，急にたくさんの場面での制限がはじまった。そしてTくんは私に何度も同じことを繰り返し話していた。「俺の足のここの（つけ根をさわりながら），骨が死んでるんだって。悪い虫がおって栄養いかないんだって。子ども病院で長いこと入院して治ったら，いままでみたいにドッチとかできるから。子ども病院には小学生のお兄ちゃんもおったよ……」とこれからはじまる入院生活のことを，私だけでなくいろんな保育士や友だちにも何度も何度も話していた。"Tくんはこれからはじまる治療への不安を自分に言い聞かせるように何度も何度も話

第4章　これまでの議論をエピソードを通して振り返る

すのだろう"　私はそう感じて，Ｔくんの話を「うん」「そっか～」と相槌を打ちながら聞くしかなかった。

　最後の日にクラスでＴくんの送別会をした。Ｔくんが「俺，保育園で歌うの最後だから，ドラエモンの歌，みんなで歌いたいな」と言っていたので，クラスで「夢をかなえてドラエモン」を歌い，みんなで書いた手紙をＴくんに渡すことにした。みんなで書いた手紙を渡すのを，生後4カ月の頃からＴくんと保育園で一緒に過ごしてきたＲちゃんにお願いした。手紙を渡したＲちゃんに「Ｔくんに何か伝えたいことはありますか？」と聞くと，「うん」と無言でうなずいた。そして少し緊張した表情でＴくんを見つめ，Ｒちゃんは「Ｔくん，ありがとう」と小さな声で言った。Ｔくんは顔をくしゃくしゃにして照れ笑いをし，「ありがとう」と返した。

　Ｔくんがクラスを離れてから約4カ月程たった頃，郵便ごっこがクラスで流行っていた。クラスに置かれた郵便ポストにそれぞれ送りたい人に手紙を書いて送るといった遊びだ。配達は年長児が曜日ごとに順番を決めて行っていた。ある日配達係の子が私に「先生これどうすればいい？」とポストに入っていたはがきを持ってきた。「どうしたの？」とそのはがきをみると「そらぐみ　ゆりぐるーぷ　Ｔくんへ。またどっちぼーるいっしょにしようね。Ｈより。」と書かれていた。それを見て私は思わず「そっか，Ｔくんはずっとみんなのなかのそら組の子やもんね」と独り言のように呟いていた。そして，クラスのなかにＴくんのことをそんなふうに思っている子がいたことが嬉しかった。その2日後にＴくんがクリスマスの食事会に参加する予定があったので，「今度Ｔくんが保育園来たら渡すから，これ先生預かっとくね」とそのはがきを受け取った。

〈考　察〉

　今回のエピソードを通して，私が感じたことはたくさんあった。まずは手紙を渡す場面で，私はてっきりＲちゃんは「頑張って」とか「早く治してね」などの励ましの言葉を伝えるのだと思っていた。ところがＲちゃんが言ったのは

「ありがとう」だった。この言葉をTくんに伝えたのはどうしてだったのだろうと思った。RちゃんとTくんの2人は保育園の入園時期も月齢も同じで、家庭環境もよく似ていた。2人とも夜間保育を経験していて、赤ちゃんの頃から母の迎えを遅くまで2人で待つこともあった。喧嘩もするけど仲よしで、目には見えなかったけれど、2人で仕事で帰りの遅くなる母親の帰りを待つなど、支え合っていたのだろう。だから「ありがとう」の言葉を伝えたのではないかと思った。Rちゃんに「どうしてありがとうと伝えたの？」と聞いたわけではないので、実際のところは分からないが、しかしその場にいた私はRちゃんの姿からそのように感じた。

Tくんは小さな心と体で、病気のことを一生懸命受け止めようとしていたのだと思う。周りの大人や友だちに病気のことを話しながら、これからはじまる入院生活の不安を必死に紛らわせていたのだろう。Tくんが経験していることは大人である私でさえいまだ経験したことがない。このエピソードを描きながらも、私は一体どこまでTくんの気持ちに寄り添うことができたのか、Tくんの不安な気持ちを少しでも楽にさせてあげられたのかと、いまでも思う。

そんなTくんに私は励ましの言葉をかけることしか思いつかなかったけれど、Rちゃんのように「ありがとう」という言葉を伝えることも大切なんだとしみじみ思った。「ありがとう」という言葉って素敵だなと強く感じたエピソードだった。

また、日々保育するなかで、子どもたちへの私の願いとして、「友だちを大切にしてほしい」「友だちとの関係から大切なことをいろいろと知って、感じてほしい」というものがあった。現代では核家族が増え、地域との繋がりも薄れていき、人と人との関係が希薄になっている部分もあるように思う。そんななかで「子どもたちはどうなのかな？」と思ったり、「子どもたちは周りにあまり関心がないのかもしれないな」と思ったりすることもあった。しかしTくんがクラスを離れた後も、Tくんのことが子どもたちの心のなかに残っていたということを、郵便ごっこの遊びから感じ取ることができた。

子どもたちは、私が思っている以上に日々いろんなことを心で感じとってい

るのではないかと思う。そして、子どもたちは人と関わりながら成長していく。そのなかの一人に保育士である私も含まれている。そのことを忘れずに子どもたちと関わって、心豊かな幼少期を送れるようにお手伝いできたらいいなと思った。

◆私からのコメント

　病名は分かりませんが、健康上の理由で急に入院となり退園の決まったＴくんは、自分なりの退園の理解を先生に懸命に告げますが、その中身は読む者にとっても胸が詰まるような内容です。幼い子どもが長期入院を余儀なくされるとき、それでも何とか前を向いて生きていこうとします。しかしそこにいろいろな不安が襲ってきます。その不安を打ち消すかのような言葉を子ども自身が紡いで、それによって自分を鼓舞しているようにも見えます。だからこそ、読む者は子どもの健気さに胸が詰まるのでしょう。そして以前できていたことが病気のために制限されます。それが育ち盛りの子どもにとってどれほどつらいことか、それについては書き手だけでなく、保護者も、また読み手も同じ思いだろうと思います。

　そのＴくんが送別会のときに最後だから「ドラえもんの歌」を歌いたいと言います。それをみんなで歌った後で、みんなで書いたお手紙をＴくんに渡すことになりました。その渡す係を生後４カ月のときからＴくんと保育園が一緒だったＲちゃんにお願いすると、ＲちゃんはＴくんを見つめて「ありがとう」と言い、それにＴくんは照れ笑いをしながら「ありがとう」と返したというのがエピソードの前半です。

　エピソードの後半は、それから４カ月ほどたって、クラスで郵便ごっこが流行っていたときに、郵便ポストに一通のハガキが入っていて、見るとそれはＴくん宛てのもので、「またドッチボールしよう」と書かれてありました。書き手はそれを見て「Ｔくんはずっとみんなのなかのそら組の子やもんね」と独り言のように呟いたのでした。

　〈考察〉はＲちゃんが手紙を渡すときに、「頑張って」とか「早く治してね」

という言葉ではなく，「ありがとう」という言葉だったことに，一瞬，書き手は意外感を抱いたけれども，しかしすぐに5年近く一緒に暮らしてきた友だちであればこそだという思いに切り替わったという，書き手の思いのうちが説明されています。そして郵便遊びのところでは，子どもは友だちと関わりながら育つという書き手の思いから，いまを振り返り，子どもたちの心の育ちを願う書き手の心情には納得させられました。普段は目に見えない友だちとの関係が，「別れ」というある意味で悲しい状況に置かれたときに，かえってその大切さが子どもたちにも保育者にも目に見えるものになるということでしょうか。保護者も同じ思いをしていると思います。保護者との話し合いなどについても言及されると，問題の広がりがさらに見えるものになったかもしれません。

　エピソード記述の観点からすると，もう少し〈背景〉が詳しく書かれていてもよかったのではないかと思います。RちゃんとTくんのこと，ハガキを書いたHくんのこと，あるいは日頃から友だちを大切にという書き手の思いをどのように子どもたちに伝えてきたのか，書き手はTくんの母とはどういう付き合いだったかなど，〈背景〉に書くことはもっとたくさんあって，それがこのエピソードの理解を深めたのではないかという気がします。

　また接面という観点から振り返ると，本当は接面で起こっていることが意外に書かれていないことに気づきます。書き手にとって，接面で感じられたことはたくさんあったはずですが，それが十分言葉にならなかった，というより重い事態に言葉にできなかったのかもしれません。ですから，読み手は関わりの場面で紡がれたTくんの言葉や書き手のわずかな言葉から，その接面で起こっていることを想像のなかでしっかり感じ取る必要があるように思いました。

❖エピソード7：「涙した手紙」

U保育士

〈背　景〉
　5歳児クラスのRくん（5歳10カ月）は，2歳児クラスの弟と2人兄弟であ

第4章 これまでの議論をエピソードを通して振り返る

る。母親はRくんを他の子と比べて見たり，いろいろな悩みを自分のなかに抱え込んでしまったりするところがある。そういう母親の影響もあってか，Rくんは3歳児で入園してきたときから，素直に保育者に甘えられず，「てめ〜」「バカ野郎」と乱暴な言葉を使ったりして周囲を驚かせていた。しかしそれは，Rくんが自分に自信をもてずにいることを隠すためで，自分の存在を誇示したいのだろうなと受け止めて，母親には「他の子と比べてRくんを見たり，先のことを心配したりするのではなく，いま，Rくんが興味・関心をもって見ているものや，やろうとしていることに一緒に付き合っていくこと，Rくんを認めていくことを大事にしていきましょう」と伝えながら，4歳児，5歳児と担任をしてきた。Rくんが5歳児になったとき，私は異年齢クラスの担任も受けもつこととなり，毎日の生活もRくんと一緒に過ごすようになった。

　異年齢クラスになってから，Rくんから私の傍に寄ってくることが増えてきた。園庭遊びでは春頃までは5歳児の子どもたち同士で助け鬼を楽しんでいてもそのなかに入ろうとせず，Tくん（6歳7カ月）と虫探しをしたりしていたが，その助け鬼をやりたそうに私の視界に入るようにウロウロし，私が「Rくんもする？」と誘うとその遊びに加わってみんなと一緒に鬼ごっこを楽しむ姿が見られるようになった。このように，特定の仲のよい友だちと遊ぶことから，5歳児の友だち同士で群れて遊ぶことに面白さを感じはじめてはきていたが，保育者が気にかけてあいだに入らないと，Rくんは遊びのなかで自分の意見や思いを主張することができず，途中で抜けていってしまう。次第に同年齢の友だちと遊ぶのではなく，4歳児で自分を慕ってきてくれる男児を引き連れて，そのなかでリーダーシップをとれることに楽しさを感じている姿が見られるようになってきた。

　そしてこの頃，4歳児のKくんや5歳児のHくんと面白がって私の顔をグチャグチャに描いては，それを私の服のポケットやかばんに入れ，その絵を見たときの私の反応を楽しんでいた。それも，保育者とのコミュニケーションの一つとして捉え，私は余り過剰な反応はしないように心がけながらサラッとかわすようにしていた。

〈エピソード〉

　この日，保護者会役員の集まりがあり，Rくんの母親も役員さんだったためいつもよりお迎えが遅かった。Rくんは遅番保育室で遊んでいたが，次第に遊び友だちが帰って行くと保育室から出てはウロウロする姿が見られていた。その日私は，遅番勤務ではなく，保育室の片付けやコンポスト（生ごみを堆肥にする容器）の土を混ぜたりしていた。Rくんが遅番保育室を抜け出し，私の目を気にしつつも，視界に入る範囲でニタニタと笑いながらそこに居ることに気づきながら，"本当なら「遅番のお部屋だよ！」って声かけないといけないんだろうけど，こうやってRくんと過ごす時間があってもいいかな"といつもと違う状況でお迎えを待つRくんの気持ちを考え，無理に遅番保育室に戻るような声かけはせず，Rくんと土を混ぜながら他愛もない話をしながら過ごした。コンポストの作業を終え，手を洗って保育室に戻ると，Rくんは私に手紙を描いてくれていたようで「先生，はい！」と渡してくれる。そして渡すとすぐに保育室奥の絵本棚の陰に隠れた。そしてそこからこちらの様子をチラチラうかがっている。"ここ最近，Rくんが中心となってKくんやHくんとグチャグチャな私の似顔絵を描いては，私の反応を面白がっているから，きっとこれもグチャグチャな絵だろうな"とたかをくくって手紙を開けると，ニコニコ笑顔の女の子の周りにハートマークがいっぱいの絵だった。その瞬間，"ああ，やっとRくんは自分の思いを素直に出せた！"と一気に嬉しい感情が込み上げてきて，「Rくん！　先生嬉しい！　先生本当に嬉しい！」と言いながら涙が溢れてきた。Rくんにはこれまでにも，自分のしたことで相手が喜ぶという経験をたくさんしてほしいと願っていたので，込み上げてきた涙もそのままに，「先生，嬉しくて涙出てきた。有難う。このお手紙，先生の宝物にする！」とRくんにこの嬉しさを伝えようと必死になった。Rくんは嬉しそうに本棚の陰からこちらを見ている。そこへ，母親がお迎えに来て降園した。

　そして，翌日登園してきたRくんは「先生はい！」と折り紙で作ったペンダントと昨日と同じハートマーク一杯の絵を私にプレゼントしてくれた。ペンダントは女児がほしがったので，私が作り方を教えてあげると，ペンダント作り

が女児たちのあいだに広がっていった。そして，集いのなかでRくんが作ってきてくれたことを紹介した。

　その後もしばらく私のかばんのなかにハートマーク一杯の絵や「おてがみかいてるのぼくだよ。いらなかったらすててね」と言葉も添えた手紙をくれる日が続いた（Rくんは字がまだ上手く書けないのでHくんが代筆していたようだ）。

〈考　察〉

　あの時，年長さんなのだからと通り一遍の対応で遅番保育室にRくんを戻していたら，このような手紙をもらうこともなく，いまでも面白がってふざけたグチャグチャの絵の手紙をくれていたかもしれない。

　家庭では，母親は弟の世話や家事に追われ，なかなかRくんに関わる時間が取れないようだ。この日の夕方は，日中のクラスのなかでの私との関わりとは違った，私と2人だけの時間だった。Rくんは"きっと，先生は遅番の部屋に戻れって言ってくるぞ"と警戒しながらいたと思うが，私がRくんと他愛もないおしゃべりをしたことで，Rくんは何か満たされるものを感じたのだと思う。Rくんは本来，気持ちが優しく気遣いのできる子どもである。この時，この場ではKくんやHくんの目がなかったので，Rくんは本当に描きたかった絵を素直に描けたのではないだろうか。これまで私はRくんが自分でやろうとしたことを認めていくことに心がけて関わってきた。その関わりのなかで，Rくんはいままでのいきがって強く見せようとしていた自分の鎧を順番に脱いで，少しずつ素直に自分の気持ちを前に出せるようになってきたように思っていた。今日のエピソードはその一端だったのかもしれない。

◆私からのコメント

　まず，〈背景〉から，書き手の存在をいつも気にして，書き手の視野にいつも入ろうとし，書き手と一緒だと遊べるというように，Rくんが書き手のことを気に入り，書き手と一対一の関係をもちたいという気持ちが強くあるということがそこはかとなく分かります。そしてそのような思いの裏側には，母との

関係もあって，自分の存在が認められたいというRくんの思いが隠されているように思います。書き手は，「Rくんが興味・関心をもって見ているものや，やろうとしていることに一緒に付き合っていくこと，Rくんを認めていくことを大事に」と母に伝えていますが，その母への対応の裏側には，Rくんの存在を認めてやってほしいという思いがあったのだと思います。母との関係のなかでRくんが真に求めているのは，「存在を認めてほしい」という思いなのです。Rくんにとって，先生は「自分の存在を認めてくれる先生」だから，気に入って，いつも視野のなかに入れておきたい人なのでしょう。それが「養護の働き」の基本であることは言うまでもありません。

　エピソードは遅番保育室にいなければならないはずのRくんが自分のクラスの保育室にやってきて，書き手の気を引くようにウロウロしています。Rくんには注意されてもよいから先生と一対一になりたいという思いがあったのではないでしょうか。だから，たとえここで先生が「Rくん」と注意しても，それでもRくんは嬉しかったのではないかなと思います。しかし，先生は注意をせずに，Rくんと一対一で他愛のない話をしてくれます。そこで嬉しくなったRくんは先生にその嬉しい気持ちを素直に表現してみたのでしょう。書き手にとっては，周りを気にしてなかなかストレートに自分の思いを出せないRくんだと思っていた分，Rくんが初めて素直に自分を表現してくれたのが嬉しかったのでしょう。そこでその嬉しさを大きく表現したことで，Rくんも嬉しい気持ちになれました。〈考察〉のなかで，「Rくんが自分でやろうとしたことを認めていくことに心がけて関わってきた」とありますが，それはRくんからすれば，自分の存在を認めてもらえたと思える対応だったのでしょう。存在を認められることが自己肯定感に繋がり，それが意欲に繋がり，遊びの広がりに繋がるというのが最近の私の主張です。そのように私はこのエピソード全体を読みました。

　さて，グチャグチャの顔の絵を描いて「私の反応を楽しむ」というRくんの姿に，いまのRくんのいろいろな思いが凝縮されているように感じます。書き手はこれに「サラッとかわす」対応をしたようですが，書き手はこのように振

る舞うRくんをどのように思って見ていたのでしょうか。単なるふざけた遊びとしてしか見ていなかったのでしょうか。それはそこでの接面で何を感じ取っていたかに関わることです。そして同じことですが，〈エピソード〉に書かれている「私の目を気にしつつも，視界に入る範囲で」というRくんの振る舞いが，先生には「注意されてもよいから声をかけて関わってほしい」というふうには見えなかったかどうか。そして〈考察〉では触れられていませんでしたが，最後の「いらなかったらすててね」というRくんの言葉を書き手はどのように受け取ったのでしょうか。この言葉は私には文字通りの意味とは逆の，「すてないでね」というRくんの思いの表現であるように思われました。いうなれば，Rくんの恋心に近い思いですね。

　そのようにして先生に近づきたいし，先生に認められたいのも，日常のなかでRくんの存在がしっかり認められているという実感，つまり自己肯定感が立ち上がる機会が乏しいからでしょう。保護者対応は難しいところですが，保護者との信頼関係が築かれていくなかで，Rくんの思いを保護者に伝えられるようになるとよいと思いました。エピソードの最後のところで母がお迎えにきたときに，母に何か伝えてもよかったのではないでしょうか。

　まとめると，先生に存在を認めてもらえる→先生を好きになる→先生との信頼関係ができてくる（その裏側で自己肯定感が育ってくる）→先生の言うことを聞き分けるようになるという，保育に欠かせない子どもと保育者との関係の機微がここに描かれているということに〈考察〉のなかで触れてもらえれば，さらによかったと思います。

❖エピソード8：「子どもの遊びがつながるとき」

K保育士

〈背　景〉

　さくら組の子どもたち（2歳児10名・1歳児の高月齢児4名）は，一人でじっくりとパズルをしたり積み木や電車で遊んだり，二人でやりとりをしながら

何かを作ったり，友だちのしていることに興味をもって一緒に遊びはじめたり，イメージが合わずにトラブルになってしまったりと，各自が自分の思いをもちその子なりの方法で表現して遊ぶ姿がみられる。

　Mちゃん（2歳10カ月）は保育者との遊びやBちゃん（2歳8カ月）とままごとをしたり双子のYくんと遊んだりすることもあるが，ままごとや粘土等で一人でじっくり遊ぶことが多い。双子なのでどちらかの体調が悪いと一緒に休むこともあり，いまも登園時はなかなか母親からスッと離れられないような日もよくある。Aちゃん（3歳6カ月）は自分のイメージをもって遊び，思いをしっかり主張している。Hくん（3歳3カ月）は，保育者や友だちのしていることに興味津々で，同じように遊んだり「どうしたん？」と気にかけたりすることが多い。Rくん（3歳9カ月）は，自分のイメージをもって遊び，思いは伝えてくるが，人前に出ることは嫌がる様子を見せることが多い。Oくん（3歳1カ月）は，友だちのしていることに興味をもち関わりたい様子はあるが，言葉より先に行動してしまい，うまく思いが通じないことがよくある。Sくん（3歳8カ月）は，じっくりと自分のしたいことをしていて，少しずつ出てきた言葉で自分の気持ちを伝えようとするが，伝えきれないと手が出てしまうことがよくある。

　この日は朝からMちゃんが私をままごとに誘ったり一緒におやつの手洗いに行こうと言ってきたりと，Mちゃんからの働きかけが多く，私も他の子の様子を見ながらMちゃんと一緒に過ごしていた。以下は，園庭に未満児だけが出ていた時間帯でのことで，子どもたちは思い思いの遊びをはじめていた。

〈エピソード〉
　Mちゃんと私がバスに見立てたかもめ号（汽車の固定遊具）に座り，持ってきた砂の入ったカップのケーキを食べていると，「こんにちは」とAちゃんが，「お出かけ？」とHくんが入って来た。「Mちゃん，T先生とバス乗って行くの」とすぐに答えるMちゃん。「ふ～ん，Aちゃんもお出かけ行く」とAちゃんはかもめ号に乗って座り，「Hくん，運転するわ」とHくんは前の方に行く。

Ｈくんにつられてか，「Ａちゃんも運転してくる！　Ｔ先生待っててよ」と，私にストップというように手で示し，前の方に行く。すると「Ｍちゃんも運転してくる！　Ｔ先生待っててよ」と手に持っていたカップを席に置いてＭちゃんもＡちゃんと同じように私に手でストップを示して前の方に行ってしまった。かもめ号の前の方では３人ともハンドルを動かすような格好をして運転をしている。しばらくすると３人とも「ただいま〜」と戻って来てまた席に座った。

　そして，４人で話をしながらいると，「アイスいりませんか〜」とＲくんの声が後ろから聞こえてきた。Ｒくんがローラー滑り台の下のカウンターのところにいるのは知っていたので，"アイス屋さんしてるんだ"と思いながらも，私はそのままＭちゃんたちとの話を続けていた。すると，もう一度Ｒくんの声が聞こえてきた。"誰に言っているのかな？"と思って振り向くと，こちら向きにＲくんと隣にはＯくん，道路に向かってＳくんがいて，それぞれ何かを作っている様子。Ｒくんの向かい側には誰もいなくて視線は私に向いていた。目が合うとニコッとして，さっきよりも小さな声で「アイスいりませんか〜」と話しかけるような言い方。"私に言ってたんだ。すぐに振り向かなくて悪かったな"と思いつつ"いま立つと，こっちの遊びも中断してしまうのでは……"との思いもあり，「アイス屋さーん，バスまで配達してください」と返事をしてみた。しかし，Ｒくんからは「ダメでーす。配達はできませーん。ここまで買いに来てくださーい」と返事が返ってきた。"どうしよう……"とバスのなかの３人に目を戻すと，３人は真ん中に座ったＡちゃんを中心に話をしている。そこで"少しなら大丈夫"と感じ「先生，Ｒくんのアイス屋さんまで，アイス買いに行ってくるけど，みんなのも買ってきてあげようか？」と声をかけてみた。すると３人とも「うん！」と返事をし，「行ってきまーす」と言う私を「行ってらっしゃーい」と見送ってくれた。

　４人分の注文をしていると「できた？」とバスから３人がやって来た。Ｒくんは，カップに砂を入れながら「Ｈくんは何味ですか？」など，一人ずつ注文を聞いてから注文の品を作って渡しはじめた。Ｏくんは，自分で注文は聞かないが，Ｈくんたちの返事を聞き「はい」とＲくんと同じように作って渡してい

る。道路側で作っていたSくんも「食べる〜?」とこちらを向き声をかけてき
たので,私はSくんの前に行き「イチゴのアイスください」と注文した。「S,
アイスないよ。ブドウ」と言うので「じゃあ,ブドウください」と注文し直す
と,嬉しそうに「はーい」と返事をしてカップに砂を入れて渡してくれた。私
の横にはMちゃんも来ていて「Mちゃんも,ブドウちょうだい」とSくんに言
い「はい」とカップに砂を入れたものをもらっている。「おいしいね,このブ
ドウ」と2人で食べる真似をしてカップを返すと,Rくんがこちらを向いて
「何食べますか?」と注文を聞いてくる。このようなやりとりを何回かしてい
るうちに,Mちゃんが,私の真似ではなく,Rくんとやりとりをはじめていた。
しばらくすると「T先生バス行って食べよう」とMちゃんから声をかけてきた。
AちゃんとHくんはOくんや後から入ってきたKちゃん(2歳7カ月)やDく
ん(3歳4カ月)とのやりとりで遊んでいたので,私は「じゃあ,バスに乗っ
て食べてこようか」とカップを持ってバスに乗り一緒に食べ,食べ終わると
「鬼ごっこしてこよう」と私を誘い,立ち上がるMちゃんだった。

〈考　察〉

　普段,子どもたちの様子を見ながら遊びに誘ったり,見守ったり,個別に関
わったり,友だち関係を考えながら友だちのしている遊びをさり気なく伝えた
り,子どもからの働きかけに応えたりしながら関わっているが,14人の子ども
たちに毎日同じように,同じ時間関わっているかというと無理な面がある。
　Mちゃんに関しては,Mちゃん自身が遊びを見つけて遊びはじめると,その
傍を離れたり,友だちとのやりとりを"かわいい"と思って見たり聞いたりし
ていたが,この日のように,Mちゃんの方から積極的に"一緒に遊ぼう"と私
に働きかけてきたのは久しぶりという感じだった。朝から,自分の行きたいと
ころやしたいことを私に話してきて"一緒に遊んだ"というより"私の方が遊
んでもらっている"という方がよいくらい,Mちゃんの"今日は先生と一緒に
遊ぶ"という気持ちを感じ,"今日はMちゃんとの遊びを大事にしたい"と思
っていたので,Rくんから声をかけられたときにすぐに行けなかった。しかし

改めて考えてみると，AちゃんやHくんが来たときに，私より先にMちゃん自身が「T先生とバスに乗っている」と伝えたこと，そのあとHくんやAちゃんの真似をして運転手になっている姿，Rくんのお店屋さんでのやりとりから，Mちゃんは私と遊ぶと言うけれども，決して１対１の関係を求めていたのではなく"自分のことを見ていてくれる"という安心感のなかで，友だちとの遊びも楽しもうとしていたのかな，と思う。

　そして，この日の子どもたちの姿を改めて振り返ってみると，「一緒に遊ぼう」「まぜて」と言葉で誘い合ったわけではなく，私もみんなが関わり合って遊べるようにと，言葉に出して働きかけていたわけでもない。それぞれの子が自分のイメージをもって遊んでいるところに，友だちの言葉や仕草が加わり，遊びのイメージが膨らんだり，繋がったりして関わりをもち，やりとりをしていたように思う。そう考えると，Mちゃんだけではなく，ここにいたみんなが，いまいるところを安心できる場と感じ，周りにいる友だちや保育者を信頼しているからこその姿だったのではないかと思う。子ども同士を繋げようと具体的に言葉に出して子どもと一緒に遊ぶことで育まれるものもあれば，遊びが軌道に乗ったら見守ることで育まれるものもある。その兼ね合いは，その日その時で違うけれど，子ども一人ひとりへの願いをもつことを基本にして，子どもにとって安心感と信頼感がもてる場の保障と人でありたいと思いを新たにした。

◆私からのコメント

　とても興味深い，また含蓄のあるエピソードで，保育のエピソードにはもっとこのタイプのエピソードがほしいと思いました。つまり，「養護の働き」と「教育の働き」がどちらとも切り分けられないような，それでいて両者が絡み合って保育の場面を動かしていくようなエピソードです。見守りでもなく，誘いかけでもなく，誘いかけであって見守りでもあるような，まさに書き手が言うように，子ども一人ひとりの抱くイメージが微妙にずれながらもどこかで繋がっているようなエピソード，それでいて，それは保育の場に安心感があり，傍にいる保育者に子どもたちが信頼を寄せているからこそ可能になるというよ

うなエピソードがもっとほしいと思います。どこの部分がいいと切り分けて言えないような，しかし，読み合わせてみなで味わいたいエピソードだと思いました。

　私はいつも，エピソードは保育者が心動かされる場面を描くのだと言ってきました。ですから多くのエピソードは，はっとした，どきっとした，感動したというように，書き手の情動が大きく揺さぶられる場面を取り上げたものになりやすいのですが，今回のエピソードは「はっと」「どきっと」というのではないけれども，あとでじわーっと心が動いて，子どもたちってやっぱり可愛いねというような，保育の場面ならではのエピソードだったと思います。これも「心動かされる場面」の範疇に入ることを読み手は味わうべきでしょう。

　それに加えて，このエピソードを読むと，ちょっとした場面の展開が「いま，ここ」での個々の動きから紡ぎ出されるというよりも，これまでの関係の蓄積によっていることが分かります。つまり，子どもの思いを受け止めるという「養護の働き」を日々繰り返してきたことが，先生への信頼と，一緒に遊ぶ場の安心感に繋がっていて，それが「いま，ここ」の展開を下支えしているということです。そしてさらにその背後には，子どもたちの家庭での生活が落ち着いていて，それぞれに十分愛されているからこそ，ちょっとした気持ちのずれをも大らかに受け止めていけるのでしょう。全部自分が仕切らなければ気が済まない子どもが混じったり，普段から自分の思いが通らない生活をしている子どもが混じったりすると，こういう穏やかな遊びはなかなか難しいかもしれません。それだけに，こういう3歳児たちのほっこりする遊びを描いてもらったことは貴重だと思いました。

　最後に，「寄り添って」や「受け止めて」という言葉はこのエピソードでは頻繁に使われてはいませんが，しかし書き手の何気ない対応は，子どもそれぞれの思いに寄り添って，それをしっかり受け止めていることが読み手に伝わってきます。何気ない対応の一つひとつがそのような「養護の働き」に裏打ちされていなければ起こり得ないことが全体の流れから読み手に分かるからです。そして，そのような「養護の働き」がすでに誘い，導くという「教育の働き」

第4章 これまでの議論をエピソードを通して振り返る

を呼び込むかたちになっているところも，これまでの章で述べてきたことを裏書きする内容になっていると思われました。

❖エピソード9：「明日はできるかな……」

S保育士

〈背　景〉
　4歳児クラスのTくん（5歳1カ月）は，優しいところや，穏やかなところがあり，友だちのなかでも「Tくん遊ぼう」などと誘われながら遊ぶ姿は見られているが，自分から積極的に遊びに入ったり誘ったりというところは少ないように感じられる。どこか自信がないような，自分ではどうしたらいいか分からないという気持ちも，生活や遊びの姿のなかでときどき見られている。でも，みんなで並ぶときには，誰よりも早く走っていって一番前に並びたがるところがあったり，また秋頃からは，自分の気持ちをしっかり主張できるようになり，友だちと思いをぶつけ合い，時にはつかみ合いになりながらけんかをすることもあった。また，Tくんの生活の様子で，気になったときに声をかけても，自分から直そうとせず，私と目も合わせず黙っていて，"言わんとい。分かっているもん"という雰囲気や，言われたくないプライドのような気持ち，言われてどうしようと戸惑う気持ちもTくんから伝わってくる。
　よいところを認めながら，Tくんの自信になるようにしていかなければいけないなと自分の関わりを振り返りながら思っていた。

〈エピソード〉
　給食の時間，クラスでは，子どもたちが3グループに分かれて給食を食べている。私は，毎日順番に各グループを回るようにして，入れてもらいながら一緒に給食を食べている。この日はTくんのいるグループで食べる日で，私は特に選んだつもりはなかったがTくんの隣に椅子を用意し，「混ぜて」とグループに入れてもらって食べはじめた。グループの子どもたちとお話しながら食べ

ていて，ふっとTくんに目をやると，いつもはお皿を持たないで食べることの多いTくんが上手に持って食べている。私は素直に"お，今日は上手"と思い，「Tくん，お皿持つの上手やね」とさりげなく伝えると，Tくんは嬉しそうに「うん，今日は上手にできたわ」と私の方を見た。そして少し間が空き，「明日はできるかな……ちょっと心配やなぁ」とさっきの嬉しそうな表情のまま天井を見るようにしてつぶやいた。その言葉に，自分で自分のことなのに心配と感じるTくんの気持ちが見えた気がし，ドキッとして，「そっか，Tくん心配になっちゃったんだね」としか返せなかった。Tくんは「うん」とうなずき，その後は何もなかったようにグループの友だちと話しながら食べはじめた。

〈考　察〉

　私は，Tくんが自分からお皿を持って食べてくれたのを見て嬉しく感じ，素直に"すてきだな"と思った気持ちをTくんに伝えたかった。そのことでTくんも嬉しそうにはしていたが，同時に心のなかの葛藤というか，揺れ動く気持ちをほろっと私に見せてくれた。これまでもTくんの素直にできない気持ちは分かっていたつもりだったが，この時のTくんの「明日はできるかな……ちょっと心配やなぁ」の言葉に，あぁ，やっぱりそうなんだとTくんの気持ちを感じることができた。自分のことなのに，自分で心配と感じてしまう気持ちは，なりたい自分や期待される姿と，でもそうできない自分とのあいだで揺れ動いているところからきているのかなと思う。「大丈夫，明日もできるよ」などと声をかけたのでは，私の期待している気持ちが伝わってしまい，Tくんのプレッシャーになってしまうのではないかと感じた。私も，この時は素直にTくんのことを認めたが，そうではないときもあると振り返る。認めることで次からもそうなってほしい，という気持ちが出てしまうこともある。願う気持ちとしては持っていたいが，期待する気持ちが大きいと，そのことを子どもも感じ取るだろう。また，Tくんが一番にこだわる姿からも，どこかで自信をもちたいというか，そうすることで自分を鼓舞しているようなところもあったのかもしれない。見えている姿だけで認めたり，伝えていくのではなく，心が動いたこ

第4章 これまでの議論をエピソードを通して振り返る

とを認めてもらうことやその葛藤する気持ちを受け止めてもらうことで、Tくん自身で気持ちを動かし、自分でできる自分になっていく、その気持ちの揺れ動くところを支えながらTくんが一つ大きくなっていくところを待ちたいと思った。

◆私からのコメント

　エピソード記述は、〈背景〉、〈エピソード〉、〈考察〉が切り分けられないかたちで3点セットになっていると述べてきたことが、文字通りの意味をもつエピソードだったと思います。まず〈背景〉から、Tくんの内面が両義的で葛藤を抱えていることが読み手に示されます。優しい、穏やか、自信がない、一番に並びたがる、プライドが高い、「言わんといて。わかっているもん」と「言われて戸惑う気持ち」との葛藤など、4歳にもなると、かなり複雑な心の動きをしていることが分かります。〈エピソード〉は、いつもはお皿を持たないで食べることが多いのに、この日は先生と一緒だったためか、お皿を持って食べ、それを先生が認めたことに嬉しそうにしながら、「明日はできるかな……ちょっと心配やなぁ」という微妙な発言をしたことに書き手がドキッとして、「そっか、Tくん心配になっちゃったんだね」という言葉しかかけられなかったという内容です。

　ここまで読んだだけでは、書き手がどうしてこれをエピソード記述に取り上げようと思ったのか、読み手にはすぐには分かりません。ところが〈考察〉を読むと、期待される姿とそうではない自分とのあいだの揺れ動く気持ちがTくんに普段からあったと〈背景〉に述べたことがまとめて取り上げられ、そんなTくんには「明日もできるよ」と大人の期待をストレートに示すことがためらわれたいきさつが述べられます。そして、Tくんには自信をもとうとすることで自分を鼓舞するところがあるのではないか、葛藤を認めてもらうことで、（心が前向きになり）、Tくん自身で気持ちを動かして自分でできる自分になっていくのではないかというように、自己肯定感と自信とが入り混じったTくんの心の育ちを問題にしようとしたエピソードなのだということがようやく読み

手に分かってきます。ここまで読むと，何気ないエピソードに大きな意味があることが見えてきて，そこに心を育てる保育の重要なポイントの一つがあることが改めて分かります。「そっか，Ｔくん心配になっちゃったんだね」は，一先ず書き手がＴくんの気持ちに寄り添って，Ｔくんの思いを映し返した内容になっています。「大丈夫だよ」と簡単に保育者の思いを返すのではなく，まずは寄り添って受け止めて，という保育の基本が，この言葉かけをもたらしたのだと思いました。それがＴくんの心に届いて，じっくり熟すのを待つことが，Ｔくんの内側から「明日もちゃんとできるよ」という前向きな気持ちを引き出すことに繋がるのでしょう。こうした微妙な展開は，書き手がＴくんとの接面から感じ取ったものに導かれていることがよく分かります。見えないその部分を〈考察〉で丁寧に示してもらったので，読み手は接面で起こっていることに近づくことができましたが，〈エピソード〉だけからではそれを摑むことができないので，途中まで読んだ段階で私は，書き手はこのエピソードを通して何を言いたかったのだろうといぶかしく思ってしまったのでした。接面という考えは書き手になかったと思いますが，その重要性に書き手は十分に気づいていたということでしょう。

　このように見てくると，〈エピソード〉のところで，「「大丈夫，明日もできるよ」という大人の思いをストレートに伝えることがはばかられ，「そっか，心配になっちゃったんだね」としか言葉をかけられなかった」というふうに書いておけば，読み手は〈考察〉に入る前に，書き手の思いがおおよそ分かったのではないかという気がします。いずれにしても，短いけれど味わい深いエピソードだったと思います。

❖エピソード10：「少しだけでも，２人の時間」

Ａ保育士

〈背　景〉

　Ｔくん（年中・５歳９カ月）は，昨年度からこの保育園に他園から転園して

第4章　これまでの議論をエピソードを通して振り返る

きて，異年齢保育で生活をしてやがて2年が経とうとしている。母親と2歳児の妹の3人家族。母親は，長男であるTくんに対しては，しっかりさせなければという思いがあるのかとても厳しく，過去には手をあげてしまうこともあり，そんなこともあってか，Tくんは母親の前では気を遣い，子どもらしくしていられないのかもしれないという印象がある。足の爪を嚙む，指しゃぶり，チックなどがよく見られ，そんなところからTくんの心の不安定さがうかがえる。みんなでどこかに移動するときや，何かをするときに，なかなか気持ちが切り替わらず，しばらく納得するまで様子を見て待ったり，一緒にやってみようと誘ってみたりするため，一人の保育士がTくんについていることが多い。よく喋り，好奇心旺盛で，人懐っこい性格ではあるが，家庭での生活の反動なのか，園で過ごしているときのTくんは物を投げたり，気に入らない相手に衝動的に暴力をふるったり，「バカ，死ね！」などの暴言を吐いたり，保育室からとび出してどこかに行こうとするなどは，日常茶飯事であった。しかし，保育士がその都度じっくりTくんに関わってきたこともあってか，最近ではそのような負の行動や言動が少しずつ減ってきており，暴れることよりも甘えることが増え，言葉で伝えようとすることも見られるようになってきた。友だちとの関わりも昨年と比べてとても多くなっている。気になる部分もまだまだ多いが，この2年間でのTくんの成長を嬉しく思い，Tくんなりの育ちを考えて見守っている。

　以下は遅番の時間帯のエピソードであるが，Tくんは，ほぼ毎日遅番の時間まで保育園におり，迎えが最後（19時頃）になることもよくある。Tくんは，「今日，遅番の先生，誰？　最後までいるのは誰？」とよく気にして聞いてくる。担任の私が遅番だと分かると嬉しそうにしている。

〈エピソード〉
　この日は私が遅番担当の保育士であったが，18時前後は全年齢がこの部屋に集まり，人の出入りが多く，また，保護者への対応や人数確認などに手を取られ，Tくんと関わることがほとんどできなかった。そのためかTくんは機嫌が

悪く，棚の上にのぼってみたり，牛乳パックで作ったベンチをわざとバタンと倒してみたり，危険な行動をとって注目を集めようとしていた。私はそんなTくんの様子を気にしながら「危ないからやめようね」などと声をかけてはみるものの，なかなかゆっくりとは対応できずに申し訳なく思っていた。おやつの時間が終わり，ようやく少し部屋が落ち着いたので，機嫌の悪そうなTくんの傍に行き，「あんまりTくんと遊べなくてごめんね」と言い，膝に乗せて抱っこした。Tくんは，少し不満そうな顔をしながらも私に抱っこされていた。抱っこしながらTくんのトゲトゲした気持ちを感じていた。しばらく抱っこしているうちに少しずつだがTくんの心が緩んできたというか，心を開いてきたように感じた。すると，Tくんが，「ん！」と自分の腕を私の方に出してきた。私は，一瞬何のことか分からなかったが，すぐに普段しているわらべうたが頭に浮かんだ。「だいこんきって，するの？」と聞くと，「うん」とぶっきらぼうにうなずいた。私は「だいこん切って　切りすぎて　叩いてつまんでなでなでて　ばんそこ貼ってもいいですか？」とTくんの手を持って腕をつまんだりなでたりしながら歌った。Tくんは，ニヤッと笑い，「だめですよ〜」と言った。だめですよ，と子どもが言った場合は，「いいですよ」と言うまで，ばんそうこう以外の方法を聞き続けるというやりとりを楽しむ遊びなので，「包帯巻いてもいいですか？」「注射してもいいですか？」などといくつか聞いたが，全部ニヤッと笑いながらTくんは「だめですよ〜」を繰り返した。私は「そうかぁ〜，何だったらいいのかなぁ？」と，悩んでいる姿をTくんに見せた。するとTくんは「お薬なら，いいけどね」と私にアドバイスするように言った。私は「そっか〜お薬か！」と言って「お薬塗ってもいいですか？」と歌うと，Tくんは「いいですよ」と笑顔になって応えた。私は「じゃあこの辺に塗ろうかな？」とTくんに聞いて，薬を塗る仕草をした。Tくんは，それで満足したのか，その場を去り，その後はすんなりと友だちの遊んでいるところに混ぜてもらい，一緒にごっこ遊びを楽しみはじめた。

第4章 これまでの議論をエピソードを通して振り返る

〈考　察〉

　毎日，お迎えの時間が遅いTくんにとっては，毎日変わる遅番の保育士が担任である日は嬉しいのだと思う。その分，一緒に遊びたいという期待も大きくなるのだと思う。しかしこの日はなかなかTくんとの時間がもてず，私自身も残念に思っていた。Tくんもそんな残念な気持ちが募り，棚に乗るなどの，危険な行動というかたちで気持ちを出すしかなかったのだと思う。でも，抱っこしたり，わらべうた遊びをしたりすることで，Tくんとの心の距離が近づいたように感じた。少しの時間だったが，Tくんと私にとってはとても大事な2人の時間になったと思う。

　一対一のわらべうた遊びは，短い時間のなかでも，スキンシップを取りながら相手としっかり向き合うことができ，心を通わせることができる，とてもいい方法の一つだと思う。実際にTくんとわらべうたを楽しむことでTくんの表情が和らいでいくのが分かった。それと同時に気持ちも穏やかになるのを感じた。私もTくんとのやりとりがとても楽しかった。そうして気持ちが穏やかになったので，Tくんはその後はすんなりと友だちと遊ぶことができたのだと思う。

　子どもたちは自分で伸びたいという気持ちはいつもあるが，その反面不安な気持ちもいつもあると思う。不安な気持ちになったときに近くにいて子どもの安心基地になれる大人になりたいと思う。安心した子どもはまた自分の力で伸びようとする。普段から余裕をもって，子どもたちを見守っていける保育士になりたいと思う。

◆私からのコメント

　〈背景〉から，家庭環境が厳しく，母に十分に甘えられない気持ちから，園では乱暴な言動など不安定なところがあるらしいことが分かります。Tくんの負の行動をすぐさま困ったこと，抑えなければならないこととしてしまわずに，その行動の背景にそういう理由があると受け止めているところが大事なところでしょう。〈エピソード〉は書き手が遅番のときにTくんに関わったときのも

のです。Tくんはクラス担任である書き手が遅番担当だったので嬉しかったのでしょうが，書き手がお迎えの対応で忙しく，すぐにTくんに関わってあげられないので，次第に書き手の気を引くかたちで負の行動を示します。やっと一対一で関われるようになり，抱っこしているうちに，Tくんの気持ちが変化してくるのが接面から伝わってきます。「抱っこしながらTくんのトゲトゲした気持ちを感じていた。しばらく抱っこしているうちに少しずつだがTくんの心が緩んできたというか，心を開いてきたように感じた」という部分です。抱っこしはじめにはトゲトゲした気持ちを感じていたけれども，しだいに心が緩むのが分かったという中身は，まさに目に見えない，接面の当事者である書き手にしか分からない部分です。そこを一人称で描くことで，関わりの機微が分かり，Tくんからの遊びへの誘いが生まれてきたのでしょう。その部分をこのように描いてもらうことで，読み手もこの場面に参加しているような気分になることができました。

　そこからわらべうた遊びになり，一対一の関わりのなかで楽しい展開になり，Tくんも書き手も十分にこの遊びを楽しめたことが読み手にも伝わってきます。〈考察〉では，こういう関わりが，保育者への信頼を生み，そこでの安心感から心の安定が生まれるという流れになるのだと書き手自身が再確認しています。その通りですね。このわらべうた遊びが2人のあいだで心通わせることのできる遊びだったということが，よく分かります。

　ただ，〈背景〉にもあるように，このエピソードの裏には母親の存在があります。Tくんと保育者の関係をよい方向にもっていくことは当然ですが，やはりTくんの心が本当の意味で安定するためには，母との関係がTくんから見てよい方向に変わる必要があります。ですから，母への支援のあり方が一つの大きなポイントのように思います。母のことに詳しく触れられていないので確かなことは分かりませんが，子どもに厳しいばかりで優しさが十分でないというとき，たいていの母親は厳しい生活のなかで，自分のなかから自己肯定感が立ち上がる機会をほとんどもてていないようです。そういう母とどのように接点をもって，母の自己肯定感が立ち上がる条件をつくるかが，母親の優しい気持

ちがTくんに向かうようになる大きな要因だと思います。〈考察〉でその辺りまで踏み込むことができればもっとよかったと思います。このエピソードのあった日のお迎えの時に、母にこんなふうにして遊びを楽しめましたよというかたちでTくんの可愛い姿を伝えていくのもよいかもしれません。とはいえ、そこが保育では最も難しいところなのでしょう。

❖エピソード11:「できない」

M保育士

〈背　景〉

　Aちゃんは3歳児クラスから入所してきたいま5歳児クラスの一人娘。3歳まで保育経験がありませんでした。入所当時はおとなしい感じの子で、食事では好き嫌いがあるものの、ほかのことではぐずったりすることもあまりなく、友だちからも好かれる子どもでした。経験不足からか、保育所の同じ年齢の友だちができることができないということもたくさんありました。

　私は4歳児クラスからの持ち上がり担任で、Aちゃんとは2年目の関わりとなります。クラス内の雰囲気としては、元気いっぱいなのですが、まだ「私は私」の世界が中心の子も多く、自己中心的で、そのため友だちとのトラブルが絶えません。また、自分の気持ちをコントロールしきれず騒いでしまい、注意をされることもよくあります。Aちゃんも「私は私」だけの世界にいることが多く、マイペースで一つひとつの行動に時間がかかり、また保育士が全体に向けて話をするとき、ぽーっとうわの空のときもあります。

〈エピソード〉

　プール遊びも終わり、8月の後半また縄跳びをはじめました。5月、6月も少しずつ縄に慣れていくように遊んでいましたが、プール遊びの時期は暑さが厳しいこともあり、ずっと縄遊びはせずにいました。

　この日は久しぶりに縄に触った日で、みな嬉しそうに跳んだり、走ったりし

ていました。私は当たり前のように，全員が縄跳びを楽しむものだと思っており，一人ずつ順番に走り縄跳びをしてみようと思いました。この活動に取り組んでＡちゃんの番が来たときに，ふとＡちゃんの顔色がさえないのに気がつきました。

「Ａちゃん，さ，どうぞ」「……」「どうしたん？」「できない」「縄まわしてみて」「できない」。こんなやりとりをしながら私は内心困りました。Ａちゃん一人だけが立ちどまり，できないと何回も言い，他の子は全員自分も跳びたいのにと待っていたからです。しかし，「できない」とは言うものの，「したくない」とは言わないＡちゃんに気づきました。「じゃ，先生と一緒に縄を持って走ってみようか？ いまは跳ばなくてもいいから」「……，うん」。

Ａちゃんは縄を跳ぶポーズのまま走りました。そのＡちゃんに付き合おうと思い，その後はみんな自由に縄跳びを楽しむ時間にしました。「Ａちゃん，先生と縄跳びしてみよっか」「えー……」「ちょっとずつでいいから練習してみようよ」「うん……」。一歩が踏み出せないでいる感じでした。

そこで，さっきと同じように縄を持ったまま走ることだけをしてみて，横で私も走りながらゴール近くまできたときに，跳んでみようと声をかけると「できない」と立ち止まります。何回か繰り返していくと「えい！」と縄を回して縄をまたいで潜り抜けました。他の子からすれば，たいしたことのないことなのかもしれないのですが，Ａちゃんにとっては大事な一歩が踏み出せたのです。

「一回跳べたなぁ。Ａちゃん，プールのときもお水に顔つけるの怖がってたけど，最後は顔つけできたもんなぁ。縄跳びも一緒やなぁ。できないって言ってたのに，自分からやってみようって思ってくれたんやねぇ。すごいね。先生もＡちゃんやったらできるって思ってたよ」と話すと「Ａ，もう一回やってみる」と，その後も自分から走り縄跳びを何回も挑戦していました。

その日の連絡ノートには「縄跳びを久しぶりにはじめました。Ａちゃんは初め，「できない」と言っていましたが，一緒に練習するうちに少しずつ跳べるようになりました。跳べたときはとても嬉しそうでしたよ」と記入しました。

その日の夕方，外遊びのとき，めずらしくＡちゃんが私のところに来て「先

生！　一緒に縄跳びしよう」と誘ってきてくれました。"やった！　チャンス！"と思い、「うわぁ。嬉しいなぁ。ちょうど先生もＡちゃんと縄跳びしたいなぁって思ってたのよ。お友だちも一緒に誘って縄跳びしてみようか？」「うん！」。縄跳びがしたい数名の子と一緒に走り縄跳びをはじめました。Ａちゃんは「できない」とはもう言わず、自分から走っては縄を回し、またいで潜り抜けていました。「ほら、Ａちゃん頑張ってるよね」と私がぽつりと言うと「ほんまや。Ａちゃんできてるやん。できたなー！」と声をかけに行ってくれる友だちもいました。友だちから嬉しい言葉をかけてもらいＡちゃんの表情が明るくなっていきました。

　次の日、Ａちゃんは私用でお休みでした。その次の日、一日空いたのでＡちゃんの気持ちはどうなんだろうなと思っていたら、「Ａ、先生と縄跳びしたい！」と自分から言ってくれ、顔を見ると自信が出てきたように感じられました。「よーし、いこっか！」と園庭に出ました。

〈考　察〉

　Ａちゃんは、５歳児クラスの子どもとしては、幼さがあると感じていました。マイペースな姿を見るとつい、「もうすぐはじまってしまうよ」と追い立てるような言葉かけをして、みんなと一緒にできることばかりに私の意識が向いていました。子どもがどう思っているのか、私のどんな関わりがその子の意欲を引き出すのか、自己肯定感が育つにはどのような手立てがいるのかなど、私はまだ「養護の働き」を踏まえた保育ができていませんでした。

　研修を受けて、他の人の書くエピソードを読み、また、「養護の働き」について学んでいくと、自分の保育の反省点が見えてきました。そして一人の子どもの心に寄り添ってその子の心が動くところに焦点を当ててみようと思いました。これが今回のエピソードになりました。

　Ａちゃんは、いろいろな全体活動での私の指示がしっかり理解できていないことがままあったようですが、私はそれに気づかず、一方的な指示だけで全体を動かしていました。ある日、母親から「先生に分かってもらえないってＡは

言うのですが，何のことだか分かりません」とノートに記入されているのを見て，初めて「あ，私は自分本位の保育をしているな」と反省しました。このことをきっかけに，焦らないこと，立ち止まってみること，寄り添ってみること，あなたのことを大切に思っていると伝えること，を念頭に置き，まずはAちゃんとの信頼関係を回復していこうと取り組みました。

　Aちゃんは「できない」のではなく，「できないかもしれない」と不安に思う気持ちが「やってみよう」という前向きの気持ちにストップをかけていたのだと思います。いままでの取組みでもずっとこんな気持ちだったかなと思います。今回，「あなたならできると思う。心配なら一緒に付き合うよ」という思いで寄り添えたことで，Aちゃんは「やってみたい」という気持ちになっていったのかなと思います。

　また，私自身も今回のエピソードを通して，いままでAちゃんに感じていた思いよりも，もっと愛おしくAちゃんのことを感じることができるようになりました。保護者に対してもより具体的に「Aちゃんが自分からやってみようという気持ちになってくれたのですよ。こんなふうにAちゃんとお話したのですよ」と話ができ，喜びを共有していけるかなと思います。その保護者への話がまた保護者のAちゃんを認める気持ちに繋がり，それがまたAちゃんの意欲に繋がるのかなと思います。明日は直接，母親にAちゃんの今日の姿を伝えたいです。

　また，それぞれのいまの姿を子ども同士で認め合うことが，それぞれの自己肯定感に繋がっていくことであり，Aちゃんにとって，みんなから認められることは保育士に褒めてもらえたこと以上に自信に繋がったのかな，とAちゃんの表情を見て感じました。

　いつもうまくできるとは思えませんが，一人ひとりの思いを大切に，子どもが安心して自分の気持ちを出して行動できるような保育を目指してまた明日からも頑張っていこうと思います。

◆私からのコメント

〈背景〉から，Ａちゃんは３歳からの入所で，在所児と比べてできることが少ない感じがするというのは，保育士さんたちが途中入所の子どもを前によく口にすることです。逆に，早くから保育を受けてきた子どもたちは，集団としての活動を求められるなかで，いろいろなことを早く身につけなければならない状況に置かれているということでしょう。これは保育所勤務から幼稚園勤務に変わった人が，幼稚園に入園したばかりの３歳児に対して一様に思うことのようです。できることは多くなくても，しっかり自分を出せるところに，Ａちゃんの確かな心の育ちがあると見るべきだと思われます。

〈エピソード〉は，集団全員が次々に走って一人縄跳びをしていく流れのなかで，Ａちゃんだけが「できない」と言って，流れを中断させているので，書き手が困っているところからはじまります。そこで書き手は他の子どもたちに対しては自由な縄跳びの時間にすることにし，Ａちゃんに一対一で関わって，一緒に縄を持って走ることから少しずつステップを上げていくことになりました。そのうちにＡちゃんから「Ａ，もう一回やってみる」という発言が聞かれ，その様子が連絡ノートに記されて家庭に伝えられます。その日の夕方，Ａちゃんの方から縄跳びを誘ってきたので，書き手は嬉しくなってそれに応じているうちに，Ａちゃんは走りながらの一人縄跳びができるようになったという内容です。

〈考察〉は，当初は「みんなと一緒にできることばかりに私の意識が向」く状態だったけれども，「養護の働き」を学んだことで，そこから反省点が見えてきて，一人の子どもの心に寄り添って心が育つところに焦点を当ててみようと思った，とあります。それがこのエピソードを取り上げた理由だということですが，そこはよく理解できました。そして「Ａちゃんは「できない」のではなく，「できないかもしれない」と不安に思う気持ちが「やってみよう」という前向きの気持ちにストップをかけていたのだと思います」と書かれていますが，ここの考察はとてもよい内容になっていると思いました。このエピソード記述の題名が「できない」となっているのも，この考察があったからだと納得

ができました。

　このエピソードを私が本書で取り上げようと思ったのは，第3章で「養護の働き」と「教育の働き」が切り分けられないと述べたことがこのエピソードに具現されているように思われたからです。第3章でも触れたように，頑張らせて褒めて力をつけるという保育の主流の流れに業を煮やした私は，その種の保育では「養護の働き」がほとんど顧みられていないことから，「養護の働き」の大切さを強調してきました。そのことは間違っていたとは思いません。しかし，それによって，「教育の働き」をすること自体が頑張らせて褒める保育であるかのような誤解も招き，「養護の働き」をすれば十分で，「教育の働き」は必要がなく見守っていればよいのだという間違った考えさえ一部にはあるようです。

　そういう芳しくない状況を正すためにも，今回のように正しい意味での「教育の働き」が示されたエピソードをもっと積極的に取り上げていく必要があると思いました。それがこのエピソードを取り上げた理由の一つです。このエピソードはきわめて素朴なエピソードですが，それまでの保育者主導の保育を反省し，子どもの思いに寄り添いながら，丁寧に働きかけていくという点では，保育の基本を示すものといってもよいと思います。特に，「できない」とは言うものの，「したくない」とは言わないAちゃんに気づきました。(中略)「Aちゃん，先生と縄跳びしてみよっか」「えー……」「ちょっとずつでいいから練習してみようよ」「うん……」。一歩が踏み出せないでいる感じでした。という箇所などは，書き手が接面でAちゃんの気持ちを感じ取っていることがよく分かります。それらは誘う，促すという「教育の働き」を紡ぎ出すために必要な「養護の働き」を示唆しているところでもあります。こうした接面から感じられるものを基礎に，誘ったり，促したりするから，Aちゃんがついてこれて，また先生と一緒にする安心感が，さらにやってみようという気持ちを引き出すのでしょう。単に頑張れと促し，できれば褒めるといういわゆる「させる」保育でないところを，読者にもしっかり区別してほしいと思いました。

第4章　これまでの議論をエピソードを通して振り返る

❖エピソード12：「ママとする！」

K保育士

〈背　景〉

　Eちゃんは3歳児より入所し現在は年長児の女児である。4人姉妹の末っ子で家族みんなから可愛がられて，穏やかな性格でクラスの中でも好かれている。父母共に仕事が忙しく，朝は母が送って来て慌ただしく準備を済ませ仕事へ向かい，迎えは中学生の姉がしている。3歳，4歳の頃は朝，母と別れるたびに泣いていたが，保育士が抱っこをしたり手をつないだりしてEちゃんが安心するように，気持ちが落ち着くように関わってきた。年長児になり当初は年長クラスになったことの期待や喜びから，朝の母との別れ際にも泣かずにいられたが，しばらくするとまた泣く姿が見られるようになり，登所時「おなかが痛い」「足が痛い」など身体の不調を訴えることが増えてきた。母の忙しさからくるさみしさだったり，年長児として張り切っていた気持ちの疲れからくる姿だったりするのかなと感じてきた。「おなか痛かったら言ってね」と声をかけたり一緒に側にいて絵本を読んだりして過ごし，様子を見るようにしている。そういう状態は朝だけで，日中は元気に過ごしている。

〈エピソード〉

　6月末の宿泊保育のときにクラスみんなで揃って着る絞り染めTシャツを制作した。白いTシャツを輪ゴムで縛り，染め粉で染め，輪ゴムをほどくと縛った部分が染まらずにきれいな模様のTシャツができあがる。この輪ゴムで縛る取り組みを，保育参観のときに親子が触れ合いを楽しみ宿泊保育に期待をもてるようにと，親子で取り組んだ。Eちゃんも母と小学生の姉たちと楽しく取り組む姿があった。染めあがったTシャツをお迎えのときに親子でゴムをほどいてもらった。

　忙しい夕方の時間を使って輪ゴムをほどいてもらうのは負担になる保護者もいるので，保育士と一緒にほどく子もいることを想定していた（母の出産が重

なったSちゃんは保育士と輪ゴムをほどいた)。Eちゃんの母はお迎えに来られない日が続き，EちゃんのTシャツは輪ゴムをつけたままだった。「先生とほどく？」と聞いたり，「お姉ちゃんとほどいてもいいよ」とEちゃんに声をかけたりしたが，Eちゃんは「ママとする！」と言って母が迎えに来る日を待ち，「ママは○曜日にお迎えに来れるって言ってた」と満面の笑顔で報告してくれた。母もTシャツのことを気にしてくれていて，「私がEと一緒にほどきます」と伝えてくれていた。

　とうとう待ちに待った母のお迎えの日がやってきた。Eちゃんと母は2人でとても楽しそうに輪ゴムをほどいていった。Eちゃんの喜びはもちろんだが，母がTシャツについた一つひとつの模様を見て「お花みたい！」「花火みたい！」と表現し，Eちゃん以上に喜んでいる姿が印象的だった。子どもの思いに共感する母の気持ちを感じた場面だった。

〈考　察〉
　Tシャツの輪ゴムをお迎えの時間を使って忙しいお母さんにほどいてもらうことは，保護者に余計な負担をかけてしまったかなと思ったり，みんなが輪ゴムをほどいていくなかで自分のTシャツだけが残っていることにEちゃんにさみしさを感じさせてしまったのではないかと考えたり，取り組みの内容がこれでよかったのかと，母がお迎えに来る日を待つEちゃんの姿を見ながら考えた。しかしEちゃんにとっては，保育士や姉と輪ゴムをほどくことの方がさみしさを感じることになったかもしれないし，母にとっても日々の忙しさのなかでEちゃんと関わりをもてるよい機会になったのではないかと，2人の姿を見て感じた。Eちゃんの気持ちに寄り添いEちゃんの気持ちを受け止めてきたからこそ，母が来るのを待つことができたEちゃんだったと思う。「もう年長児なのに朝泣かないで」という思いがあったり，「お母さん，もっとEちゃんのことを見てあげて」という思いをもったりしながら，Eちゃん親子に関わっていた部分があったことをこのエピソードを書きながら反省させられた。Eちゃんの母は「私が子離れできなくて……」「私が甘いからEが泣き虫になった……」

とよく話をしている。しかし、考えてみれば、Eちゃんは年長児ではあるけれども、まだ生まれてきてたった5年しかたっていない子どもであり、「甘くていいやん」ということと、輪ゴムをほどいていたときのEちゃんと母の素敵な表情を、次に母と話す機会があるときには是非伝えたいと思う。Eちゃん親子の姿を通して、その子の気持ちに寄り添い子どもの思いを受け止めていくことの大切さを学ばせてもらった。保育所のなかで年長児としての自覚や行動を求めすぎてはいないか、自分の保育を振り返り見直していきたいと思った。宿泊当日に絞り染めTシャツを着たEちゃんに「花火みたいな模様きれいね」「この模様お花みたい」と声をかけると「うん！ ママと一緒につくってん！」ととても嬉しそうに応えてくれ、Eちゃんの喜びに保育士も一緒に共感することができた。

◆私からのコメント

〈背景〉、〈エピソード〉、〈考察〉のバランスがよく、すーっと読み通すことのできるエピソード記述だったと思います。

まず〈背景〉では、4人姉妹の末っ子であるEちゃんについて、Eちゃんが3歳から入所して年長の現在に至るまでのところが簡潔にまとめられ、母との分離のときによく泣いていたこと、年長になって一段落した頃から、また母との分離のときに泣くようになった様子が伝えられています。ただ、その泣きが母から愛されているところからきているのか、愛情不足からきているのかがこの〈背景〉からは分かりません。最後まで読むと前者なのだということが分かりますが、だとすると〈背景〉のところでそれに簡単に触れておいてもらえると、読み手は安心して読み進めることができたように思います。

〈エピソード〉は、宿泊保育に使うTシャツを絞り染めする過程を詳しく紹介し、Tシャツを輪ゴムで縛って染め粉で染め、最後に輪ゴムをほどく作業を親子ですることになるのですが、Eちゃんの母は忙しく、なかなか一緒に輪ゴムを外す日がきません。それでもEちゃんは「ママとする！」と言い続けます。そうしているうちに母のお迎えの日が来て、母と一緒に輪ゴムを外すことがで

き，できあがった模様を母も一緒になって喜んでくれた．それがＥちゃんにも嬉しかったし，書き手の自分も嬉しかったという内容です．

〈考察〉は，そういう絞り染めの制作過程を通して，Ｅちゃんの思いを受け止めてきたことの大切さに気づき，そこからこれまでの自分の保育を振り返って，「年長だから」という保育者の側の思いからＥちゃんにいろいろなことを求め過ぎていたのではないか，Ｅちゃんの思いに十分に寄り添えていなかったのではないかというところまで反省することができたのはとてもよかったと思います．特に，忙しい母が絞り染めのできあがりを見て，「花火みたい！」と喜ぶ場面は，子どもの喜びに共感する言葉であると同時に，日頃の忙しさに忘れかけていた母の自己肯定感が一瞬立ち上がった場面でもあったように思われました．そして「親子で輪ゴムを外す」という保育者の仕かけが，子どもと保護者のコミュニケーションを深め，喜びを子どもと共有する機会を用意し，それによって保護者の子育てへの姿勢を強めるという主旨に繋がっているところも，保護者支援との繋がりで大事なところではなかったかと思いました．そして，保護者によってはそれが負担になる場合もあることを想定していたところも，さまざまな保護者がいる現在の状況下では必要な配慮だと思われました．

接面という観点からすると，Ｅちゃんと母は２人でとても楽しそうに輪ゴムをほどいていった．Ｅちゃんの喜びはもちろんだが，母がＴシャツについた一つひとつの模様を見て「お花みたい！」「花火みたい！」と表現し，Ｅちゃん以上に喜んでいる姿が印象的だった．子どもの思いに共感する母の気持ちを感じた場面だった．という箇所はＥちゃん，母，書き手の三人で創る接面でのでき事を描写していて，そこでの様子が読み手にもよく伝わってきました．エピソード記述ならではの場面だったと思います．

第4章　これまでの議論をエピソードを通して振り返る

❖エピソード13:「ギュー!」

E保育士

〈背　景〉

　Aちゃん（6歳2カ月）は，3人姉妹の三女である。母は，気持ちの浮き沈みが激しく，毎晩眠れないようで，睡眠薬を飲んで寝ているため，朝起きることが難しいときがある。Aちゃんは，姉たちが遅くまで起きていることもあり，就寝時間がいつも12時を過ぎているらしい。そのため，母がAちゃんを起こしてもなかなか起きなかったり，逆に母が薬の影響で起きられずに寝ているため，登園の時間が遅くなり，活動に入れないことが多い。また母は自分の体調が悪いときや気持ちがいらいらしているときなど，言うことを聞かないAちゃんに対して暴言を吐いたり，手を出したりすることもあるらしい。食事の用意や家の掃除などは，時々近くに住む母方の祖母が来て手伝っている。Aちゃんの世話も祖母との二人三脚である。園でのAちゃんは，年下の友だちに優しく接したり，困っている友だちがいれば気がついて手伝ってあげたり，優しい心をもつ女の子である。しかし母と同様，気持ちの浮き沈みがあり，活動も意欲的なときもあればまったく気持ちが入らないときもある。一つの遊びに集中するとなかなか片付けず，気持ちの切り替えができなかったり，若い保育士や担任以外の保育士に対しては反抗的な態度をとったりする。日によっては家で母にきつく当られた影響からか登園後いらいらしているときがあり，そんなときはささいなことで怒って友だちとトラブルになることがある。そういうAちゃんだったので，私はAちゃんの思いをしっかり受け止めて保育していかなければと思っていた。

〈エピソード〉

　ある日のこと，Aちゃんの服が床に落ちていたので拾って手渡した。ふといい匂いがしたので「Aちゃんの服はいつもいい匂いがするね」と言うと，Aちゃんは嬉しそうに「だってお母さんが洗濯してくれるもん。お母さん上手や

で」と言った。「なんていう洗剤使っているのかな〜。先生，今度聞いてみようっと」と言うと，「いいよ！ お母さん教えてくれるわ」と話してくれたAちゃんの表情はちょっと得意気な顔であった。またある日のこと，今度は料理の話になった。「先生，今日晩ごはん，何作ろうかな〜」と言うと「先生，家に帰ったらお母さんやねんやろ？ ご飯作ってるの？」と聞いてきた。「毎日作ってるよ。Aちゃん，お母さんの作るごはんおいしい？」と聞くと「めっちゃ，おいしいで。この前お母さんがから揚げ作ってくれておいしかってん」と笑顔で言ったのがとても印象的だった。

　数日後，お母さんとの個人懇談があった。お母さんの体調のことを気遣いながら，お母さんの話に共感しながら聞くと，自分のことはよく話してくれた。しかしAちゃんのこととなるとなかなかよい話は出てこず，愚痴ばかりであった。そんななか，先日Aちゃんとしたお母さんの洗濯の話やご飯の話などをすると，お母さんはちょっと照れくさそうに聞いていた。最後に私は「Aちゃん，本当にお母さんのことが好きやねんね〜。お母さんの話をするとすごく優しい顔になって嬉しそうに話すもん」と伝えた。懇談が終わり，すぐに帰ると思っていたら，お母さんは真っすぐAちゃんのところに行った。AちゃんもニコニコしながLZ「懇談終わったん？」とお母さんに聞いていた。すると「終わったで！」と言ってギューっとAちゃんを抱きしめた。そして「また後で迎えに来るからな」と言うと再びギューっと抱きしめた。私はその様子を後ろで見ていたが，なんだかとても嬉しくなった。Aちゃんも「分かった！ また後でな〜」と嬉しそうに手を振ってお母さんが帰るのを見送っていた。「よかったね。いっぱいギューしてもらったな〜」と言うと，「エヘ〜」ととても満足そうな顔で部屋に戻っていった。

〈考　察〉

　年長児とはいえ甘えたい気持ちがいっぱいのAちゃんだが，甘えようとするとお母さんに「しんどい」「あっち行っといて」と言われ，お母さんの体調や顔色を見て育ってきた様子である。しかしお母さんもAちゃんのことは可愛く

第4章　これまでの議論をエピソードを通して振り返る

思っている。ただお母さんの性格上，子どもとベタベタするのが苦手なようで，どう接すればよいのか，「子どもを育てるとはどういうものなのか」が分からないのだと思う。私がＡちゃんの担任になる前，このお母さんのことは保育士間の情報交換として聞いていた。送迎時に見かけるお母さんの話し方やＡちゃんへの関わりを見ていて，このお母さんに対して「話しにくそうだな」「なんか怖そう」と思い，私は接するのに苦手意識があった。しかし去年，担任になり，お母さんと話をするうちに「素直に表現できない不器用な人だな」と思うことも多く，「そんなに悪い人じゃないのかもしれない」と自分のなかでお母さんに対する印象が変わった。今年担任を持ち上がり，二年目になるが，最初の一年はまずお母さんと「話をすること」を心がけた。送迎時にはできる限り，何気ない話やお母さんの様子を見て体調を気遣う言葉かけをしてきた。お母さんも根は話好きなので，一度話をすると長くなるのだが，いろいろ話しているうちに，部屋に入ってきたときのしんどそうな表情は消えて「Ａ，帰るぞ～ありがとうございました！」と機嫌よく帰っていくことがしばしばあった。Ａちゃんの言葉や態度が，家庭の環境で大きく左右されていることから，いままで以上にＡちゃんとしっかりと向き合い，関わるようにしてきた。そうすることでＡちゃんの友だちとのトラブルや言葉の悪さ，ときに見せる横柄な態度の奥にある内面や育ってきた環境がより一層見えるようになった。しかしお母さんへの言葉かけのなかで私自身が「これ以上言ったら気にするかな」「あまり言ったら気悪くするかな」とあと一歩踏み込めない「遠慮」があった。今回の懇談では，Ａちゃんの言った言葉を話したときの表情がいつもに増して顔がほころび嬉しそうだったので，「ここぞ！」と思って一歩踏み込み，「体調のよいときには，できるだけお母さんの無理のない範囲でいいからゆっくりと関わってあげてね」とお願いしてみた。そしてその後，お母さんの見せた行動がＡちゃんを抱きしめることであった。今回一歩踏み込んだ保護者支援をしたことで，一瞬であったが，何かいままでとは違うお母さんの姿を見たように思う。

　このことは自分自身のなかの「保護者支援」を大きく前進させたと思う。この親子の関係は今後もすぐには変わらないかもしれないが，今回の「ギュー」

はＡちゃんがこれから成長する過程のなかで大切な一コマとして心のどこかに残っていくだろうと思う。そしてこれからも引き続きＡちゃんの様子をこまめに伝えながら，母とＡちゃんとの架け橋になっていきたいと思う。また保護者支援に関して言えば，与えられた情報からまだ関わっていない段階で苦手意識をもってしまい，自分自身で壁を作ったことは反省すべき点である。変に先入観をもったことで保護者との距離を最初から広げてしまうことになった。保護者に関して情報交換は必要だが，やはり実際に接して自分の心で感じていかなければならないと今回のエピソードから学ぶことができた。

◆私からのコメント
　母の家庭での様子を嬉しそうに伝えるＡちゃんの話を母に繋いでみたら，母の心が少しほぐれ，そこで書き手が一歩踏み込んで書き手の思いを母に伝えると，母がそれに応えてＡちゃんをギューっとしたという内容で，全体としてよく分かる，とてもよいエピソード記述だったと思います。
　まず〈背景〉ですが，母の家庭での様子やＡちゃんの家庭での扱われ方が詳しく記され，読み手としてＡちゃんのイメージが頭のなかに組み立てやすい内容になっていたと思います。できれば，そういう母やＡちゃんに対して，書き手は普段どのような対応や配慮をしてきたかがこの〈背景〉のところにもう少し書いてあると，後段がもっと読みやすくなったのではないかと思います。
　〈エピソード〉はちょっとしたことをきっかけにＡちゃんにお母さんの家庭での様子を聞くことになり，それに対するＡちゃんの話から，Ａちゃんの母への思いがよく伝わってきました。そしていつもは母に負担にならないようにという配慮から，なかなか保育士の思いを率直に伝えられないままにきたけれども，Ａちゃんの母への思いを懇談の折に伝えてみたら，母も嬉しい気持ちになり，それをＡちゃんをギューっと抱き締めるかたちで表現して，Ａちゃんも嬉しそうだったという内容です。その場面がありありとイメージできるような，エピソード記述ならではの描写だったと思います。
　〈考察〉ですが，このエピソード記述は何といってもこの〈考察〉に価値が

第4章　これまでの議論をエピソードを通して振り返る

あります。気持ちの浮き沈みのある母にどうしても思い込みから苦手意識をもってしまい、自分の方から壁を作っていたこと、配慮しなければという思いが「遠慮」を生んで、母とのコミュニケーションがこれまで十分でなかったことなど、これまでの反省がかなり深いところまで掘り下げられているところがよかったと思います。そしてそこからこれからの「保護者支援」という大きな課題を展望できたのもよかったと思います。こうしてエピソードを書いてみると、それまでぼんやり考えていたことが明確になり、自分の課題としてはっきり見えてくるという思いがあったのではないでしょうか。

　苦手意識はある意味で「寄り添う」の対極にある思いです。苦手意識があるあいだは相手とのあいだに壁ができて、寄り添うことができません。今回のエピソードでその壁を崩してくれたのはAちゃんの家庭での母の様子の話です。気持ちの浮き沈みがあるとはいっても、調子のよいときはおしゃべりにもなり、家事もできるお母さんです。お母さんの様子を気にかけながらも、お母さんのことが大好きで、Aちゃんにとって家庭での嬉しい一コマを偶然伝えてもらったことを通して、そのAちゃんとの接面からまず書き手は母のイメージが少し変わり、それが懇談時の会話に繋がりました。そして懇談時に生まれた母との接面から、これまでの苦手意識が薄れ、母の思いがしっかり書き手に通じてきて、一歩踏み込めるという判断をもたらしたのでしょう。その意味で、やはり保育の場面を動かしていくのは、接面で感じられたことだと言えると思います。そして壁を乗り越えて接面が創れるようになって気がついてみると、苦手意識が消えているのです。そのことがよく分かるエピソードだったと思います。

❖ **エピソード14：「子どもの気持ちに寄り添って」**

K保育士

〈背　景〉

　5歳児クラス33名。私は新しく担任になった。クラスのなかでHくんの様子が気になりはじめていた。いつもではないが、何かの折に私に心を開いてくれ

ない感じになるのだ。Hくんは1歳児クラスの弟と両親の4人暮らし。母親は，Hくんをお兄ちゃん扱いしている。Hくんは真面目な性格であるが活発に遊ぶ姿も見られる。楽しかった出来事や，好きなキャラクターなどの話をたくさんしてくれる。でも，少々気難しい面もある。Hくんは，KくんやMくんと仲がよく，遊ぶときも給食やおやつのときも同じテーブルに座るなど，いつも一緒に過ごしている。Kくんはいつもリーダーシップを取り，3人を仕切っている姿がよく見られる。

　4月半ばからHくんはKくんと意見が食い違うことが多くなった。気になって私が「どうしたの？」とHくんに声をかけても，「なんもない！」とさみしそうな表情で離れて行ってしまい話をしてくれない。まだ担任になって日が浅いためなのか，気持ちを開いてくれないHくんとどのように信頼関係を築いていこうかと試行錯誤する日々が続いていた。

〈エピソード〉
　午前中，いつものように戸外遊びを楽しんでいると，Hくんの泣き声が聞こえてきた。どうしたのかと尋ねるが，泣いているため何を言っているのかうまく聞き取れない。すると，側にいたMくんが状況を教えてくれた。Hくんは，いつも遊んでいるメンバーと遊びたいが，仲よしでリーダー格のKくんが今日はRくんと遊んでいるので，それが嫌なようだとのことだった。そこでHくんに「Rくんとも一緒に遊んだら？」と言うと，「いやー」と泣き出す。KくんとRくんは，そんなHくんを見て戸惑っている様子を見せる。Kくんはどう思っているのか尋ねてみた。「HくんはKくんとMくんとで遊びたいと言ってるね」と私が言うと，Kくんは「ぼくも，たまには他の友だちとあそびたいもん」と言う。またKくんは，Hくんを含めRくんやMくんの全員で遊ぼうと言っていることが分かった。

　そこでKくんとRくんはHくんも一緒に遊ぼうと言っているのだということを伝えるが，Hくんはやはり「いやゃもん」と再び泣き出す。激しく泣いているため気持ちが落ち着くまでしばらく時間をかけて，Hくんとじっくり関わろ

うと思った。そして背中を向け,「おいで」とおんぶの体勢をとった。するとHくんはすーっと身を委ねてくれた(「いい!」といつものようにそっけなくされるだろうと思っていたが,この日はすーっと来てくれたので驚いた)。Hくんは,泣きながらヒクヒクいっている。Kくん,Rくん,Mくんの3人はウサギ小屋の方へ移動して遊びはじめていた。その様子をHくんをおんぶしたまま遠くからしばらく見守った。そしてHくんがKくんたちの様子をずーっと目で追っていたので,一緒に遊びたい気持ちはあるのだと思い,一緒に遊べるように導いていけたらと思った。

　Hくんが落ち着いてきた頃,「どうしたらいいかなあ。Kくんは,Rくんとも遊びたいみたいやね。HくんとRくんとMくんとみんなで遊ぼうって言ってるね。でも,Hくんは,Rくんが一緒だと嫌なんやろ? どうしようかー」と尋ねる。Hくんは聞いているが返事をしない。Hくんの気持ちは変わってない様子である。そこで,「Hくんもいろんなお友だちと遊びたいなあって思うときない? Kくん,今日はRくんとも遊んでみたいなあって思っているみたいよ」と私が言うと,Hくんは「……」と無言である。「Rくんと遊んだことある?」と訊くと,Hくんは小さな声で「ないー」と言う。「そっかあ,Rくんと遊んだことないんだ。Rくんって,優しくておもしろいんだよ。知ってる?」と訊くと,Hくんはまた小さな声で「しらんー」と言う。そんな話をしながらもHくんは3人のことが気になるようで,おんぶされたまま遠くから3人が遊んでいる様子を見ている。

　「じゃ,Rくんたちがどんな選びをしているか見に行ってみようか?」と聞くとHくんが「うんー」と言うので,おんぶしたまま3人の傍に行ったが,Hくんは何も言わずに3人の遊びを眺めている。3人は,草花や枝を使って人の顔を作ったりしながら,たわいもない話をして遊んでいる。

　時間が経つにつれ,3人の遊びを見ながら笑ったり,Hくんの方から3人に話しかけたりする姿が見られるようになってきた。会話しているHくんの声のトーンが高くなってきたので,おんぶしたままであるがHくんが楽しんでいることが私にも伝わってきた。3人から少し離れ「Rくんと遊ぶの,おもしろそ

うやろ？」と言うとHくんは「うん！」と答える。みんなと遊んでみようという気持ちになったかなと思い「どうする？」と訊いてみると，Hくんは恥ずかしそうに「まだ，みてみる。おんぶして！」と言う（Hくんの方から「おんぶして！」と言われて驚くと共に嬉しく思った）。そこでまたおんぶして3人の様子を見に行く。おんぶされたままだが，Hくんはみんなと遊んでいるような自然な会話になっていた。するとRくんがHくんを見てニコッとほほ笑んでくれた。Hくんの表情は，おんぶしていて分からなかったが，背中にもたれる感じから嬉しい気持ちが何となく伝わってきた。しばらくして，また少し離れたところに行き，「どうする？」と振り返って訊いてみた。Hくんはニヤニヤしながら，「うーん……」と考えている。「さっき，Rくん，Hくんにニコニコしてくれたよね，先生も嬉しかった」と言うと，Hくんも笑顔で「ねぇ，おんぶして！　また見に行きたい！」と言う。おんぶも長時間になり，私の腕も痛くなってきている。でもHくんがこんなに甘えてきてくれる気持ちに応えたいと思った。

　おんぶして3人のところに戻ってみると，そこに他のお友だちが集まってきて，ばくだんゲームがはじまろうとしていた。するとHくんの口から，「しようかなぁ……」と一言漏れた。「一緒にしようってKくんに聞いてみたら？」と言うと，「いや，Rくんにいう！」と言って，おんぶから降り，Rくんに「入れて」と言い，Rくんも「うん，いいよ」と言ったのでHくんはなかに入り，みんなで生き生きとした表情でゲームを楽しんでいた。Kくんにではなく，Rくんに「入れて」と言ったのが意外で驚いた。HくんがRくんを受け入れたということなのだろう。その日の給食は4人で同じテーブルに座り，一緒に食べる姿が見られた。

〈考　察〉

　HくんがRくんを受け入れたくないという思いはどこからくるのだろうと疑問に思った。遊んだことがないという理由が本当なのか，以前，Rくんと喧嘩をして嫌な思いをした経験があるのか，Kくんを取られたという思いがあるの

かなど，いろいろ考えてみた。それがどんな理由であれ，Hくんの気持ちを受け止め，じっくり関わってみようと思った。

　おんぶして様子を見に行くうちに，Hくんの心境の変化を実感できたとともに，ちょっと気難しいところのあるHくんとじっくり関わることができ，Hくんとの距離が縮まったように感じた。この日の出来事をきっかけに，Hくんが泣いているときに声をかけると，「あのね」と以前に比べてすんなり話をしてくれるようになったり，たまに「おんぶして」と甘えたい気持ちを素直に言葉にしてくれるようになったりした。まだ弟が小さいために，お兄ちゃん扱いのHくんは甘えたい気持ちを普段は抑えているのだろうと思った。

　いろいろな葛藤を経験しながら友だち関係を深めていく5歳児。子どもたち一人ひとりの心境の変化を敏感に察知しながら，それぞれの思いに寄り添い，じっくり関わることの大切さを改めて感じた。

◆私からのコメント

　5歳児になると，思春期の友だち関係の難しさにも似た，難しい友だち関係になることがしばしばあります。今回はKくんを仕切り屋にした，Hくん，Rくん，Mくんの4人の関係だったようで，エピソードの中心人物であるHくんは，いつものKくんとMくんの3人で遊びたいのに，KくんはRくんも入れた4人で遊ぼうというので，Rくんとは遊びたくないHくんが泣いて，遊びの輪に入れなかったようでした。しかし，Hくんは他の3人の遊びが気になる様子です。

　書き手は普段からHくんが書き手に素直に自分の気持ちを表現してこないことを気にかけており，機会があればじっくりHくんに関わりたいと思っていたようです。そこで今回のちょっとしたトラブルを機に，書き手はHくんにじっくり付き合ってみることにしました。書き手はまずHくんをおんぶして，他の3人の遊ぶ様子を見にいき，Hくんといろいろな会話をしながらRくんと遊ぶのも面白いよと告げてまた様子を見ています。そういうやりとりを繰り返しているうちに，とうとうHくんの方からRくんに遊びに入れてと言いに行くこと

になったというエピソードです。
　〈背景〉から〈エピソード〉、それから〈考察〉とこのエピソード記述をすーっと通して読むことができ、またHくんの心の変化が手に取るように分かって、とてもよいエピソードだと思いました。HくんのRくんへの抵抗感のよってきたるところを探りながら、Rくんを受け入れていく状況を作り、またそのように対応することを通してHくんとの信頼関係を築いていく様子など、保育者の対応としても納得できるものだったと思います。
　これに似た場面で、たいていの保育者はHくんに輪のなかに入ろうと促し、一緒に遊ぶかたちを早く作ろうとします。今回のエピソードでは一緒に遊ぶかたちを早く作ろうとするのではなく、Hくんの心のなかに変化が表れてくる様子を見定めようとしたところが、まさに「心を育てる保育」になっているところだと思います。
　接面の観点からすると、「会話しているHくんの声のトーンが高くなってきたので、おんぶしたままであるがHくんが楽しんでいることが私にも伝わってきた。(中略)Hくんの表情は、おんぶしていて分からなかったが、背中にもたれる感じから嬉しい気持ちが何となく伝わってきた」という部分などはまさに接面で感じとったことの表現になっています。そしてそれ以外のところでも、おんぶの接面から書き手はいろいろなHくんの思いを感じ取っています。それがHくんと書き手との丁寧なコミュニケーションをリードしています。そのやりとりは本当にゆったりしていて、「じっくり関わろう」という書き手の思いがそこからも伝わってきます。5歳児をこれだけの時間おんぶしていると、背中も腕も痛くなってきますが、この機会にHくんにしっかり関わって信頼関係を作るのだという先生の意思が行間から滲み出てくる感じもありました。そしてRくんの方からHくんに笑顔を見せてくれたこともこの展開の鍵を握っていたと思います。Rくんもさっきのいきさつから、その接面で何か感じるものがあったのでしょう。5歳児ともなると、そんなふうに接面から場を読む力も備わってきているのかと思いました。あの力、この力と言う前に、こういうふうに対人関係をもっていく力こそ子どものこれからに必要なものであり、それが

心の育ちに繋がるのだという点をこうしたエピソードから汲み取っていただければと思います。

❖エピソード15：「できなかったわけ」

K保育士

〈背　景〉
　5歳児のHくんは，1歳児で本園に入園。一つ上に兄がいる。両親共に忙しく，父親は単身赴任で母親も正社員でしっかり働いている。同じクラスにいとこがおり（母親の妹の子）お迎えは母親の妹や祖父が主に行っていた。
　Hくんが3歳児のときに私は担任になり，一年間一緒に過ごした。いとこ同士仲がよく，園でも一緒に過ごすことが多かった。少し内弁慶のようですと母親が言っていたように，人見知りをするところがあり，自分の思いをあまり表に出さないような感じもあった。しかし活発で元気がよい。3歳児の途中に弟ができ母が産休に入るということで，父親のいる単身赴任先に一年間行くことが決まり，4歳児のあいだは父親の赴任先の保育園で過ごした。5歳児になり母の職場復帰と共に地元に帰り，本園にまた4月から入園した。子どもたちもHくんのことはしっかり覚えており，歓迎していた。弟も1歳児クラスにいて，同じクラスにいるいとこも同じ時期に一時退園し，また入園してきたので，再入園の翌日から2人とも通常保育になった。
　Hくんは生活の流れなどは身についており活動にも入れているが，時々お集まりのときにうろうろしたり，活動の準備はできているけれど，なかなか参加しようとしなかったり，「ぼくもしたい」という意欲が感じられなかったりすることがあり，担任間でも少し様子を見ようと話をしていた。クラスは36人で担任は3人。加配を必要とする子が数名いる。年長児になった喜びで子どもたちは落ち着かず，活動もなかなかスムーズにいかないことが多かった。

〈エピソード〉

　鯉のぼりを作るため，厚紙の帯に好きな色の折り紙を細く切って貼りつけて吹流しを作る制作活動を全体でしていた。各グループにいろいろな色の折り紙を入れた箱を用意し，厚紙の帯を一人一本ずつ配り，全体に一度作り方を見せた後，各自で自由に作るようにしていた。私は保育当番だったので，全体を見回り，もう2人の保育士は制作が苦手な子に一対一でついている状況だった。みんなが夢中で作っているなか，Hくんが帯を持ったまま座っていて作っている様子がなかったので，「Hくんどうしたの？　作り方がわからんの？」と聞くと，「……」首を横に振った。作りたくないのかな？　と一瞬思ったが，様子を見ようと思い，「どんなのができるか楽しみにしとくね」と意欲を掻き立てるような言葉をかけてその場を離れた。その後，作り終わった子が持ってきた作品を受け取りそこに名前を書いたり，「○○ちゃん，こんな吹流しできたよ！」とみんなに見せたり，糊がなくなった子に補充したりしていて，慌ただしくしていた。私はそのあいだHくんを見ていなかった。

　制作時間を30分ぐらいでと考えていた私は，あと5分ぐらいで終わりたいと思い，まだ作っている途中の子の近くへ回って行くことにした。そのとき，帯を持ったままのHくんが目に入り，"どきっ"とした。私はしばらくのあいだ，Hくんに目を向けていなかったことに気づき，焦った気持ちになった。すぐそばへ行き「Hくんどうして作らないの？」と少し問いただすような言い方をしてしまった。Hくんは硬い表情になり黙ってしまった。焦った自分の気持ちを押しつけてしまったようで反省し，どうして作りたくないのかな？　制作が嫌だったかな？　などといろいろ考えているうちに，きっと"わからない"と言えなかったんだ！　と解釈した。私は弁解するように「Hくん，ゆっくり教えてあげるから，おやつ食べ終わってから一緒に作ろうか」と誘ってみた。Hくんは硬い表情のまま「うん」と答えた。

　制作の時間が終わり，帰りの用意をしておやつへ行くとき，Hくんが作ろうとしなかった行動や硬い表情が気になっていたので，帰りの用意をしているHくんに何となく近寄り「今日のおやつなにかな～？」と明るく話しかけてみた。

第4章　これまでの議論をエピソードを通して振り返る

するとHくんは，ニコッとし柔らかい表情になったので，「おやつ食べたら一緒に吹流し作ろうね！　待っとくね」とあえて吹流しのことに触れ様子をうかがった。すると突然Hくんが「あれ僕のじゃなかった」と言った。私は一瞬でHくんの言った"あれ"がずっと手に持っていた帯のことだと分かり，「おびのこと？」と聞いた。「うん」とうなずき，「僕が置いてたのと違う」と答えた。
　Hくんの話によると，もらった帯を床に置いていたが，気がつくとHくんの帯はなくなっていて，周りを見渡して残っていた帯を拾ったものの，自分の帯ではないと思い，使えずにいたようだった。私は，そのことを聞き，"はっ"とした。"きっと周りの友だちに尋ねることもできずに困っていたんだね。そのまま作っていいか分からないから作らなかったんだ"とすべて繋がった。
　Hくんはきっと助けてほしかったのだと思う。それなのに私が作り方が分からないと思って話をしていたため，そのことを言いだせなかったのだろうと思った。Hくんに対してちゃんと目を向けていなかったこと，勝手に理由を考え，本当のところを聞こうとしなかったことを後悔し，「Hくんそうだったのね，ごめんね，どうしていいか分からんかったのね，先生がちゃんと聞けばよかったよね，本当にごめんね」と必死で謝ることしかできなかった。するとHくんはにっこり笑って返してくれた。その笑顔は"自分の思いが伝えられた，伝わった"という思いなのかと思うと，とても胸が痛くなった。おやつの後，厚紙の帯にHくんの名前を書き一緒に吹流しを作った。

〈考　察〉
　3歳児に通園していたことで，再入園した後も，みんなのなかにすんなり入って生活していけるとばかり思っていたが，環境も変わり，どこか落ち着かない雰囲気のなかで，Hくんは不安や緊張もあったのだろうと思う。どうしていいか分からなかったこと，困っていたことが他にもたくさんあったのではないかと，振り返って考えた。
　困っていたから，分からないから，"できなかったこと"が他にもあったのかもしれないと思った。意欲的ではないと見えた振る舞いは，もしかしたらH

くんのなかの「どうしたらいいかわからない」という気持ちの意思表示だったのかもしれないとも感じた。そこに気づかなかった私自身の配慮のなさを反省した。

　慌ただしく過ごす毎日に追われ，自分のゆとりのなさにも気づかされた。鯉のぼりを完成させることを優先させるような保育をしていたのかもしれない。大切なことを見落としてきたのかもしれない……と自分の保育を振り返るきっかけにもなった。

　子どもたち一人ひとりのペースに私が合わせられるように，目を向け，配慮することをもっと大切にしていきたい。子どもたちの行動には理由があるということを，どんなときにも立ち止まって考えられる保育者でありたいと思った。

◆私からのコメント

　Hくんの転園，再入園の〈背景〉が詳しく，また〈エピソード〉の中身もよく理解でき，〈考察〉で何を問題にする必要があったのかにも詳しく触れられていてよかったと思います。まず〈背景〉ですが，父親の転勤と母の産休のために一年間地元を離れて他園に通い，母の復職とともに一年間のブランクの後に再入園したHくんは，何かしら集団の流れに乗れなかったり意欲的でなかったりする姿があったようです。しかし，再入園なので園の生活はよく分かっていると書き手は思い，Hくんに対して特別な配慮が必要だとは思っていなかった様子です。5歳児クラスなので，多分，一人担任かなと思うのですが，そこが〈背景〉からは分かりません。複数担任であれば，再入園の子どもへの配慮ももう少しできたと思われるところです。

　〈エピソード〉は厚紙で鯉のぼりの吹流しを作る活動です。Hくんは素材をもったまま作る様子がなく，書き手はそれが気になりながらも，他児への対応で忙しく，Hくんに目をかけることができなかったようです。そこも一人担任の悲しさでしょうか。そこで「おやつ食べたら一緒に吹流し作ろうね！」と提案したところ，素材の厚紙の帯が自分のものではなかったことをHくんが初めて書き手に告げ，Hくんが課題に取り組まなかった様子とHくんの取り組ま

第4章　これまでの議論をエピソードを通して振り返る

い理由が「繋がった」と書き手に思われたのでした。書き手の気持ちが分散していて，Hくんとのあいだに接面を創れていなかったから，Hくんが言うまで，Hくんの思いが書き手には伝わらなかったのでしょう。「繋がった」ところから振り返ってみると，意欲が乏しいように見えたのも，一年間のブランクのあいだに分からないことが多々あったからではないかと思われてきます。こうして自分の思い込みを反省したという内容です。

　とてもよく分かるエピソードでしたが，環境の変化は大人が想像している以上に子どもには負担になるものです。すでにでき上がっている友だちの輪に，そんなに簡単には溶け込めないのですね。それは保育園ではよくあることなので，その点を再入園の時点で予め心積りできればよかったのに，と思いました。そして〈背景〉のところで，再入園の子どもはいろいろ難しいことがあると思うことができていれば，今日の制作場面でも，Hくんをもっと気にかけることができたかもしれません。再入園の時点で，大丈夫と思い込んだことが，その後に接面を創るのを妨げたということを表すエピソードのように思われました。

❖エピソード16：「Yちゃんの大切な花」

N保育士

〈背　景〉

　2歳児クラスのYちゃん（3歳3カ月）は，0歳児から本保育園に通っている。一人っ子で両親と3人暮らしである。両親ともYちゃんを大事に育てているようで，Yちゃんは少しわがままなところがあり，気に入らないことがあると思いが通るまで「ちが〜う！」と言って怒ったりかんしゃくを起こして泣き叫んだりしてしまう。トラブルも多いが，人なつっこい性格で，おしゃべりも上手なので，いろいろな人から可愛がられている。また，好奇心旺盛で何事にも積極的である。最近は洋服にこだわり汚れてもいないのに着替えたり，午睡のときに面倒くさいのか，パジャマに着替えずに寝ようとしたり，起きても着替えないで済むように普通のお気に入りの可愛い服をわざわざかごから出して

263

くるようになった。そのときは，パジャマを着るように説得するが，給食の後なので着替えないよりかはいいと思い，好きな服をパジャマ代わりにしていた。クラスの状況は，4月は23人でスタートしたのが，引っ越しや出産で人数が減り，11月には18人になった。保育士も，4名から3名になり，担任としては少々慌ただしく過ごしていた。そんなある日，Yちゃんが近所の方から花をもらったようで，嬉しそうに保育園にもってきていた。

〈エピソード〉

　私はその日，雑務の当番で掃除などをする係だった。朝のおやつの後，子どもたちが，朝のお集まりをしているとき，後片付けをし，配膳室から保育室に戻ると，みんなが絵本を見ているなか，Yちゃんが手にピンクの花を持っているのに気がついた。「あれ？　Yちゃん，その花どうしたの？」と聞くと「Wさんからもらった」と答えた。私は，「花が，枯れたらいけないから，お水にいれとこうか？」と花瓶らしき物を探した。保育室にはなかったので牛乳パックにしようかと思い，「これでいい？」と聞くと「ペットボトルがいい！」と少し怒った感じでYちゃんは答えた。まだ，絵本が続くようだったので，いまのあいだならペットボトルを探しに行けると思い，そっと保育室を抜け出すと，Yちゃんがこっそり何かを期待するような表情でついてきていた。私は，お集まりの途中だったので，部屋に戻そうかと迷ったが，Yちゃんの興味津々の表情を見ていたら，一緒に探してすぐに戻ればいいかな？　と思えてきてペットボトルを探しに出かけた。だが，なかなか見つからない。以上児クラスの保育士にも尋ねるが見つからず，諦めようかと思ったが，Yちゃんは言い出したら聞かないし，花を枯らしてしまってはかわいそうなので，外遊び用のペットボトル入れを見ると，少し汚れていたがペットボトルがあった。Yちゃんに「これでもいい？　洗えば結麗だよ！」と言うと，Yちゃんはニコッと笑い，「うん！」と言う。急いで保育室に戻ると，他の子は園庭に遊びに行く準備をしていた。Yちゃんにペットボトルに水を入れるところを見せ，「お花，これに入れて外に行こうね」と言うと，嬉しそうにうなずき，花を私に「はい！」と渡

してきた。受け取った花をペットボトルにさし，よく見える棚において「Ｙちゃん，ここでいい？」と聞くと，満足そうに「いいよ～！」と言い，早く外で遊びたい気持ちもあったのか，急いでみんなのところへ行ってしまった。

　給食の後はパジャマに着替えた子から遊んでいる。Ｙちゃんは，いま食べ終えたばかりなのに，「せんせ～，お花取って！」と言う。よほど気に入っていたようで，手に持っていたかったのだろう。だが，パジャマになってから遊ぶという約束があるので，私は「パジャマに着替えたらね」と言った。するとＹちゃんの表情が一気に変わり，ものすごい剣幕で「着替えたもん！」と言う。どう見てもいま食べ終えたばかりの格好なので「だって，それご飯食べたままの服だよ」と言うと，ますます，感情が高ぶり，「着替えた～っ！」と，私の方を見ながら，自分の言うことを聞いてほしいと言わんばかりに大声で泣きはじめた。私が，朝から一緒にペットボトルを探し，花を飾ったから，私なら自分の思いを受け入れてくれるとＹちゃんは思ったのであろう。泣き声はだんだん大きくなる。私は，まだ給食を食べていたのだが，とにかく話をして落ち着かせるためにＹちゃんのところに行った。私は，感情的になっては話ができないと思い，深く息を吸い込んで，Ｙちゃんの目の高さに座って落ち着いて話しはじめた。「ねえ，Ｙちゃん。この洋服，ご飯食べたままだよね？　ほら，ここに，ご飯がついてるよ。このまま布団に入ったら，せっかく，お父さんやお母さんが買ってくれた布団が汚れるよ？　虫も来るよ？　それでもいい？」と言う。Ｙちゃんは，うつむきながらも話は聞いているようで，泣き声は小さくなってきた。私は，Ｙちゃんが否定してこないので，「Ｙちゃんが着替えたらお花あげるよ」と続けて言う。Ｙちゃんが最近，パジャマを着るのを嫌がるのを分かっていたので，「Ｙちゃんがパジャマが嫌なら，好きな服をかごからだしてもいいからね，できる？」と言うと，小さくうなずいた。そして「じゃあ，洋服脱ごう！」と言い，脱ぐのを手伝う。はだかになったＹちゃんは，花がもらえることに安心したのか，もう，「あはは」と笑いトイレに行く。私は，早く給食を食べ終わって，片付けもしないといけないので，Ｙちゃんを見守りながらも，残りを食べ，片付けをはじめた。Ｙちゃんはやっぱりパジャマではな

く，普通の洋服だったが自分で着替え，嬉しそうに「着替えたよ！」とやってきた。私は，頑張って気持ちを切り替え，着替えられたことが嬉しくてYちゃんのことを，抱きしめて「上手にできたね！」と褒めて，花を渡した。Yちゃんはごきげんで花を持って遊びはじめた。

　それからしばらくして，私が，床を拭いていると，Yちゃんが泣きながら「お花が折れた〜っ！」と言って来た。見ると，茎が半分に折れている。食後のこの時間は忙しく，他の保育士2人は子どもたちの着替えについており，掃除は私一人でしないといけない。早く掃除を終わらせないといけないのは分かってはいるが，Yちゃんがショックを受けて泣いているので話を聞くと，「Aちゃんがした」と言う。茎が細いし，みんなが触りたいのも分かるから，折れても仕方ないのだが，「せっかく，Wさんからもらったのに〜」と泣くYちゃんを見て，とにかく早くどうにかしようと思い，「じゃあ，テープ貼る？」と聞くと，Yちゃんはうなずく。テープを貼れば何でも直ると思い安心してみているが，やはり，花はテープではくっつかない。心配そうにYちゃんが見つめているので，どうにかしようと考えると棚に可愛い星形のゼリーカップがあるのを思い出した。急いで棚から出し，「Yちゃん，見て見て！　これ，お星様だよ！　これなら，お花元気になるかもよ？」と言う。Yちゃんは，星のカップを気に入ったようで，「うん！」と答えた。私が，カップに水を入れ，花をさすとホッとしたようで泣き止み，「お花さん，元気になるといいな」と言って，しばらく花を見つめると，安心して遊びに行ってしまった。

〈考　察〉

　Yちゃんは0歳児の頃から自己主張が強かったようで，とにかく，泣いたり怒ったりして，自分の思いを通しながら成長してきたらしい。2歳児になったいまも変わらず，わがままはひどく，気に入らないことがあると大声で泣くことがよくあった。いつも，何でもYちゃんの思いを聞いてあげていたわけではないが，今回は近所の方からもらった「花」という，命のある生き物が関係していたので，命を大切にしているYちゃんの気持ちを大事にしたかったので，

思いを聞くようにした。Yちゃんは花が折れてしまっても水につけると元気になると信じている。その嬉しそうな、また安心した表情は忘れられない。それから、みんながパジャマに着替えるなか、Yちゃんだけ着替えないのは気になるので、これからいろいろ試しながら自分から意欲をもって着替えられるようにしていきたい。18人の子どもを3人の保育士でみていくのは、4人でみていたときより大変で、いままでのように一人ひとりにじっくり関わることができにくいと思う。今回は、たまたま雑務の仕事で融通が利いたが、保育当番だったりすると他の保育士の協力と理解が必要であるし、給食という忙しい時間帯に、一人の子どもの主張をきいているとクラスがまわらなくなってしまうと思う。やはり同じクラスの職員のチームワークというのは大切で、チームワークがよいと子どものびのびと過ごせるのではないかと思う。今後も、気持ちにゆとりをもち、子どもの欲求を満たせるようにしていきたい。

◆私からのコメント

保育の様子がよく分かり、Yちゃんの心模様も手に取るように分かり、また書き手の焦る気持ちやYちゃんの思いを受け止めようとする思いも分かる、2歳児の姿が彷彿とするエピソードだったと思います。

まず〈背景〉から、一人っ子でわがままなところのある、しかし可愛いところもたくさんある2歳児Yちゃんの姿がイメージされ、午睡の着替えが大変なことも示唆されています。家庭でYちゃんは大事に扱われているとありましたが、やんちゃやわがままに家庭でどのように対応されているのかについてもう少し言及してもらえればと思いました。

〈エピソード〉は3つのパートからなっていて、余所でもらった花を花瓶がわりのペットボトルに入れるまでの前半と、午睡に向かう際にパジャマに着替える着替えないを巡るやりとりの中盤と、さらに午睡後に花の茎が折れてしまって泣いているYちゃんに何とかしてあげようと考えて対応した後半からなっています。そのいずれも、保育者が忙しいなかでもYちゃんの思いを汲んでその思いに応えようとしているところが保育としてとてもよいと思いました。ど

の場面もついつい，保育者の願いや都合を押しつけて対応してしまいがちな場面だからです。それぞれの場面でYちゃんの思いを受け止め，できるだけそれに応じてあげようと丁寧に対応している書き手の様子を読んで，2歳児の思いに応えるのは大変だなと思う一方で，これこそ未満児への対応の基本だなと思わされました。

　そのようにYちゃんの思いを受け止めることができるのは，書き手がYちゃんの思いに寄り添い，そこに接面を創ることができているからです。ペットボトルを探す場面も，折れた茎にテープを貼る試みも，みなYちゃんの思いを受け止めるところから紡がれてきた対応でしょう。パジャマに着替えるところの対応については，もう少し大人主導でもと思う保育者は多いと思いますが，絶対にパジャマに着替えさせなければならないほどのことなのかどうか，またいま着替えをしつけなければ後々引きずることなのかどうかを考えれば，今回のような対応でも十分だと私は思いました。

　そのことは〈考察〉でも触れられています。いずれはYちゃんのわがままを何とかしなければならないし，パジャマへの着替えも課題であることを踏まえながら，しかし，Yちゃんとしっかり信頼関係を築き，Yちゃんの自己肯定感がしっかりしてYちゃんが意欲的になって周りを見渡せるようになれば，わがままも減り，しつけも自然に身についてくるはずです。これから保育者間での連携を密にして取り組みたいという抱負も賛同できるものでした。

❖エピソード17：「お外が見たかったんだもん」

K保育士

〈背　景〉

　4月生まれで，クラスで2番目に月齢が高いSくん（当時1歳2カ月）は，3人きょうだい（姉2人）の末っ子で，同じ保育所に姉2人も通っているためか保育所生活にも比較的早く慣れ，あちこち歩き回って探索を楽しみ，食事もスプーンを使って意欲的に食べる姿がある。少しずつ発語も見受けられ，「せ

んせい」と担任に呼びかけたり，「おいでー」と言ってお友だちに手招きしたりするなど，クラスでは一番言葉の発達が著しい。また，担任の言葉も理解しており，「ないないだよ〜」と片付けを促す声かけを行うと，誰よりも先に玩具を手に摑み元にあった場所に片付けようとする姿が見受けられる。理解している反面，意図にそぐわないことを言われたり，都合が悪くなると，口をすぼめて怒ったような表情を見せたり，「いやだ」と言って反抗したりするなど感情表現も豊かになってきた。好奇心も旺盛で，段差のある所に登ろうとしたり，玩具を踏んだりする行動が目立つようになり，担任側もひやひやし，目が離せなくなってきた。

〈エピソード〉

　午後のおやつ，授乳の後，ほふく室でおままごとセットを出して遊んでいたときのこと。

　その日は蒸暑く，扇風機をつけて過ごしていたが，窓から気持ちのよい風が入ってくるので，私はAさんを抱っこしながら窓際で風に当たっていた。しばらくすると，玩具で遊んでいたSくんがいつものように玩具を足で踏みはじめていた。「またか……」と心のなかで思いながら，私はSくんに「おもちゃは踏まないよ」「壊れちゃうよ〜」と声かけを何度も行うが，Sくんは玩具を踏むのを止めようとせず，何度も同じことを繰り返している。言葉は理解しているはずなのにどうして止めようとしないのだろう……と考え，再びSくんの行動をよく見てみると，玩具を踏み台にして外の景色を見ようと足を突っ張らせているではないか。この時初めてSくんの行動の意図を感じ取った私は，「あ〜わかった！　Sくんはお外が見たかったんだね。気づいてあげられなくてごめんね。ほら，よいしょ」と声をかけてSくんを抱き上げて窓から外の景色を一緒に見せてあげた。思い返せば，私がAさんを抱っこして窓際にいたとき，Sくんは「うー，うー」と言って両手を広げアピールしており，あれは，「ぼくもお外が見たいよ〜，抱っこしてよ〜」という要求を一生懸命訴えていたのだな〜と思い直し，あの時の気持ちを汲み取ってあげられず，玩具を踏みつけ

る行動だけを見て「いけないことをしている」と判断し，決めつけていた自分自身を恥ずかしく思うと同時に，Sくんに対して申し訳ない気持ちになった。

　それからは，玩具を踏むこともなくなり，一度思いを受け止めてもらったとSくん自身が感じたためか，窓の外が見たくなると私に向かって両手を伸ばし「抱っこ」を要求する姿が見受けられるようになった。

〈考　察〉

　「子どもの気持ちに寄り添う」という言葉は，頭では理解しているつもりでも，ついつい保育の現場においては，その子の内面よりも行動に焦点が当てられ，判断してしまいがちである。私も日頃のSくんの行動（玩具を踏みつける）から，「またか……」と先入観が働き，注意の声かけが先になってしまった。「玩具を壊してほしくない」「怪我をしてクレームになったらまずい」という保育士側の心理が先行し，子どもの気持ちや要求は視野に入らないままに，大人の思いで声かけや対応がなされてしまっていた。「〇〇してほしくない」「△△になったらまずい」という保育士側の都合や建前で，目の前の子どもの気持ちや要求はかき消され，こちら側の決めつけや判断で声かけがなされたり，行動の制限を強いたりしていることはしばしばあったのではないだろうか……と今回の件をきっかけに反省する機会となった。

　一度気持ちを受け止めてもらえたと感じたSくんは，再び玩具を踏むことはなかった。今回の体験から，「子どもの気持ちに寄り添う」「子どもの思いを受け止める」という言葉の意味を再確認すると同時に，保育者と子どものあいだの信頼関係を築くうえで重要な意味を持つものであることを身をもって実感することができた。その子の行動だけでなく，その行動に至るその子の心の動きを感じとり，適切な声かけや対応をしていくことが保育士として必要な力ではないかと思う。

◆私からのコメント

書き手がなぜこの場面を書きたいと思ったか，このエピソードを通してどの

第4章　これまでの議論をエピソードを通して振り返る

ように自分の保育を振り返ったかがとてもよく分かる内容だったと思います。〈背景〉はまず1歳の誕生日を迎えてまもないSくんについて，その様子を丁寧に紹介してもらいました。玩具を踏むようになったので注意したという表現も，後で〈エピソード〉の内容を理解するための布石になっています。

　〈エピソード〉はその場面を読み手が想像できるだけの詳しさがあります。最初Sくんが盛んに玩具を足で踏む行動が見え，それを書き手はいつもの玩具を踏みつける行動だと思い込んでいます。ところが，「再びSくんの行動をよく見てみると，玩具を踏み台にして外の景色を見ようと足を突っ張らせているではないか。この時初めてSくんの行動の意図を感じ取った私は，「あ〜わかった！　Sくんはお外が見たかったんだね。気づいてあげられなくてごめんね。ほら，よいしょ」と声をかけてSくんを抱き上げて窓から外の景色を一緒に見せてあげた」，という展開になったのでした。思い込んでいるときには接面が成り立っていませんが，ふと気づくかたちで接面が創られると，そこからSくんの意図が書き手にはっきり流れ込んできます。まさに「気がついてあげられなくてごめんなさい」というしかない場面ですが，そこに子どもに「寄り添って」という文言の意味，さらには「接面」という概念の意義，さらには「養護の働き」という考えの大切さが，すべてひとまとまりになって立ち現れているのが分かります。

　とりわけ0歳児や1歳児など，自分の思いをまだ言葉に出せない子どもの場合，接面で起こっていることを保育者が把握できるかどうかが，その場面がどのように展開するかを左右します。この場合も，Sくんの意図に気づけなければ，玩具を足で踏むのをひたすら制止する言葉かけに終始していたでしょう。担当は一人だけでなく複数いる場合がほとんどですから，どの子どもとのあいだにも接面を創ることは実際には難しいのですが，重要な局面，局面で接面を創ることができれば，子どもの思いに寄り添った，子どもの思いをかなえる方向での対応が可能になるといえるでしょう。

　〈考察〉も書き手の反省点がよく分かる内容でした。思い込みや大人の都合が先行すると，注意や指示や禁止の対応が主になり，結局は子どもの思いに寄

り添うところ，子どもの思いを受け止めるところがおろそかになるという指摘は，本書で一貫して主張してきた内容にも合致するものでした。子どもの気持ちの向かうところに大人が気持ちを向けることができれば，それほど難しくなく接面は創れるのだという点も，このエピソードから汲み取ってほしいと思いました。

❖エピソード18：「初めての発見！」

M保育士

〈背　景〉

　AちゃんはK組（1歳児）のクラスの女の子。私は前年度，Aちゃんの担任だった。Aちゃんは，入園当初から私の後追いがすごく，常に側にいないと大泣きしていた。いまでは，進級して私の隣のクラスにいるが，部屋と部屋のあいだの柵から時々顔を出し，私の方を見て，「M～」と何度も私を呼んで泣いたり，さみしそうに柵につかまり私の姿を見ている。私も「Aちゃん～」と言ってぎゅーと抱きしめることはあるが，いまは別のクラスの担任なので，なかなかAちゃんに関わることができない。しかし，土曜日はK組と私のクラスは合同保育となるので，その時に抱っこをしたり一緒に遊んだりと，たくさん関わることができる。私が勤務になった土曜日のことだった。

〈エピソード〉

　私は早番でAちゃんも8時前に登園してきた。私を見るとすぐに「M～」と走ってきてくれた。「Aちゃん，おはようー！」と言って私は抱っこをして受け入れをした。「今日はたくさん遊ぼうね」と声をかけるとAちゃんは「うん！」と笑顔でうなずいていた。しばらくして，ほとんどの子どもが登園し，K組と私のクラスは合同になった。朝のおやつも終わり，天気がよかったので園庭に出て遊ぶことになった。玩具と散歩車を用意して歩ける子は帽子を被り，靴を履いて園庭に出た。まだ歩行が安定しない子は散歩車に乗せて園庭の周り

をI先生と散歩をしている。私は歩ける子３，４名を見ながら園庭で一緒に遊んでいた。そのなかにAちゃんもいてスコップやコップを手に取り，バケツに砂を入れたり出したりしながらしゃがんで遊んでいた。私はAちゃんのその様子を見ていた。そのときAちゃんは急に立ち上がり，パッと自分の後ろを見た。そして，後ろを振り向きながら歩きはじめた。私は何か背中あたりについているのかな？　どうしたのだろう？　と思いじっとその様子を見ていたが，Aちゃんの後ろにはAちゃんの黒い影しか見えない。何なのだろうかと不思議に思い引き続き様子を見ていると，次は「ううん，ううん」と手で何かを振り払い，怒りながら歩き出した。私はその行動が気になり「Aちゃんどうしたの？」と聞いてみた。するとAちゃんは１メートル先に離れたところにいる私を見て「M～」と急に泣き出して私にしがみついてきた。何があったのだろうかとAちゃんの行動を振り返り考えてみた。あっ！　もしかしてと思い，Aちゃんを後ろに振り向かせた。そこにはAちゃんと私の黒い影が見える。そしてAちゃんに影を指さして「Aちゃんこれ？」と聞くと，それをじっと見て，また私に強くしがみつき泣き出してしまった。Aちゃんは自分の影に気づき，歩いても走ってもついてくる影に驚いていたのだった。私は自分の影に驚くなんてと思い，おかしくて笑ってしまった。私はAちゃんの目線にしゃがんでAちゃんに「これはAちゃんだよ」と指さして話をした。だが，「いや～」と言ってまた大泣きしてしまった。「大丈夫，ほらバイバイしてごらん」と言って私が手を振るとAちゃんも手を振った。「ほら，バイバイしているでしょ。これは，Aちゃんだよ」と，影を見ながら話すと，少し泣き止み落ち着いてきたが，まだ私にしがみついたままだった。

〈考　察〉

　園庭で何度も子どもたちの影を見ていて，大人にとっては影があるのが当たり前と思っていたことだが，Aちゃんにとってはその日が初めての「自分の影」への気づきであったことに驚いた。普段の私たちの近くにある何気ないことや気にも留めない物が１歳児のAちゃんにとっては毎日の生活のなかで，一

つひとつすごい発見であり，そんなふうにしていろいろと周囲のことが分かっていくんだなあと改めて感じた。そしてＡちゃんも私の言っていることをどんどん理解していて言葉も増えている。それが日々の保育生活で喜びと楽しみを感じる場面でもある。私は保育士になって２年目なので，これから保育士として子どもたちの小さな発見にもっと気づいてあげて，それに応えてあげられるようになりたいと思った。そして，これからもいろいろなことを知って成長していくＡちゃんを見るのが楽しみだなと改めて感じた。

◆私からのコメント

〈背景〉から，前年度の担任を慕うＡちゃんの姿が可愛いですね。そして土曜日に合同保育になり，書き手がＡちゃんに関わることができる日であることがこの〈背景〉からよく分かります。〈エピソード〉は園庭で遊んでいたときの出来事で，スコップで砂を掬って遊んでいたときに，不意にＡちゃんが立ち上がって後ろを振り向き，そこから後ろを振り返りながら歩きはじめます。その行動の意味が分からずに，書き手が様子を見守っていると，後ろを手で振り払うような仕草があり，そこから書き手はようやくＡちゃんは影を気にしていたのだと分かるというエピソードです。書き手の描写を通してＡちゃんの一連の振る舞いがよく分かり，それに気づいて微笑ましく思う保育者の姿と共に，目に浮かぶようなエピソードでした。初めての発見に驚く子どもとそれに驚く保育者という構図が興味深いですね。こうした子どもの姿が若い保育者にとっての元気の源であることがよく伝わってきました。Ａちゃんの様子に引き込まれると，そこに接面が生まれます。そうするとＡちゃんの気持ちが通じてきてという流れがよく分かるし，保育が接面で起こっていることを中心に展開されていることもよく分かります。最後にしゃがんでＡちゃんの目線になってというところも，接面を創るという点で大事な部分です。自分の方に子どもを引きつけるのではなく，子どもの側に自分が寄り添おうとしている姿勢が何よりもよく，第２章や第３章で述べてきた接面や「養護の働き」や「寄り添って」「子ども目線になって」と述べてきたことが全部このエピソードに表れている

感じです。

　私たち大人にとっては分かりきったことであっても，幼い子どもにとっては日々の経験がみな大発見であり，それへの興味や関心が子どもの世界を探索する意欲を掻き立てるのでしょう。しかしそれは私たち大人がみな幼い頃に辿ってきた道です。夕暮れ時など，影に追いかけられる気分で走って家に帰った経験は誰にもあるはずです。子どものちょっとした大発見に，自分の幼少の記憶を重ねることができれば，そのときの子どもの思いがしっかり掴めるように思います。短いけれども子どもの成長はこういうところにも見ることができるという，心に残るエピソードでした。

❖エピソード19：「カエルさんと一緒に」

Ｔ保育士

〈背　景〉

　Ｔくんは現在２歳である。母子家庭で，母親と２人で生活している。母親の仕事が忙しいこともあり，ほぼ毎日延長保育を利用している。また，月に数回子育てサポートも利用している。Ｔくんは１歳児クラスで入所した。昨年度の担任からは，戸外遊びや絵本を読むことが好きと聞いていた。４月当初は，まだ新しい担任に慣れない様子で，担任が話しかけると上目遣いで不信そうに見つめていたので，正直"Ｔくんと信頼関係を築くのに時間がかかりそうだな"と担任同士で話していた。その反面，"Ｔくんと信頼関係を築けたら，Ｔくんはどんなふうに接してくれるのだろう"と興味も湧いたので，少しずつＴくんとの関わりを増やしながらＴくんを温かく見守っていこうと話し合った。また，Ｔくんは食に興味があまりなく，好き嫌いがはっきりしている。肉魚類，ご飯はよく食べるが，野菜類は見た目で判断しほとんど食べない。また，生活のリズムもまだ整っておらず，給食中に眠ってしまうこともあった。一番苦手な食べ物がネギで，保育園で出される汁物にはほぼ毎日といっていいほどネギが入っている。ネギを少しでも口に進めようとすれば食事すること自体が嫌になる

ようで食事するのをやめてしまう。このままネギが嫌いなままでいてほしくないという思いもあったが，"延長保育を利用しているTくんが夕方まで何も食べないのは大変だろうな，少しでも食事を楽しんでほしいな"という思いもあり，担任2人で話し合い，汁物は配膳時にネギを抜いた状態で勧めることにした。

〈エピソード〉
　この日も食べたいものだけを食べ，生活のリズムが整ってないこともあり，Tくんは給食の途中で眠ってしまった。給食は半分以上が残っていたが，午睡の時間にあまり昼寝をしないTくんを起こしてしまうのはかわいそうだと思い，しばらく寝かせた後，食事を勧めてみようと話し合った。その間ぐっすり眠っていたTくんを起こし食事を勧めてみるが，食べる様子がない。しばらく言葉かけを工夫し様子を見ていたが，食事を口元に運べば顔をそらすので"まだ眠たいのかな？　体調が悪いのかな？"と思い，どのように勧めたらいいか考えた。あまり無理に食事を勧めればもっと食事することが嫌いになってしまうだろうと感じたので，食器の片付けに気分転換もかねてTくんを連れていった。ホール（多目的スペース）を通って給食室にむかう途中，5歳児クラスが作った天井壁面のカエルにTくんの目がとまった。嬉しそうに眺めていたので，そのうちの一匹をはずしTくんに持って行くと，目を輝かせさらに嬉しそうな表情になり，カエルに夢中になっているようだった。この出来事が気分転換になったのではないかと感じた私は，カエルと一緒だったら食べてくれるかもしれないと思い，片付けることをやめてその場で食事を勧めてみることにした。カエルをトレーの端に置き，「カエルさんと一緒にご飯食べる？　どれから食べようか？」と言葉をかけると，Tくんは少し悩みながらも「これ」と指差しながら教えてくれた。カエルと楽しく食事しようとしている雰囲気を壊さないよう，まずカエルの口の部分に食事を持っていき「ぱくっぱくぱくぱく」と食べた真似をした後，「次はTくんのだよ〜，はい！」とTくんの口元まで運ぶと，Tくんは少しずつ味を確かめながら食べはじめた。その後も苦手な野菜なども

あったが，カエルと一緒に時間をかけながらも完食することができた。その意欲的に食べようとするTくんの姿を見て，無理なく勧めることができてよかったと思えた瞬間だった。この日をきっかけに「この前，カエルさんとご飯たべたよね」と会話を弾ませると，Tくんはその時の楽しかったことを思い出しながら食べてくれるようになった。またいまでは，2～3個のネギなら入っていても食べられるようになった。

〈考　察〉

　初めの頃はなかなか食に興味をもてなかったり，給食中に寝てしまったりするTくんに何とか食べてもらいたいと口に食事を運ぶ日々が続き，はたしてTくんに対してこの寄り添い方，関わり方でいいのだろうかと悩むこともあった。しかし，嫌がる食事を無理には勧めず，気分転換やTくんの興味を引き出しながら食事を勧めたことで，好きなものを増やしていくことができてよかったと感じた。

　友だちの輪から離れて遊んだり，遊びにこだわりがあるTくんだが，私たちがTくんのペースに合わせ無理なく関わりをもってきたことで，担任の言葉かけに反応するようになり，そのうち友だちに興味をもち気の合う友だちを見つけるようになり，遊びの幅を広げたりすることができるようになった。また，生活面でも，食べられるものが増えたり午睡の時間に昼寝をするようになったりと，園生活のペースにもなれ生活のリズムも整ってきた。また，Tくんの心を育む取り組みのなかで，自分たちの保育の内容や質も高めていくことができたと思う。

◆私からのコメント

　Tくんとの信頼関係をつくるにはどうしたらよいか，また苦手な給食を食べてもらうにはどうしたらよいかを考え，温かく見守ろうという姿勢を基本にして，職員間で話し合いながら，まずは苦手な食べ物にも無理なく誘う場面を作ってみようと思っていたなかで出会ったエピソードのようです。このエピソー

ドでは，Ｔくんが天井壁画のカエルに興味を示したので，それを一つはずしてＴくんに見せると，そのカエルに夢中になったので，それをヒントに，カエルと一緒に給食を食べることを思い立ったということのようです。それが上手くいって，結局は眠り込まずに全部食べられたようで，それ以来，少しずつ食べることに気持ちが向かうようになったということでした。子どもの気持ちに寄り添い，その気持ちの向かうところを見定め，それに応じるかたちで誘い，促しというところは，「養護の働き」と「教育の働き」の絡み合うところで，そこでの対応が適切だったことがよく分かります。

　子どもに寄り添ってとはいいながら，給食がほとんど進まない子どもに対しては，どうしても大人の対応が焦り気味になり，その焦りが接面から子どもに通じて，悪循環になるというパターンがしばしば見られます。スプーンを運ぶとき，その接面でその子がスプーンを受け入れようとしているのか（食べたいと思っているのか），スプーンを拒もうとしているのか，それはまさに接面で当事者の保育者が感じ取る部分です。このエピソードでもカエルに食べさせてから，Ｔくんを誘う場面がありました。「まずカエルの口の部分に食事を持っていき「ぱくっぱくぱくぱく」と食べた真似をした後，「次はＴくんのだよ〜，はい！」とＴくんの口元まで運ぶと，Ｔくんは少しずつ味を確かめながら食べはじめた」。この描写の部分でも，接面ではもっといろいろなことが起こっていたはずです。それを書き手が感じ取りながら，スプーンを運び，子どもの様子からスプーンを運ぶ手が止まり，一度食器にスプーンが戻りと，微妙な対応が紡ぎ出されるのは，いつも接面で感じ取られるものに基づいてであったはずです。

　このエピソードはいかにもカエルを持ち込んだことが功を奏した感がありますが，それ以上に書き手の接面から摑んだものに基づいた「養護の働き」がしっかりしていたから，こういう展開になったと見るべきでしょう。いずれにしても，書き手の子どもに向かう姿勢がとてもよかったと思います。

第4章 これまでの議論をエピソードを通して振り返る

❖エピソード20：「お友だちといっしょがうれしいな，たのしいな」

S保育士

〈背　景〉

　Aくんは3歳11カ月の男児。昨年の5月末より2歳11カ月で保育園に入所する。重い障碍があり，発達面・安全面などを考え，0歳児クラスから生活をはじめる。家族は父・母・兄（中学生）・2人の姉（中学生・小学生）の6人家族で，入所までは自宅で過ごしたり祖父母宅へ行ったりして，大人や年上の兄姉との関わりがほとんどだったようだ。兄や姉もそれぞれに課題（人との関わりが上手くいかなかったりこだわりが強かったりするなど）を抱えていることもあり，母親は家庭のことや仕事のことで毎日忙しそうにしており，気持ちが不安定になることもある。登園時，降園時ともに慌ただしくしていることが多く，なかなかゆっくりと話ができずにいた。入所時，Aくんは保育士（大人）に対して「ばあちゃん」と言って呼びかけ，保育士が応えると笑顔を見せたりそばに寄って行ったりして大人との関わりを喜んでいた。友だちへの興味はあるようだが，自分から関わっていくことはあまり見られなかった。自分の思い通りにならないときには自分の頭を叩いたり髪の毛をひっぱったりすることがあった。ずりばいで移動して興味のある場所へ行ったり，物につかまって膝立ちをして周りの様子を見たりしていた。最近では少しずつ言葉（はっきりとした単語ではないが）を話そうとすることもあり，こちらからの言葉かけにもうなずいたり「いや」と言ったりして気持ちを表現するようにもなってきた。移動もはいはいや物につかまり立ちをして伝い歩きをするようになってきた。室内遊びのときには，周りの人の姿を目で追ったり出入り口の扉につかまり立ちをして部屋の外を見たりしていることが多い。また高いところにも興味が出てきたようで，棚の上に登ることもあり，保育士が「危ないから降りようね」と言って降りるよう促すと，床に仰向けになって体をバタバタさせて怒ることもある。戸外で遊ぶことも増え，固定遊具で遊んだりはいはいで動き回り，探索をしたりしている。人への興味が強くなり，保育士のことをじーっと見つめ声を上げ，

顔を合わせると寄ってきて，手を叩いたり抱きついたりする。友だちのそばに寄って行くこともあるが，同じ遊びをしようとすることはなく，たいていは友だちのすることをじっと見ていることが多く，触ろうとして押してしまうことがあった。保育士が遊びに誘うと友だちのなかに入って一緒に遊ぶが，少しすると離れて行く。友だちが"いっしょにあそぼう"という様子で近づいて来たときにも，にこっと笑い眺めているということが多かった。いままでＢちゃんやＣくんとも触れ合うことはあったが一緒に遊ぶ姿は見られなかった。

　今年度１歳児クラスに進級し，私はこのクラスの担当になり，年齢の違う子どもたちとの生活のなかで，Ａくんにとって生活リズムや遊びは合っているのか，子どもたちとどう関わっていけばよいのか，また歩行が難しいこともあり，周りの子どもたちが活発になっていくなか，安全面に配慮し，満足して遊ぶためにはどのように環境を整えていけばよいのかと悩んでいた。また実際の年齢のクラスの子どもたちとの関わりについてもどのようにしていけばよいのかと考えていた。Ａくんと触れ合ったり遊んだりするなかで"Ａくんはどんな遊びが好きなのだろう。Ａくんが楽しく夢中になれることを一緒に見つけていきたい"と思い，いろいろな遊びに誘ったり興味を探ったりしていたときの出来事である。

〈エピソード〉

　お部屋で遊んでいたとき，ＡくんがＢちゃん（１歳３カ月）のそばに寄って行き，Ｂちゃんのことをじーっと見つめていた。手を伸ばしそっとＢちゃんの顔に触れると，Ｂちゃんは不思議そうな顔でＡくんを見つめていた。私が「Ｂちゃん，可愛いね」「Ａくん，Ｂちゃんのことが好きなんだね」と２人に言葉をかけると，Ｂちゃんがにこっと笑い，Ａくんもにこっと笑い返した。Ａくんが少し後ろにさがり，手を上げてＢちゃんに向かって「あっちー」と言った。私はＡくんが自分からＢちゃんに"いっしょにあそぼう"と言っているような気がして，いままで見たことのなかったＡくんの姿に驚いた。"Ａくんの気持ちがＢちゃんに伝わるかなあ"と思い，Ａくんの気持ちをＢちゃんに伝えよう

第4章　これまでの議論をエピソードを通して振り返る

かなと考えながら2人の顔を交互に見ていた。すると，Ｂちゃんがにこにこっと笑い，よつんばいになり，はいはいでＡくんのほうへゆっくりと近づいて行った。私は"わあー！　Ａくんの気持ちがＢちゃんに届いた！"と嬉しくなり，Ａくんの顔を見るとＡくんもぱあーっと明るい表情になり"Ｂちゃん，きてきて。ぼくをおいかけてね"と言うように笑い，はいはいで前へ進みはじめた。2人は追いかけっこをして遊びはじめ，声を出して笑い，時々Ａくんが後ろを振り返りＢちゃんに呼びかけるような仕草をすると，Ｂちゃんも応えるような表情をしてやりとりをしながら遊んでいた。2人の楽しそうな様子を見ていたＣくん（1歳10カ月）も"ぼくもいっしょにあそびたい"と遊びに加わり，部屋のなかを何周もぐるぐる回って，さらに遊びは盛り上がっていた。思いきり遊んだ3人に私が「お友だちと一緒に遊ぶと楽しいね！」と言うと，Ａくんは「うん！」と言って大きくうなずき，ＢちゃんとＣくんもにこにこ笑い，3人の嬉しい気持ちが溢れているようだった。

　降園時，母親が来たときに私は母親のところへ駆け寄っていき，「お母さん，今日Ａくんが自分からお友だちと一緒に遊びはじめたんですよ」と言って今日の出来事を話した。嬉しそうに話を聞いて，でも少し不安そうな表情で「いつもお兄ちゃんやお姉ちゃんとじゃれあって遊ぶことが多いから，他の子どもたちに強く関わるんじゃないかと思って……」と話され，私が「大丈夫ですよ。いつもお兄ちゃん，お姉ちゃんが優しくしてくれるから，お友だちにも優しくしているんだと思いますよ。Ａくんの優しい気持ちやお友だちのことが大好きな気持ちは伝わっていますよ」と話すと嬉しそうにうなずいていた。

　その後，Ａくんが他のお友だちにも"いっしょにあそぼう"と自分から誘いかけるような仕草をして追いかけっこをして遊ぶ姿が見られるようになった。Ｂちゃんとのふれあいも増え，ＡくんがＢちゃんの頭をなでたり，横になっているＢちゃんの体をトントンとしてあげたりする姿も見られた。Ｃくんとも同じ遊びをしたり，遊びのなかで物のやりとりやお互いの手を合わせてタッチしたりする姿も見られるようになった。またお友だちに自分の気持ちを伝えたいという思いも強くなってきているようで，おもちゃの取り合いをして"ぼくも

このおもちゃをつかいたい"と引っ張り合い，おもちゃをお友だちに取られてしまい悔しそうな声を上げることもあった。Aくんのお友だちとの関わりに変化が見られはじめている。

〈考　察〉
　　Aくんのお友だちへの思いや関わりの変化に驚きと成長を感じた出来事であり，子どもたちが互いに気持ちを伝え合い，心を通わせる瞬間だった。いままで一緒に過ごすなかで周りの子どもたちの姿を見たり触れ合ったりするうちに，"お友だちといっしょにあそびたいな"という気持ちが芽生え，気持ちを伝えてみようと思ったのだろう。その思いがお友だちに伝わり，遊びがはじまったことはAくんにとって大きな喜びになり，お友だちとの関わり方が変わっていくきっかけとなったと思う。Aくんが「あっちー」と言ったとき，私は声をかけて遊びに加わろうかと考えたが，少しのあいだ2人の様子を見守っていた。するとBちゃんが自分からはいはいでAくんに近づいて行った。私が声をかけるのではなくBちゃんが自分から近づいて行ったことで，Aくんにとって"お友だちに自分の気持ちが伝わった"という喜びはさらに大きなものになったように感じる。保育士が子どもの気持ちを感じ取り，代弁したり一緒に遊んだりすることも大切だが，子どものことをゆったりと見守って待つということも大切なのだと改めて感じた。いままでの保育を振り返り，いろいろな場面で私自身の気持ちに余裕がなかったり時間に追われてしまったりして"待つ"ということができなかったこともあり反省した。しかし，まだ互いに気持ちを伝え合うことが上手くできないときもあるため，その状況に合わせながら保育士がどうするべきか考える必要があるのだろうと思う。母親にこの日の出来事を話したとき，とても嬉しそうにしており，Aくんの成長を一緒に喜ぶことができたと同時に，母親の不安そうな表情も見られ，もっと母親と話をしていくべきだったと反省した。母親はAくんのありのままの姿を受け止めながらも，悩んだりつらい思いもしたりしているのだろう。毎日の送り迎えのときにも話をしながら，ゆっくりと話のできる機会ももち，母親の正直な気持ちを聞いたり，私

第4章　これまでの議論をエピソードを通して振り返る

たちの思いを伝えたり，Ａくんの保育園での様子，成長，そして今後の課題なども話しながら，少しでも母親の支えになれるようにして，Ａくんへの関わりに繋げていきたいと思う。また，実際の年齢のクラスへの進級も考えながら，日頃から他のクラスとも交流をもち，子どもたちと関わりがもてるようにしたり，Ａくんが興味のもてそうな活動をしているときには活動に加わったりしていきたいと思っている。Ａくんの心に芽生えた気持ちをこれから大事に育てて，お友だちとの関わりのなかでいろいろなことを感じ学んでいってほしいと思う。そのなかでこれからお友だちとの関わりが広がり楽しさや嬉しさを感じるとともに，自分の思いを上手く表現することが難しく，自分の思いが上手く伝わらなかったり思い通りにいかなかったりして，悲しい思いや悔しい思いもしていくと思う。またお友だちとの関わり方が分からなかったり力加減ができなかったりすることもあるだろう。Ａくんのその時その時の気持ちを感じ取って，嬉しい思いも悲しい思いもどちらも大切な気持ちとして受け止めていきたい。そしてお友だちの思いも伝えていきたいと思う。"たのしいね""うれしいね"という気持ちを分かち合うことで人と人とは繋がっていくのだろう。Ａくんの心にはいま人と人とが繋がる芽が育ちはじめているのだと思う。これからの保育のなかでも子どもたちの心に芽生える気持ちを丁寧に受け止め，思いを共感し，人と人との繋がりを大切にしていきたいと思う。

◆私からのコメント

　難しい重度の障碍のある３歳児のＡくんの背景が詳しく紹介され，そのＡくんを０歳児クラスで保育することにした経緯や，お母さんの様子，さらには最近のＡくんの成長ぶりなども併せて〈背景〉で紹介されています。特にＡくんと１歳児たちとの関わり合いの様子を詳しく紹介するなかで，担任としてＡくんをどのように保育していけばよいのか，あれこれ考えてきたことが分かります。〈エピソード〉は，そのＡくんがＢちゃんの顔に触りにゆき，それにＢちゃんが不思議そうな顔をしたのに対して，書き手が「Ａくん，Ｂちゃんのことが好きなんだね」と言葉を添えてやると，Ｂちゃんが笑顔になり，Ａくんの様

子から，Ａくんがｂちゃんに一緒に遊ぼうと言っているように受け取られたところから，書き手がさらに言葉を挟むと，そこからまた２人の関係がさらに展開されていったという内容です。まだ言葉を話さない子どもたちの密やかなコミュニケーションを，それぞれの子どもの気持ちを摑んで仲介するところがとてもよかったと思います。〈考察〉を読むと，Ａくんの成長ぶりに驚いたことがこのエピソードを書かせたことが分かります。Ａくんの自分の気持ちがＢちゃんに伝わったとＡくん自身に感じられたところが重要なポイントだったという指摘は貴重なものだったと思います。その通りですね。しかしそれはこれまでのところで保育者が丁寧に２人のあいだを繋いできたからだと思いました。そして，母とこの日の出来事を簡単に共有できると思っていたら，母の不安な姿をも垣間見て，保護者の悩みの深さの一端を感じ取ったというところも，大きな収穫だったのではないでしょうか。母の不安の裏側には，生活年齢の異なる部屋でＡくんが過ごしていることへの抵抗感もあるのかもしれません。もっと母親と本音で話し合いができるようになれるといいですね。

　「Ａくんが少し後ろにさがり，手を上げてＢちゃんに向かって「あっちー」と言った。私はＡくんが自分からＢちゃんに"いっしょにあそぼう"と言っているような気がして，いままで見たことのなかったＡくんの姿に驚いた」。この一文に含まれている「あっちー」が「いっしょにあそうぼう」と書き手に受け止められたことに関しては，これまでは確証がない，書き手の思い込みだ，主観的な判断だと客観主義の立場から非難されてきたところです。しかし，このエピソードを読めば分かるように，客観的な証拠は出せないけれども，接面に接している当事者の書き手がそう思ったことが大きいのです。実践はそこから動いていくということが，このエピソードの展開からも明らかではないでしょうか。このエピソードの核心部分はですからそこにあったと思います。そこから「"Ａくんの気持ちがＢちゃんに伝わるかなあ"と思い，Ａくんの気持ちをＢちゃんに伝えようかなと考えながら２人の顔を交互に見ていた。すると，Ｂちゃんがにこにこっと笑い，よつんばいになり，はいはいでＡくんのほうへゆっくりと近づいて行った。私は"わあー！　Ａくんの気持ちがＢちゃんに届

第4章 これまでの議論をエピソードを通して振り返る

いた！"と嬉しくなり，Ａくんの顔を見るとＡくんもぱあーっと明るい表情になり"Ｂちゃん，きてきて。ぼくをおいかけてね"と言うように笑い，はいはいで前へ進みはじめた」，というクライマックスに繋がったのです。言葉がまだ十分ではない子どもの世界では，子どもたち同士も接面で感じ取ったことに基づいて動いています。そのことがよく分かる貴重な場面だったと思いました。書き手はクラス担任だとのことですが，障碍児加配の保育士さんのように，実に丁寧にＡくんを見ていて，〈背景〉でのＡくんの描写など，とても詳しく，感心させられました。

❖ エピソード21：「まだおんぶする！」

Ｙ保育士

〈背　景〉

　２歳児クラス20名を５人の保育士で保育している（個別対応の１名を含む）。

　Ｕ子ちゃん（２歳11カ月）は１歳児からの入園で，母・兄・姉の４人家族。母は仕事が忙しく園に来ることはほとんどない。手のかかる兄への母の関わりに対して，近所から虐待の通報が何度かあり，Ｕ子ちゃんもその状況を見て育っている。母方の祖母が送迎し，降園後は母が帰ってくるまで敷地内にある祖母宅で過ごしているとのこと。送迎時の様子から，祖母も体をいたわりながら，Ｕ子ちゃんに穏やかに関わっている様子である。

　担任が私に替わった４月は泣くこともなく，自分から要求を出すこともなかった。表情の変化があまりないことが気になっていたが，新担任になり新しい環境に慣れずにいるのだろう，様子を見ているのかもしれない。楽しい遊びを一緒にしながら，Ｕ子ちゃんが安心して自分の思いを出せる存在になりたいと思っていた。踊りを踊ったり，３匹の子豚ごっこなどを一緒に楽しんだりするなかで笑顔がたくさん見られるようになり，「Ｕ子ちゃんも！」「ぶーぶー」など，声も大きくなってきたことを嬉しく思った。給食の時間に他児が食べ始めても席に着かず，誘いかけに行っても聞こえないふりをして遊んでいて，保育

者がいろいろな声かけをするちょっとの二人の時間をいつも待っているようにも感じていた。当たり前のようになったそのやりとりはU子ちゃんがパンツで過ごすようになった5月中旬から減り，自分から手を洗いに来たり，食べたりするようになってきた。そのときどきに「U子ちゃん，○○してえらいねー」「先生もうれしい」と喜んだり，周囲の先生や迎えに来た祖母にそのことを伝えるとニコッと嬉しそうにしたりする。嬉しいときに可愛い表情になり，喜びが感じられるようになってきたが，自分から保育者を求めてきたり要求したりすることはなく，突然奇声をあげたり，じっと担任を見たりしている。「〜したいの？」「一緒に〜しようよ」と言うと，「やだ！」「しない！」と口では言うが，本心はしたいのだろうと感じる。午睡のときも寝つけずに私を待っているように感じ，「トントンするね」などと傍に行くと，「やだ！」と言うが，トントンするとすぐに寝つく。表情や行動から後になってその思いに気づくことが多い。

〈エピソード〉

　午睡時，いつも待っているU子ちゃんに私の方から「おんぶしよっか」と誘うと「うん」と嬉しそうな表情でおんぶしてきた。U子ちゃんをおんぶし，YちゃんMちゃんの背中を撫でながら歌を歌っていると，U子ちゃんが背中で唸り出した。「U子ちゃん，どうした？　降りる？」と声をかけると，自分の布団に横になりながら私を見ていた。私が座っているところからは布団2枚分くらい離れていたが，私はU子ちゃんと目を合わせ，頷きながら「見ているからね」という気持ちで視線を送っていた。YちゃんとMちゃんが寝ついたとき，U子ちゃんはもう一人の担任のT先生に背中をさすってもらっていた。表情は見えなかったが，寝つくころかなと思い，一度広場を離れた。2，3分して再び戻ってくると，U子ちゃんと目が合い，ドキッとした。にこりともせずに私を見ていた。T先生と交代し，「U子ちゃん，待たせてごめんね，おやすみ」と背中を撫でていると間もなく寝つく。寝つく前のU子ちゃんの表情が気になり，T先生と話しながら，U子ちゃんは待っていたのだろうかと考え，私の方

第4章　これまでの議論をエピソードを通して振り返る

から誘ったのに、結局、YちゃんとMちゃんの背中をさする姿を見ていることになり、寂しい思いにさせてしまったのではないかと反省した。

　起きてきたU子ちゃんに「U子ちゃんおはよう」と声をかけると、いつものような表情ではなく、何か不機嫌そうに感じた。「U子ちゃん先生と一緒に寝たかったんだよね、遅くなってごめんね」いうと、「うん」と寂しそうに頷く。手洗いを一緒にし、おやつを食べるときも一緒にいたが、Kくんの口を拭こうと傍を離れ、「きれいになったね、ごちそうさま」とKくんに声をかけていると、硬い表情で私を見ていた。その後、トイレに行ったU子ちゃんにパンツをはかせると、自分でズボンをはき、「自分でできたよ」という表情で私をみる。「U子ちゃん、自分ではけたね、上手だね」と頭を撫でると嬉しそうにし、私の背中の方に行ったかと思うと、自分からおんぶしてきた。ペタッと背中にくっつき離れない。背中からU子ちゃんの安心感とやっと思いが通じたことを感じながら、歌ったり、揺れたりしていた。しばらくして「U子ちゃん、お外に行って遊ぼう！」と声をかけると、一度降りるが、「まだおんぶする！」と自分の思いをはっきり伝えてきた。「そっかぁ、じゃあお外までおんぶで行こうか」とテラスまで行くと、自分から降り、「U子ちゃんも行く！」と靴を履き砂場に行く。そしてYちゃんと「カレーだよ」「U子ちゃんも」などと笑い合ったり、私に「ケーキだよ」と持ってきたりして、笑顔になって遊んでいた。

〈考　察〉

　いつもは「しない」「いやだ」というU子ちゃんが、今日は「うん」とすぐにおんぶしてきた。私からの誘いかけが嬉しかったからこその行動だったのだろう。そんな思いに添えず、U子ちゃんをおんぶしながらもYちゃん、Mちゃんへの関わりに気持ちが向いて、大好きなおんぶが心地よいものではなかったのだろう。「どうしたの？　降りる？」の言葉かけは、U子ちゃんが「おんぶもっとしたい」と言えるような言葉かけではなかった。「降りる？」という一方的な言葉は、U子ちゃんにとって、降りてほしいという私の思いとして伝わり、U子ちゃんに「降りた方がいい」という思いにさせてしまったのだと思う。

唸り声を上げている行動だけを見て，Ｕ子ちゃんの本当の思いに寄り添うことができず，悲しい思いをさせてしまった。それでもＵ子ちゃんは自分の思いを分かってほしい，気づいてほしいという思いで，視線を送ってきたのだろう。あの視線のなかにどれだけの思いが詰まっていたのだろうと振り返り，Ｕ子ちゃんの寂しそうな目と，寝る前からずっとモヤモヤしていたどうしようもない思いに気づいたとき，「ごめんね」という気持ちで一杯になった。

　自分で布団に行ったＵ子ちゃんに「すぐ行くから待っててね」と声をかけ，ＹちゃんとＭちゃんが寝ついてからでもすぐにＵ子ちゃんの側に行っていれば，Ｕ子ちゃんに寂しい思いをさせなかったのではないか。いつも待っているＵ子ちゃんの思いに寄り添おうと声をかけながら，結局は待たせることになってしまった。Ｋくんの口を拭くのに関わったときに，じっと私を見るＵ子ちゃんの表情から，「早くＵ子ちゃんのところに来て」という求めを感じた。そして何だか午睡時のことが寂しくて，それがまだ気持ちのなかにあることを強く感じた。自分でズボンをはいたＵ子ちゃんに声をかけ，頭を撫でたときにようやく安心し，背中にくっついて離れなかったのだろう。そして「まだおんぶする！」と気持ちをはっきり伝えてきたのだろう。この時のＵ子ちゃんはおんぶの満足感よりも，やっと思いが伝わった，受け止めてもらえたという気持ちと安心感で一杯だったのだと思う。

　Ｕ子ちゃんの表情や言葉の裏にある思いは何だろうか。寄り添おうとすると「いやだ」「しない」と言うが，それは本当は「先生大好き」「先生にしてほしい」という思いなのだろうかと考えたり振り返ったりする。要求を泣いたりダダコネをしたりして伝えるわけでもなく，静かにじっと視線を送るＵ子ちゃん。自分の思いを出したいのに，思うように言葉や態度に出せないでいる事情や環境があり，わがままを言わず自分の要求を抑える気持ちになるのだろう。これまでのＵ子ちゃんの姿を，なぜ？　と思いながらも，Ｕ子ちゃんの行動や言葉ではない内面の深いところにある思いに目を向けず，ただ「自分の思いを言えるようになってほしい」という願いで関わっていたことを反省する。

　いつもこんな思いでいるのか，だとしたら裏返しの言葉や表情は気持ちを抑

えるだけのものなのかもしれない。普通はダダコネをしたり自己主張したりするこの時期に，我慢したり自分を抑えようとしなければならないU子ちゃん。U子ちゃんにとって，それが一番つらいことなのではないかと思った。目から感じるその深い思いをいつもしっかり感じ取れる存在でありたい。「分かったよ」「先生，U子ちゃんの気持ち分かるよ」という思いを，U子ちゃんの気持ちのなかに積み重ねていきたい。U子ちゃんのありのままを，まるごとを受け止めていきたいと思った。

そんな思いで関わっていると，最近，U子ちゃんの方から，「Y先生におんぶする」「U子ちゃんがしたいの！」と伝えてきたり，背中にくっついてきたりする姿がある。背中から感じるU子ちゃんの安心感，ピタッとくる嬉しさを感じながら，U子ちゃんにとって分かってくれる先生，分かってあげられる存在でありたいと思う。

◆<u>私からのコメント</u>

単親家庭で，兄への虐待もあったらしく，まだ2歳児なのに，自分を抑えて生活しているらしいU子ちゃんを取り上げてもらいました。まず〈背景〉から，家庭の様子とクラスでの様子が紹介され，書き手が担任になった当初は，要求を出すこともなく表情もない様子だったけれども，楽しい遊びをするなかで次第に安心し，笑顔も出てきたとあり，特に食事に向かわずに，書き手が誘いにくるのを待っているらしい様子と，2歳児らしい「やだ」や「しない」が出てきた様子が示されています。〈エピソード〉は，午睡のときに「おんぶしようか？」の誘いかけに乗ってきたので，おんぶして他児の午睡に関わっていたら，唸り出したので，「降りる？」と聞くと降りて書き手をじっと見ている姿があったので，「見ているからね」の思いをこめて視線を送り，他児を寝かせて戻ってみると，まだじっと書き手を見るので，「待っていたのか」と書き手は思いますが，背中をさすってやると眠りにつきました。しかし，目覚めても不機嫌そうで，おやつのときに他児に関わるときにも不機嫌そうにしています。それからトイレでパンツをはかせるときに上手くはけたことを褒めると，自分か

ら書き手の背中におんぶしてきます。しばらくおんぶしていると，背中からＵ子ちゃんの安心感と自分の思いが通じた感じが伝わってきたので，外の遊びに誘うと，「まだおんぶする！」と初めて自分の思いを自分から伝えてきたという内容です。

〈考察〉は午睡時のおんぶの際に，「降りる？」と書き手が聞いたことを振り返り，それが書き手の「降りてほしい」の思いを伝えるだけで，Ｕ子ちゃんに「降りた方がいい」という思いにさせしまった，その時のＵ子ちゃんの思いに寄り添った言葉かけではなかった，じっと書き手を見つめていたのは，自分の思いを分かってほしかったからで，その視線にどれだけの思いが詰まっていたか，それに気づいてあげられずに「ごめんね」という気持ちでいっぱいになったと反省しています。そこから，「いやだ」「しない」というＵ子ちゃんの言葉の意味を振り返り，自分の思いを出したいのに，思うように言葉や態度で表せないのではないか，周りの状況から，２歳児のこの時期に我慢したり，自分を抑えたりしなければならないのではないかと考えて，Ｕ子ちゃんの存在をしっかり受け止めていきたいと結んでいます。

　外側から見れば何か目立った出来事があったわけではありません。午睡時と午睡後のちょっとしたやりとりがあっただけです。しかし，その「接面」ではＵ子ちゃんのいろいろな思いが動き，また書き手の思いもいろいろに動いて，まさに保育の機微がそこにあることをしっかり伝えるエピソードになっています。そして「降りる？」の言葉かけを振り返って掘り下げたところは，子どもの思いと保育者の思いがまさに捻じれて動き出す「接面」の中身を鮮やかに描き出す内容になっていて，そこでの反省は明日からの保育に具体的に活かされる内容だと思いました。それはまた「養護の働き」と「教育の働き」が切り分けられないと述べてきたことを具現する内容でもあったと思います。そして子どもが心から満足するのは，保育者からの「養護の働き」をしっかり受け取ったときであることも，このエピソードから分かるのではないでしょうか。２歳児のなかにこんな思いで生きている子がいるのかと，一人の２歳児の心模様を深く考えさせられたエピソード，これまでの章で述べてきたことが凝縮されて

いるようなエピソードだったと思います。

●接面でのさまざまな心の動きが保育の中身をなしている

　保育というと，多くの人は朝の受け入れにはじまり，おおよその子どもが揃うまでの自由遊びの時間，そして朝のお集まり，それからは，年長児ならばさまざまな課題活動や自由遊びがあり，片付け，昼食前のお手伝い活動，昼食，午睡，おやつ，そして午後の活動と流れ，夕方，ちらほらお迎えの来る子どもがいるなかで，異年齢の子どもたちが合同でお迎えを待つ部屋に移動し，そこで各自が自由に遊びながら保護者のお迎えを待ち，お迎えが来たら家路につくというおおよその一日の流れが念頭に浮かぶでしょう。

　その時間の流れを縦軸とすると，その流れの各時間切片では，子どもと保育者の関わり合う無数の場面が紡ぎ出されています。それは，子どもが何かに挑戦するのを保育者が支えたり励ましたりする場面であったり，トラブルを仲介する場面であったり，子どもの発見を保育者も感動して認めたりする場面であったりするでしょう。そうした関わり合いの数々の「接面」のなかで，子どもは「私は私」の心と「私は私たち」の心の両面が捻じれながら動くのを経験し，保育者は「養護の働き」と「教育の働き」がこれまた微妙に捻じれながら動くのを経験しています。そのような「接面」での子どもと保育者のさまざまな心の動きこそ，実際の保育の中身をなしていて，それがまた保育の流れに複雑な幅と奥行きをもたらしているのです。

　この章で取り上げた21編のエピソード記述は，まさにそのような「接面」で起こる子どもと保育者のさまざまな心模様を描き出したものです。そこには，やってみたいと思いながら失敗を恐れたり，自分がいけなかったと思いながら素直に謝れなかったり，先生に認められて気持ちが大きく膨らんだり，逆に認められずに気持ちがしぼんだり，本当に万華鏡のような子どもの心模様が描かれています。そしてそのような子どもの心模様の展開の鍵を握っているのが保育者の両義的でねじれた「養護の働き」と「教育の働き」なのです。

　外側から眺めれば，いつもの決まりきった保育の流れに見えるもののなかに，

この21編のエピソードに示されるような生き生きとした「接面」がそれこそ無数に生まれ，子どもも保育者もその「接面」で喜怒哀楽の感情を伴う複雑な出来事を経験しています。外側から見た大きな流れよりも，むしろ個々の接面に生まれている子どもと保育者の微妙で繊細な心模様が，実際の保育の展開の鍵を握っているのだということが，まずもって21編のエピソード記述を通して読者に伝えたいことでした。

　その「接面」での子ども一人ひとりの心模様は，「いま，ここ」に生まれ出たものでありながら，その多くは「かつて，そこで」経験したことを引きずり，それらの経験の積み重ねのなかから生まれたと言わなければならないものでした。そしてその心模様に分け入ってみると，いまの子どもの幸せが，「いま，ここ」での保育者の対応のありように規定されているばかりでなく，過去から積み重ねられてきたその子の心の動きと無縁ではないことも垣間見えたはずです。そうした心模様はまた，信頼感と自己肯定感という子どもの心の中核部分をかたちづくりながら，その周辺にさまざまな正と負の心を寄せ集めてその子の心が成長していく道程の一局面を垣間見せてくれるものでもあります。

　子どもの心の願わしい育ちが究極の「子どもの最善の利益」だという自説を裏づけるには，これらの21編のエピソード記述ではまだあまりに少ないと言わなければなりませんが，これら一つひとつのエピソード記述を読むことを契機に，読者にも子どもの心の育ちという観点から，今日の我が国における「子どもの最善の利益」とは何かをお考えいただければと思いました。この21編のエピソード記述は，そのことに何らかのかたちで役立つに違いないと信じています。

終　章

「子どもの最善の利益」を「子どもの幸せ」の観点から捉え直す

第1節　これまでの議論を振り返る

　「子どもの最善の利益」の文言の土台となった世界児童権利宣言が考え出された当時，悲惨な環境下に置かれた子どもたちが生きるための権利を保障するためには，まずは命が守られ，食糧が確保され，医薬品が用意されることが急務でした。そうして生きるための最低限の条件が何とか整うようになると，次には子どもの心身の発達を保障するために，保育の場や学校教育の場が確保され，遊び場や遊具や絵本が用意され，安全・安心に子どもが生活できるための保育の場や学校教育の場の設置基準が整えられるなど，目に見える環境整備が進みました。そうした折に「子どもの権利条約」が締結され，そこに「子どもの最善の利益」という文言が織り込まれたのでした。

　ところが，大人の生活が安定してきて，子どもの「いま，ここ」で生きるためのベースラインが確保されるようになると，大人の目は次第に「いま，ここの幸せ」を超えて，子どもの「将来の幸せ」を展望するようになります。そして発達の考えが基盤になって，子どもの発達の可能性を最大限に引き出すことが「子どもの将来の幸せ」に繋がると考えられるようになり，ひいてはそれが「子どもの最善の利益」になると考えられるようになりました。

　そのような大人の「できるようになるための」働きかけは，大人の願いに子どもが沿うときに限って褒めるという条件つきの愛の与え方をいつのまにか導き，そのことによって，子どもの安心感，大人への信頼感，自己肯定感を損な

う結果をもたらすようになりました。つまり,「あなたが大事」という無条件に愛を与える構えが,いつのまにか自分の意向に沿って聞き分けよく振る舞ったときに限って「褒めて認める」という条件つきの愛の与え方に置き換えられ,それによって子どもの心のなかに大人への不信感と愛されることへの不信,ひいては自己肯定感が立ち上がらない不全感を生み出すことになったのでした。

　要するに,近年,大人は物と力の両面で「子どもの最善の利益」を追求してきたわけですが,逆説的なことに,子どもの力の面を促進する働きかけを強めれば強めるほど,子どもの心は疲弊し,子どもの心は「幸せ」から遠のくという状況が生まれてきたということです。これがいま,我が国の多くの子どもたちが置かれている状況ではないでしょうか。

　こうした状況にもかかわらず,我が国はいま,依然として物と力の両面で「子どもの最善の利益」を考える立場が幅を利かせ,子どもの心の安定と輝きを求める方向で「子どもの最善の利益」を考える立場は押し込められたままです。この対立軸は,物質的な生活の豊かさと無限大の自己実現を目指すことをよしとする立場に立つのか,それとも,いまや死語になったかとさえ思われる「安定した温かい家庭」を大事にする立場に立つかの対立軸と軌を一にしています。実際,何でも思い通りにしたい大人たちの「私は私」から派生する自己実現要求からすれば,「安定した温かい家庭」など幻想の産物としか思われないかもしれません。しかし,子どもの心の幸せから考えれば,両親が仲良く家庭が安定していることこそ,子どもがそこで安心を得,その両親から自分の存在を肯定するまなざしが得られて,幸せを感じることができる何よりの条件だと言わなければなりません。

第2節　子ども自身が幸せと思えること

　これまで詳しく見てきたように,いくら大人が「子どもの将来の幸せのため」と言って働きかけても,それを子ども自身が望むならばともかく,子ども自身がそれを「幸せ」と感じられないままに,心がどんどん暗く重くなってい

終　章　「子どもの最善の利益」を「子どもの幸せ」の観点から捉え直す

く場合にも，そうした大人の働きかけが子どもに幸せをもたらすと言えるのでしょうか。子どもの観点に立ち，子ども自身がいまを幸せと思えるようになることを「子どもの最善の利益」と考えれば，子ども一人ひとりの心が「いま，ここ」で充実すること，つまり子どもが「いまを幸せ」と思えることが何よりも求められることではないかと思われてきます。つまり，いまの我が国の文化状況を踏まえれば，「子どもの最善の利益」を**一人ひとりの子どもがいまを幸せと思えること**と捉え直す必要があるのではないかということです。それは決して子どものしたい放題を容認するとか，努力を促すことを求めないなどということではありません。子ども自身が周りと共に生活していくなかで，どうすれば自分が自分らしく生きられるか，どうすれば自分が周りから認められるかを自分で考えられるようになり，そのために自分が何をしなければならないかを自分で考えるようになることが必要で，それこそが子ども自身，主体として生きるということの意味だと思います。

　大人の子どもを育てる営みは，本来，主体として育てられて育つ子どもの心の動きを受け止め，認め，支えながら，その心の願わしい育ちのために，促し，教え，導くところに成り立っています。周りからその存在が本当に肯定されていれば，子どもの心は必ず前を向き，「いま，ここ」を自ら乗り越えようとするはずです。こうなりたいと自ら思い，周りに憧れる気持ちをもつことができれば，頑張ることも，努力することも，自分の内側から必ず生まれてきます。また何をすれば周りから嫌われるか，どう振る舞えば自分のプライドを傷つけずに済むかも分かるようになって，そこから次第に規範も身についてきます。そうした一個の主体としての心の育ちは，何よりも自分の存在を認めてくれる人への信頼感と，その人によって肯定されているという確信（自己肯定感）がその源泉であり出発点です。そこが充実しているか，危うくなっているかに，子どもの幸せと不幸せがかかっているといっても過言ではありません。

　翻って考えれば，大人はこれまで，目に見える「できる，できない」で子どもを見ることに慣らされ，できることが増えて力がつくことが「子どもの最善の利益」と考えて当然と思い込んできました。「明日の幸せのために今日があ

る」というわけです。しかし，子どもの心に目を向けてみると，やはり子どもの心が「いま，ここ」で充実することこそ，子ども自身が幸せと感じるときではないかと思われてきます。「今日の幸せが明日に繋がる」という見方です。その心の充実の源は，何よりも自分の存在が身近な大人に肯定されているという確信で，それが自己肯定感に他なりません。自己肯定感が自分一人でかたちづくることができるものなら，子どもは物質面さえ満たされれば，あとは自分自身で自己肯定感を身につけて，それで十分だと言えるでしょう。しかし，自己肯定感は身近な他者が「あなたが大事」と無条件の愛を振り向けてくれない限り，子どもの心に定着しません。大人の条件つきの愛は，子どもの不信感と不全感の温床になるに過ぎないのです。

　世界児童権利宣言が考えられた当時，大人にとっても子どもにとっても，未来を考えるよりも前に，いまを物質面で充実させなければ明日の命がないという厳しい状況に晒されていました。それが時代と共に，命も守られ，健康も守られ，遊びの場も遊具も確保され，それゆえかつてに比べれば物質面で「幸せ」と思える環境が用意されるようになりました。そういう環境下にある現代ですが，しかしそこに生きる子どもたちは一向に幸せになったようには見えません。

　子ども一人ひとりにいま幸せかと問うとき，いま心が輝かない子ども，心が充実しているとは言えない子ども，いや，心に不安や重荷を抱え，明日への希望をもてない子ども，体の奥底から前向きに生きるエネルギー感を感じさせない子どもが大勢いることに改めて気づきます。その子どもたちは，昔の時代に求められた「生きるための最低限の権利保障」という観点から見れば，ある程度それが満たされている子どもたちです。しかし，その子どもたちの心はいま輝きを失っています。それはなぜかと言えば，大人のまなざしのなかに子どもの存在を肯定しよう，子どもの存在そのものが大人の喜びになるといった，無条件の愛を読み取れないからです。大人はいまを飛び越えて未来を展望するなかで，「子どものため」を考え，そのようにして将来に役立つ力の定着を「子どもの最善の利益」と考えるようになりましたが，子どもはやはり「いま，こ

終　章　「子どもの最善の利益」を「子どもの幸せ」の観点から捉え直す

こ」の心の充実がなければ、幸せを感じて生きていけないのでしょう。こうして大人の思惑と子どもの思いのあいだには、かつて世界児童権利宣言が考えられた当時とは違って、明らかな乖離が生まれています。

　権利条約に謳われているように、子どもの立場に立ち、子どもの心の動きに立ち返って「子どもの最善の利益」を考えるとき、生命と健康を守る最低限の条件が満たされていれば、子ども自身はやはり安心感や心の輝きのなかに幸せを求めようとするはずです。下に弟妹が生まれ、母の気持ちが下の子どもにばかり向かって自分を振り向いてくれないために寂しい思いをしている子どもにとって、いまの幸せとは玩具やおやつや絵本やゲームをたくさん与えてもらうことではありません。自分の存在を丸ごと包んでくれるような親や保育者の温かいまなざしに触れて、ほっと安心し、思わずにっこりほほ笑む瞬間こそ、いまその子にとって、自己肯定感が立ち上がる瞬間です。そしてそれこそが子どもが幸せと思える瞬間なのです。あるいは、塾通いでむしゃくしゃした気持ちを保育者にしっかり受け止めてもらって元気を取り戻し、思い切り遊びに向かうときの子どもの瞳の輝きこそ、その子が「いま、ここ」で幸せを感じる瞬間です。そのように幸せを感じる瞬間が生活のなかに多数生まれることが、子ども一人ひとりの心の面に視点を置いたときの「子どもの最善の利益」だと私には思われます。

　遊びの場は確保され、遊具も絵本も潤沢に与えられ、給食もおやつも十分与えられる子どもでも、もしも自分の存在が認められず、自分の思いがいつも受け止められず、周りの大人の意向にただひたすら沿うことを求められて、自分らしく生きられない生活を余儀なくされているなら、その周りの大人がどれほど「これはあなたの将来のためにそうしているのだ」と伝えても、それによって子どもが幸せに思えるはずはありません。子どもに真の幸せをもたらすのは、物でも力でもなく、「いま、ここ」での心の充実です。そしてそれに欠かせないのが周りの大人の「あなたが大事」という無条件の思いです。その観点から「子どもの最善の利益」を考えるとき、「よかれと思う」大人の観点からの働きかけは、それがどれほど善意から導かれたものだとしても、それが子どもの意

に添ったものでなければ、それは子どもの幸せからほど遠いと言わなければなりません。そこから考えれば、物の面や制度の面や力の面の拡充を図る方向に向かうことによってではなく、一人ひとりの子どもの心が充実することこそが、それぞれの子どもにとっての「最善の利益」なのだということが改めて分かると思います。

　こうした我が国の文化状況を念頭に置けば、「子どもの最善の利益」は何よりも**「子ども自身が最も幸せに思えること」**と結論づけられなければなりません。つまり、目に見える環境の改善や身についた力の観点からではなく、一人ひとりの子どもの心の充実にこそ、「最善の利益」を見るのでなければなりません。

第3節　子どもの心の育ちに必要な大人の働きかけ

　「子どもの最善の利益」が「子ども自身が幸せに思えること」だとするなら、どのような大人の対応が子どもの心を「幸せ」と思う方向に導くのかと問わなければなりません。本書の第1章以降は、その問いに答えようとして編まれたものです。

　子どもの心は、子ども自身のものでありながら、それを自分一人でかたちづくることができず、主要には周りの大人の心の動きに規定されて成り立つものです。一個の主体である子どもは、一方では「私は私」と言える心をもちながら、他方では「私は私たち」と言える心を同時にもつように育たなければ、一人前の大人になれません。その主体としての二面の心の中心にくる信頼感と自己肯定感をいかに育むかが、大人の子どもを育てるということの中心課題です。その大人の育てる営みは、「養護の働き」と「教育の働き」の両義的な二面からなり、これが子どもにどのように振り向けられるかが、結局は子どもの心の中核部分を育てられるか否かを規定します。ですから、「子どもの最善の利益」はまさに大人の「養護の働き」と「教育の働き」の発揮のされ方に、その命運を握られていると見なければなりません。

終　章　「子どもの最善の利益」を「子どもの幸せ」の観点から捉え直す

　そこから振り返ってみると，現在の大人の「育てる営み」は，一方では「養護の働き」がかつてなく減弱していること，他方で，「教育の働き」が本来のそれから逸脱した，大人の思惑に沿って強引に子どもを動かすという意味での歪んだ「教育の働き」に堕していること，この二つによって，子どもの心が願わしいかたちで育まれない事態が広範囲に生まれ，それによって「子どもの最善の利益」が損なわれる結果になっていることを指摘しないわけにはいきません。

　ですから，「子どもの最善の利益」を真に考えるなら，まずもって大人の育てる営みに含まれる本来の「養護の働き」と「教育の働き」を取り戻すことが急務だということになります。そのことを，少し視点をずらして，実際の保育の営みに沿って言い換えれば，子どもとのあいだにいかに「接面」を創り，そこで生まれている目に見えない双方の心模様のなかで，子どもの心が願わしいかたちで動くように，いかに大人が両義的な二面の対応を紡ぎ出すかがその鍵を握るという議論になります。これが本書の第2章で目指されたことでした。そして「接面」で起こっていることがエピソードに綴られれば，子どもと大人の双方の心模様がどれほど万華鏡のように微妙に動くものかが読み手にも見えてきます。つまり，子どもを育てる営みが「養護の働き」と「教育の働き」の二面からなるという表現では不十分で，その両面がいかに捻じれて両義的に働くかをもっと詳細に見ていく必要があります。そのことは第4章で取り上げる数々のエピソードから分かるはずです。そのような捻じれた両義的な大人の働きによって，子どもはその働きを振り向けてくれる大人を信頼し，自分の存在を認めてもらうことに喜びを感じ，そこから自己肯定感をもてるようになってきます。何といっても，これが「子どもの最善の利益」なのです。そうした信頼感と自己肯定感が心の中核にしっかり宿ることによって，実際に起こる負の出来事を何とか前向きに乗り越えようとする心が生まれ，また負の出来事に伴う負の感情を次第に自分でコントロールできるようになっていくことを展望しようとしたのが第3章でした。

　もちろん，本書で取り上げたエピソードから心の育ちの全体を論じることは

できません。しかし，誕生から青年期に至るまでの心の育ちを丁寧に明らかにするためには，接面でのそのような両義的な心の動きに分け入らなければならないことだけは確かです。その限りでは，本書は子どもの心の育ちを描くためのスタートラインに立ったというに過ぎません。ともあれ，以上の議論を具体的な保育の営みのなかに跡づけてみようとしたのが第4章の21編のエピソード記述でした。これらのエピソード記述を通して，再度，「力が先か，心が先か」の議論を読者自身にも振り返っていただきたいと思います。そして，やはり「心が先」だと得心がいけば，「子どもの最善の利益」が子どもの心の育ちにあるということにも納得がいくのではないかと思います。

　最後に，本書全体を通して，「子どもの心を育てるのは大人の心である」ということを再確認して，結びとしたいと思います。

あとがき

　平成27年4月から子ども・子育て関連3法案が実施の運びとなります。これとの関連で「子どもの最善の利益」という文言が繰り返し目に入るようになり，この言葉を子どもの立場に立って考えるべきこと，またそれは子どもの心が充実することに帰着するものであるはずだと強く思ったこと，これが本書を書く動機の一つとなりました。そして子どもの心が充実するためには，大人の「養護の働き」が欠かせないこと，その「養護の働き」は子どもと大人で作る「接面」で生じるものであること，その接面で生じていることを描き出すところにエピソード記述が必要になること，以上のことをこれまでよりももっと整理して書いてみたいと思ったのがもう一つの動機でした。
　ところが，そのような動機に後押しされて書きはじめてみると，これまで私が「教育の働き」として書いてきたことの中身が不十分で，「させる」「与える」「教え込む」という歪められた今日の教育のあり方を批判しようとするあまり，子どもを育てるうえに必要な正しい意味での「教育の働き」への言及が手薄であったことに改めて気づきました。まるで，「教育の働き」が悪いものであるかのような扱いではなかったかという反省です。そしてこの反省を機に「教育の働き」を再度考え直すなかで，15年も前に『両義性の発達心理学』を書いた当時，「養護の働き」と「教育の働き」という文言こそ使わなかったものの，両者の両義的な関係に深く迫っていたことを今更ながら思い出しました。そのことを妻との会話のなかに出してみると，妻からも「育てる営み」の例のヤジロベエの図が気になるという話が出て，二つの働きの両義的な関係，つまり，「養護の働き」を示すなかですでに「教育の働き」が動きはじめており，「教育の働き」を振り向けるとき，すでにそれを「養護の働き」が下支えしているといった関係をもっと前面に出して議論する必要がある，という反省に辿り着きました。これは私にとって，苦い反省であると同時に，保育の営みの実

際によりいっそう接近するうえには欠かせない貴重な気づきになりました。
　ゲラを読み返してみると，70歳を過ぎた老人がいかにも力みかえって物を言っている感じがして，我ながら年甲斐もないと思わずにはいられません。しかし，学問を志す者の使命は，サルトルに倣って，やはり「異議申し立て」にあると考え，これまで愚直にその考えに従ってきました。時代の流れに迎合することなく，またいつかは自説が本流になるのだなどとうそぶくこともなく，ただひたすら現状を直視し，そこに問題があれば真剣に異議申し立てをすること。それは年齢にかかわりなく，学問を志すものとして手放すことのできない基本姿勢ではないかと思います。この一介の老人の現状に対する「異議申し立て」に込められた篤い思いが，何とか読者の皆さんに届くことを切に願うものです。

　現状への危機意識が本書を書かせたと述べてきましたが，実際に保育を見てみると，保育者の「養護の働き」や「教育の働き」がしっかりしていて，本当に心温まる保育場面に何度も遭遇することができました。また保育者の描くエピソード記述を読むと，これこそが子どもの心の育ちに通じる保育だ，これこそが「子どもの最善の利益」に繋がる保育だと確信できる場面に出会うことが何度もあり，それが第4章に取り上げられることになりました。しかし，残念ながらエピソードに描かれているような保育場面が我が国の保育の基調をなしているわけではありません。だから危機感を抱かざるを得ないのです。

＊＊＊

　本書を閉じるにあたり，この厳しい保育状況下にあるにもかかわらず，子どもたちの幸せのために心を砕いて保育に臨んでいる保育者の方々の手厚い実践に心から敬意を表したいと思います。エピソードに登場することになった子どもたちや保護者の方には，その生きざまを取り上げることが，あるべき保育のかたちに気づくきっかけになり，また保育の現状の見直しに繋がる意味をもつものであることを指摘して，お礼に代えたいと思います。またエピソード記述を提供していただいた保育者のみなさんには，巻末の執筆協力者一覧にお名前を掲げることで謝意に代えさせていただきました。

あとがき

　また，本書を書くにあたり，現状に対して私と同じように危機感を抱く何人かの民間保育園の園長先生，私立幼稚園の園長先生たちとの熱っぽい対話が，大いに励みになり，また参考になりました。その先生方にも感謝の気持ちを申し述べたいと思います。

　いつもは第1査読者として原稿段階で厳しいコメントを寄せる妻には，今回は諸般の事情でその役割を取ってもらえませんでしたが，執筆途中の議論のなかで，「養護の働き」と「教育の働き」のこれまでの扱いの問題点を鋭く指摘してもらい，この二つの働きが「交叉する」というところに目を向け直すきっかけを与えてもらいました。その厳しい批判の目は今回も本書に生かされており，その意味で妻にも改めて謝意を表したいと思います。

　最後になりますが，前著から間をおかずに丁寧な編集の労をとっていただいたミネルヴァ書房編集部の丸山碧さん，また子どもの権利条約批准から20年の節目のこの年に，この本を出版することの意義を熱っぽく語って著者を励ましてくださった同書房編集部の西吉誠さんにも心から感謝の気持ちを捧げたいと思います。

　　　　　　　　　　　　　　　　　　　　　　平成26年12月

　　　　　　　　　　　　　　　　　　　　　　　　鯨岡　峻

執筆協力者一覧

(五十音順)

阿折正美	上村奈津美	岡田鮎美	荻野史織	金城真美
軽本有里	北川耕一	北川淳一	熊谷望見	黒木道子
小嶋智江	斎藤由佳	島嵜万梨子	清水明香	高下久代
月田志穂	西野亮子	伴　実季	平井克枝	邊見みちる
外間亜紀	松井美希	山本知佐子		

《著者紹介》

鯨岡　峻（くじらおか・たかし）

現　在　京都大学名誉教授
　　　　京都大学博士（文学）
主　著　『原初的コミュニケーションの諸相』ミネルヴァ書房，1997
　　　　『両義性の発達心理学』ミネルヴァ書房，1998
　　　　『関係発達論の構築』ミネルヴァ書房，1999
　　　　『関係発達論の展開』ミネルヴァ書房，1999
　　　　『保育を支える発達心理学』（共著）ミネルヴァ書房，2001
　　　　『〈育てられる者〉から〈育てる者〉へ』NHKブックス，2002
　　　　『よくわかる保育心理学』（共著）ミネルヴァ書房，2004
　　　　『エピソード記述入門』東京大学出版会，2005
　　　　『ひとがひとをわかるということ』ミネルヴァ書房，2006
　　　　『保育のためのエピソード記述入門』（共著）ミネルヴァ書房，2007
　　　　『エピソード記述で保育を描く』（共著）ミネルヴァ書房，2009
　　　　『子どもは育てられて育つ』慶應義塾大学出版会，2011
　　　　『エピソード記述を読む』東京大学出版会，2012
　　　　『子どもの心の育ちをエピソードで描く』ミネルヴァ書房，2013
　　　　『なぜエピソード記述なのか』東京大学出版会，2013
　　　　『関係の中で人は生きる』ミネルヴァ書房，2016
　　　　他，多数。

　　　　　　　保育の場で子どもの心をどのように育むのか
　　　　　　　――「接面」での心の動きをエピソードに綴る――

2015年1月10日　初版第1刷発行　　　　　　　　　〈検印省略〉
2025年2月25日　初版第5刷発行
　　　　　　　　　　　　　　　　　　　　　　　定価はカバーに
　　　　　　　　　　　　　　　　　　　　　　　表示しています

　　　　　　　　　　　著　　者　　鯨　岡　　　峻
　　　　　　　　　　　発 行 者　　杉　田　啓　三
　　　　　　　　　　　印 刷 者　　田　中　雅　博

　　　　　　　発行所　株式会社　ミネルヴァ書房
　　　　　　　　　　607-8494 京都市山科区日ノ岡堤谷町1
　　　　　　　　　　電話代表　(075)581-5191
　　　　　　　　　　振替口座　01020-0-8076

　　　　　ⓒ鯨岡　峻，2015　　　　創栄図書印刷・吉田三誠堂製本

　　　　　　　　　　ISBN 978-4-623-07261-3
　　　　　　　　　　Printed in Japan

◇鯨岡峻の著書◇

保育のためのエピソード記述入門

鯨岡　峻・鯨岡和子　著
Ａ５判　256頁　本体2200円

エピソード記述で保育を描く

鯨岡　峻・鯨岡和子　著
Ａ５判　272頁　本体2200円

子どもの心の育ちをエピソードで描く
―― 自己肯定感を育てる保育のために

鯨岡　峻　著
Ａ５判　296頁　本体2200円

双書　新しい保育の創造
保育・主体として育てる営み

鯨岡　峻　著
Ａ５判　296頁　本体2200円

ひとがひとをわかるということ

鯨岡　峻　著
Ａ５判　312頁　本体3000円

◇おすすめの関連書籍◇

保育の場に子どもが自分を開くとき

室田一樹　著
Ａ５判　242頁　本体2400円

―― ミネルヴァ書房 ――
https://www.minervashobo.co.jp/